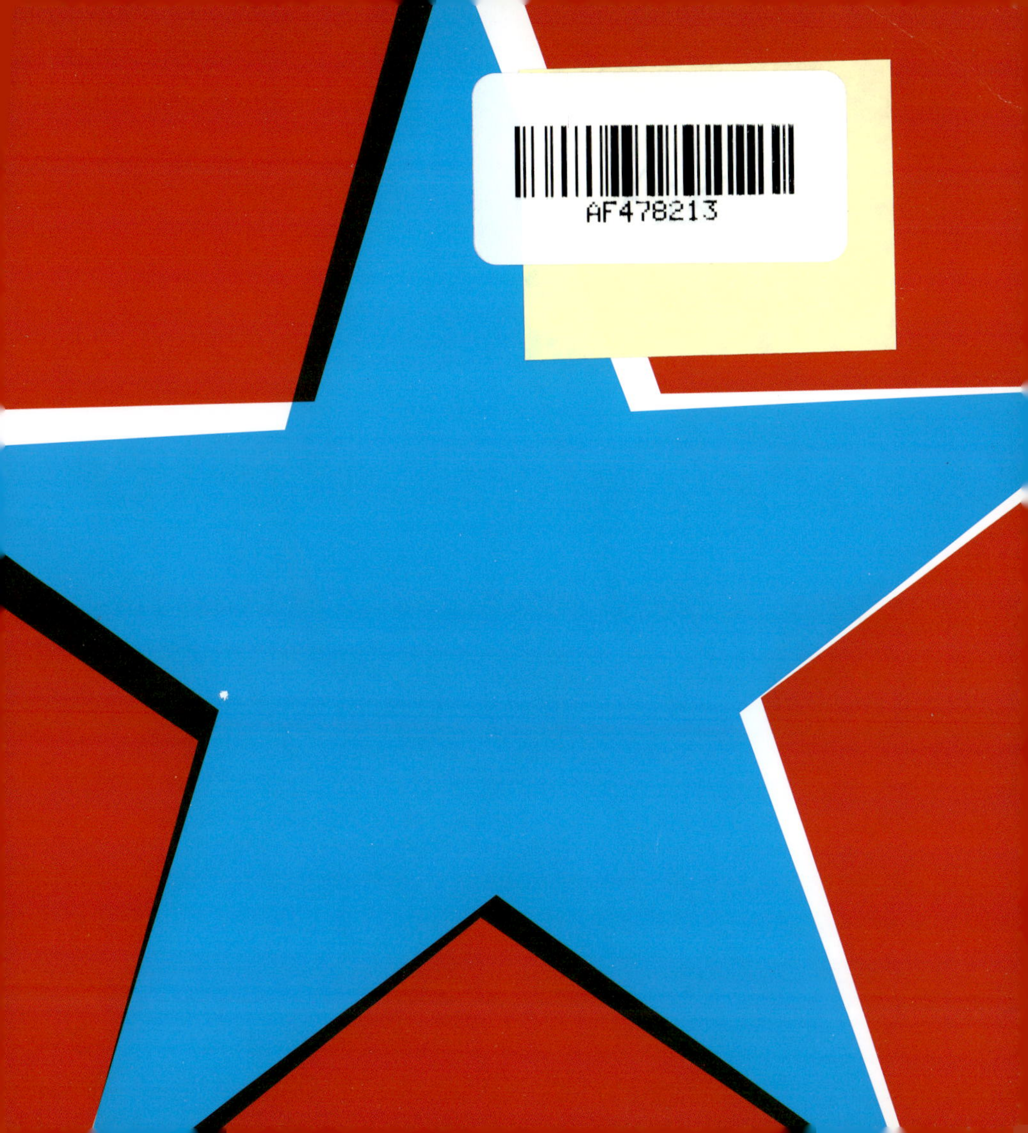

AF478213

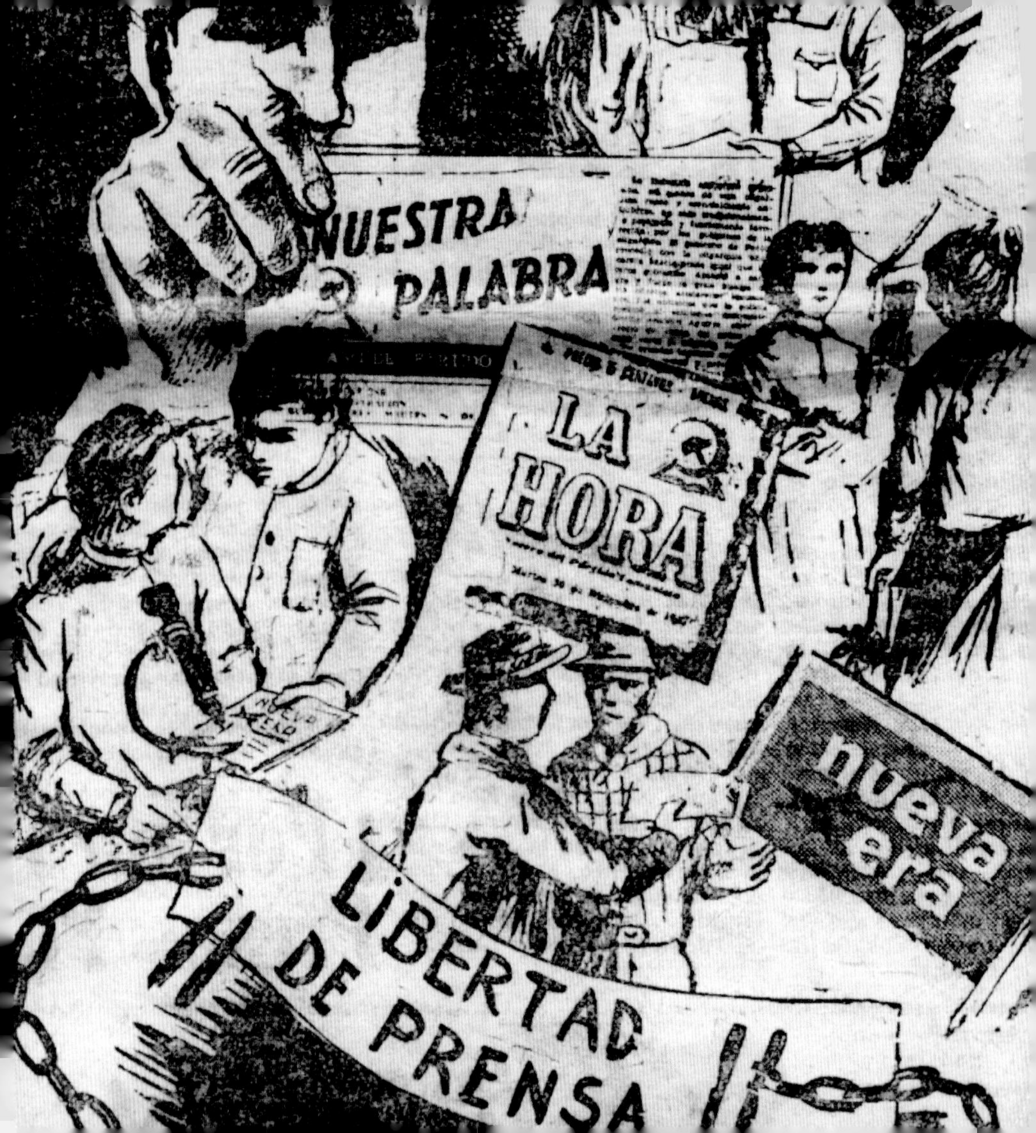
NUESTRA PALABRA
LA HORA
nueva era
LIBERTAD DE PRENSA

GRÁFICA POLÍTICA DE IZQUIERDAS

LEFT-WING POLITICAL GRAPHICS

Argentina | 1890-2001

Guido Indij

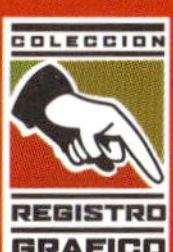

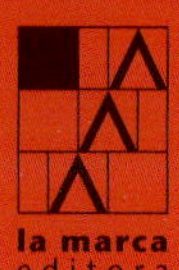

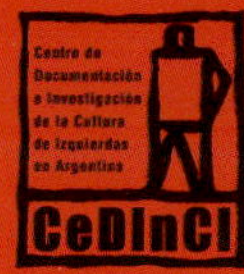

Gráfica política de izquierdas
Left-Wing Political Graphics
Guido Indij
Buenos Aires, colección Registro Gráfico,
la marca editora, 2006

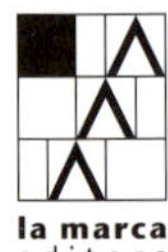

la marca
editora

© 2006, la marca editora

w www.lamarcaeditora.com
e lme@lamarcaeditora.com
t (54 11) 4372 4957
d Pasaje Rivarola 115
(1015) Buenos Aires, Argentina

*Realizado con el apoyo del Fondo Cultura BA de la
Secretaría de Cultura del Gobierno de la Ciudad de
Buenos Aires.*

ISBN 950-889-150-5
ISBN 978-950-889-150-1

Queda hecho el depósito que establece la ley 11.723
Impreso en la Argentina. *Printed in Argentina.*

Impreso y encuadernado en los Talleres Trama, Av.
Directorio 251, Ciudad Autónoma de Buenos Aires,
a los 10 días del mes de noviembre de 2006.

Idea y edición Guido Indij
Fuente principal Cedinci
Asesoramiento Horacio Tarcus y Adriana Petra
Línea de tiempo Adriana Petra
Scans Emilio Neiman
Retoque digital Jorge Granados
Traducción al inglés Ian Barnett
Corrección Verónica Bondorevsky y Virginia Gallo
Diseño gráfico Lucas D'Amore - mássustancia

Distribuye

ASUNTOIMPRESO

www.asuntoimpreso.com
www@asuntoimpreso.com
(54 11) 4 383 6262
Pasaje Rivarola 169
(1015) Buenos Aires, Argentina

Available through: DAP / Distributed Art Publishers
155 Sixth Avenue, 2nd Floor
New York. NY 10013 USA
Tel. 1 (212) 627-1999
Fax 1 (212) 627-9484

SUMARIO

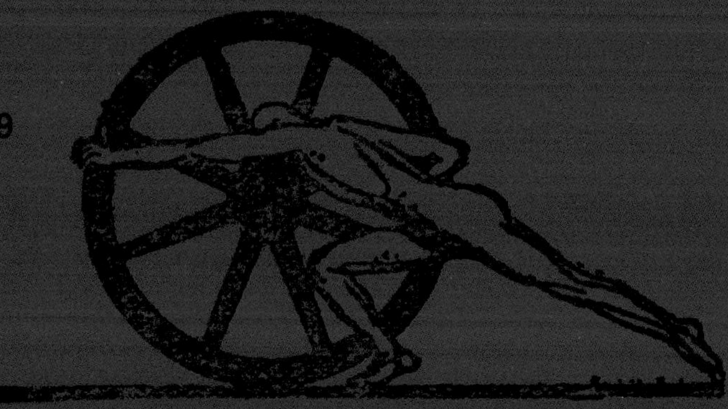

GRÁFICA POLÍTICA DE IZQUIERDAS

Este libro está dedicado a los silenciosos militantes de la memoria.

Si 'gráfico' es todo lo relacionado con la escritura en tanto forma, 'gráfica' a secas suele ser la manera breve con la que nos referimos a las 'artes gráficas'. Y es más de un sentido el que aparece con este término. Son artes gráficas aquellas técnicas serviles a las que recurren el tipógrafo (quizá no casualmente uno de los primeros gremios sindicalizados en la Argentina), el impresor y el encuadernador para preparar libros como el que Usted tiene en sus manos. Y es 'gráfica', también aquella rama de las artes visuales que agrupa a las distintas técnicas de impresión en las que media una matriz, ya sea que éstas permitan la serialización o la reproducción de una copia única. Así, xilografía, litografía, linóleo, aguafuerte, aguatinta, punta seca, mezzotinta, calcografía, serigrafía y fotografía, como variantes más afamadas, conforman el universo de técnicas artísticas visuales al que llamamos 'gráfica'. La 'gráfica política' supone un recorte, un conjunto menor, en el cual estas artes están puestas al servicio de una idea. O como gustaban decir los románticos: "al servicio de *la* Idea".

Es por eso que el primer destino significativo al que nos remite el concepto de 'gráfica política' es al de varias generaciones de grabadores comprometidos con ideales políticos y sociales, y entre los cuales la pregunta sobre al servicio de quién debería estar el arte no era un cuestionamiento menor. Viene a nosotros una tradición de artistas que se extiende de Guillermo Facio Hebequer, Adolfo Bellocq y Abraham Vigo a Victor Rebuffo, Pompeyo Audivert, Antonio Berni y Carlos Alonso, pasando por Ricardo Carpani como exponente más emblemático.

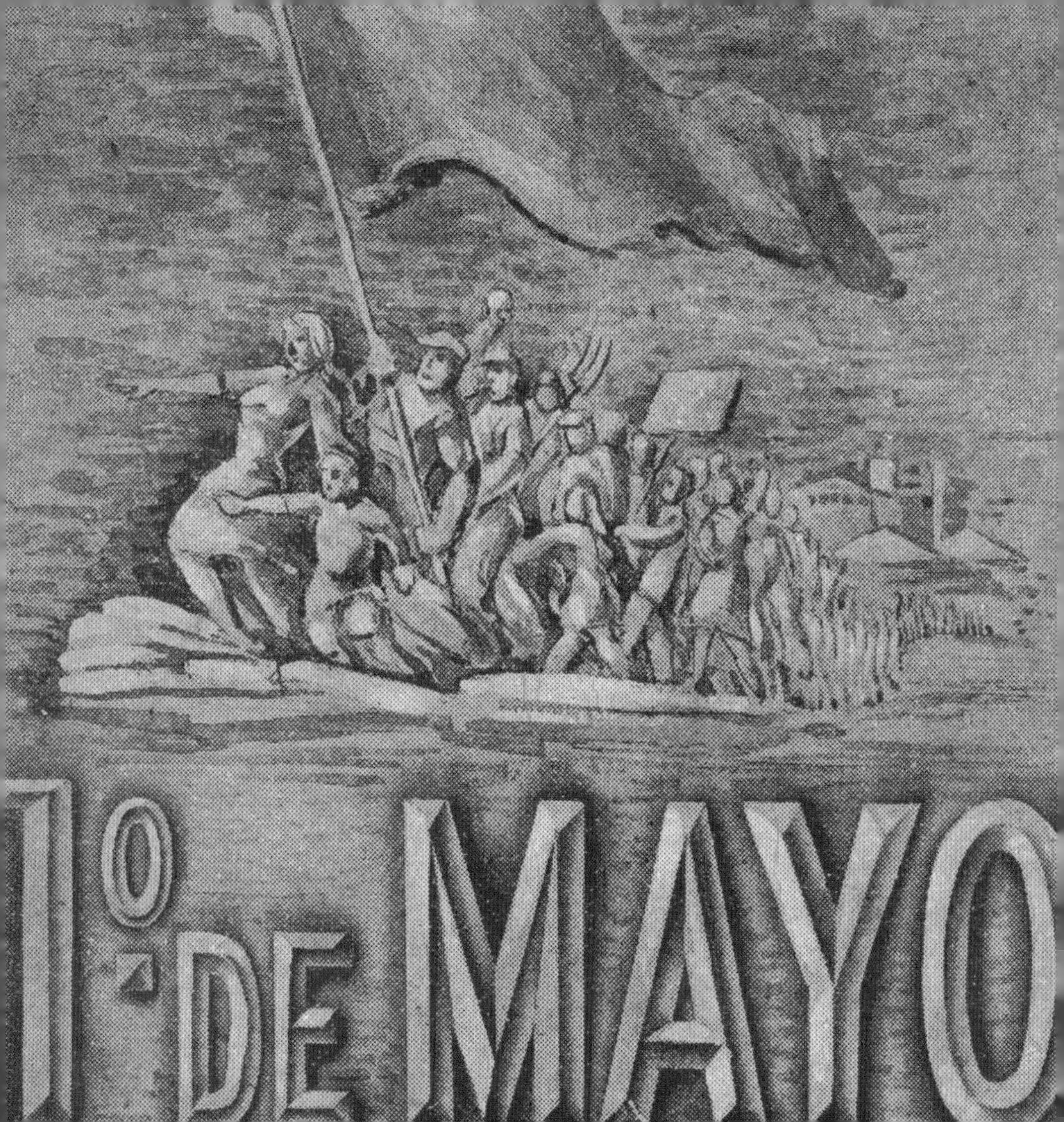
1º DE MAYO

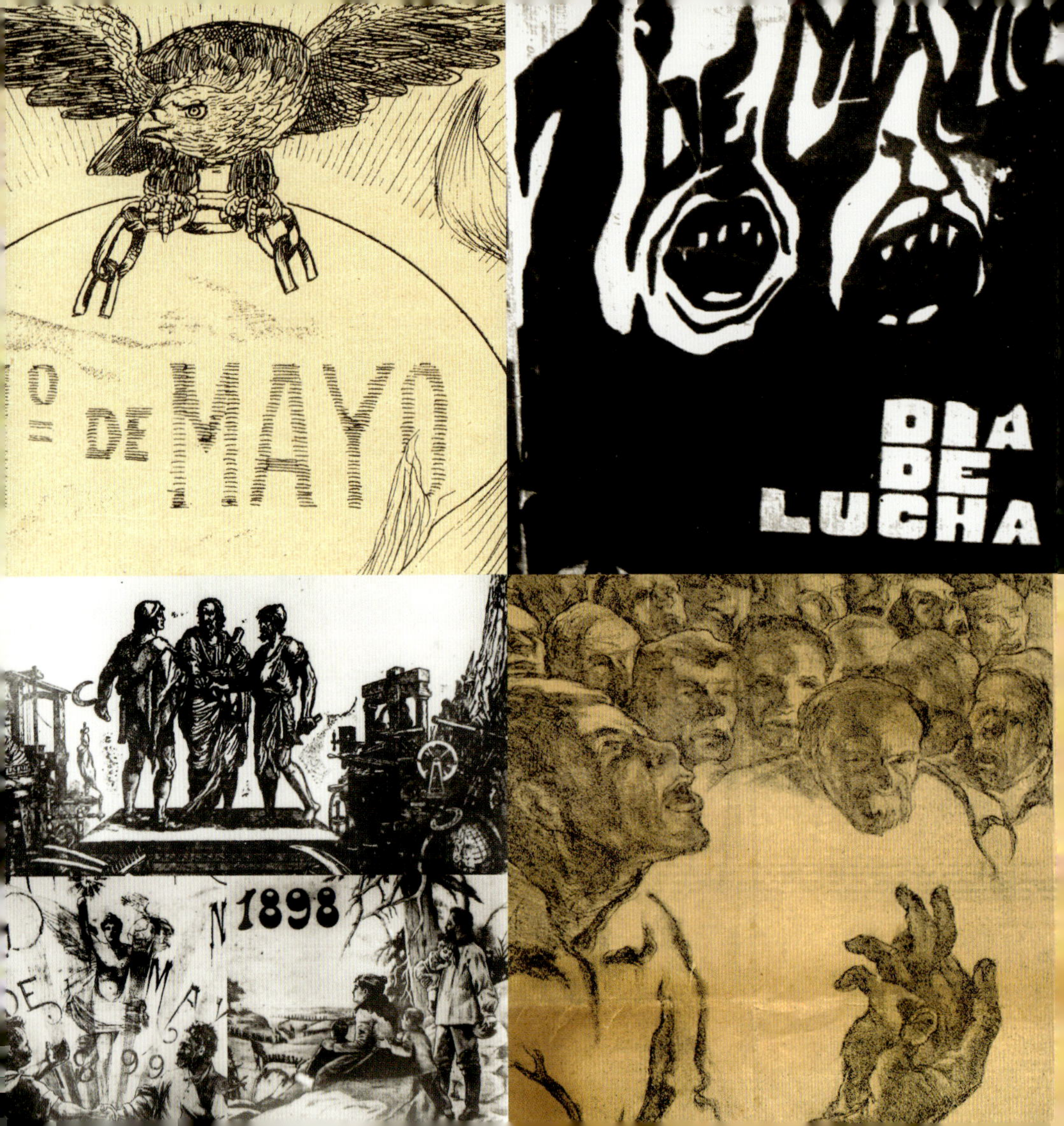
1 DE MAYO
DIA DE LUCHA
DE MAYO
1898
1899

Sin embargo, el abanico de nuestra investigación pretendió desplegarse más allá de este sesgo tradicional, e incorporar la producción muchas veces anónima de tipógrafos, diseñadores y artistas que participaron a su modo, y por más de un siglo, de la difusión de las ideas de izquierda en la Argentina. O sea, en el mismo movimiento con el que ampliamos el arco de la gráfica política, hemos producido un recorte en nuestro interés por la producción vinculada a las ideas de izquierda, al tiempo que forzamos la inclusión del espíritu libertario, que por definición se resiste a ser clasificado en el espectro político.

Recientemente, y como secuela de la investigación que culmina con este libro, dimos cuenta de un muy variado cuerpo de gráfica política en *Perón Mediante. Gráfica peronista del período clásico* (Buenos Aires, la marca editora, 2006). Por oposición, si tenemos en cuenta que ésta fue generada casi íntegramente desde los burós oficiales de la Secretaría de Informaciones, en papeles pagados por el Estado y en tiradas masivas en conjunción con las ideas sobre lo popular dominantes en el régimen justicialista, debemos destacar que las piezas que se presentan en *Gráfica política de izquierdas* han sido, en gran parte, gestadas desde la mili-

tancia –muchas veces incluso desde la clandestinidad–, con escasez de recursos y con papeles cuyo costo estaba más en sintonía con la necesidad de subir las tiradas del panfleto, que con los conceptos de conservación de documentación con que los tratamos en el presente.

Las condiciones de circulación y conservación de estos documentos han estado muchas veces teñidas de heroísmo y de una visión en perspectiva sobre la historia que se estaba escribiendo o contribuyendo a conservar. Estas páginas pretenden reconocer el esfuerzo y el gesto de aquellos que, como el fotógrafo Alfredo Alonso o el coleccionista Juan Carlos Romero (por nombrar sólo dos casos), documentaron esta 'contramirada' como testimonio de una constante y centenaria polémica con el poder.

Cada icono aquí rescatado participa de la continuidad de una lucha, de la reivindicación de una causa o de la defensa de un derecho. Pequeños gestos, aparentemente aislados, conforman un delta, se tamizan en un discurso visual que pone el dedo en nuestro ojo, para llamar nuestra atención y sacarnos de nuestra 'paz burguesa'. Traen una denuncia a nuestra mesa, lanzan la disidencia sobre el papel, inscriben su insumisión en la

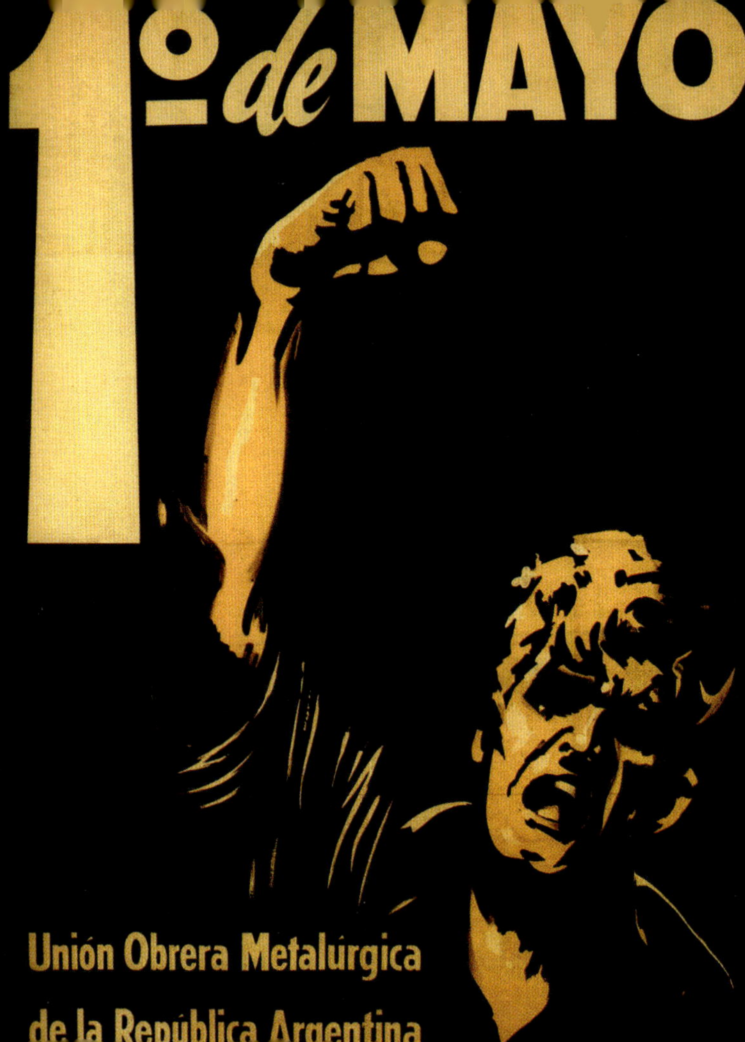

1º de MAYO
Unión Obrera Metalúrgica
de la República Argentina

pared, o crean, defienden y resisten un espacio para la utopía.

El discurso de la gráfica política de izquierdas se reconoce visual y temáticamente por la recurrencia de ciertos símbolos e íconos y por la apelación a determinados valores, que caracterizan y atraviesan distintos momentos históricos, partidos y movimientos políticos. En su conjunto, la política de izquierda conforma un constructo de distintas voces con fragmentaciones y disidencias que van del socialismo, al comunismo, trotskismo, maoísmo y el despliegue de 'ismos' que conocemos como 'nueva izquierda'… Preferimos aquí, aun a sabiendas de forzar un concepto unívoco, agruparlas bajo la denominación 'de izquierdas'.

Esta obra nos acerca a fuentes de nuestra historia más reciente. La presentan Horacio Tarcus, colega editor, que viene haciendo desde el Cedinci (Centro de Documentación e Investigación de la Cultura de Izquierdas en Argentina) una militante labor de acopio, conservación y ordenamiento de material político, y Norberto Chaves, uno de los teóricos de la imagen y la comunicación más inteligentes y particularmente incisivo. Además, por primera vez, se muestra de manera infográfica el desarrollo de los distintos movimientos de izquierda en relación con su tiempo histórico y otros acontecimientos políticos y culturales a nivel mundial. Este trabajo, como gran parte de los méritos de investigación y referenciación, se deben al riguroso trabajo de Adriana Petra. La gran mayoría de las imágenes aquí reproducidas han sido halladas en los archivos del Cedinci y a partir de la gentil contribución de su planta de colaboradores. Gracias a todos ellos que aportaron su tiempo e inteligencia para que este libro sea como se había soñado.

Inmersa en una compromiso centenario, pero habiendo atravesado recientemente períodos de indecible crueldad, la posición crítica de los movimientos de izquierda está estrechamente vinculada a la emotividad. En ese sentido, este repertorio, pretende elaborar su propio discurso desde lo visual. ¿Nos hemos olvidado de un pequeño emblema que representa a un grupo de acción por el que muchos compañeros dieron sus vidas?, ¿se repite en exceso un isotipo cuya representación histórica puede ser discutida?, o ¿deberíamos ponderar si acaso la lucha por los derechos humanos puede ser considerada dentro de las formaciones políticas de las izquierdas? ¿Ocurre lo mismo con el movimiento de asambleas populares?

Sea piadoso, lector. Éste es apenas un pequeño libro de artes gráficas. Los hilos que cosen sus pliegos no resistirían que sobre ellos se proyecten las subjetividades mencionadas, y no pretende ser tampoco el campo de lucha de interpretaciones al interior de la izquierda. Fue concebido apenas como un homenaje a la izquierda en tanto una unidad en oposición al poder, y como monumento a los modos visuales a los que la izquierda recurrió para interpretar la realidad y representar sus ideales.

A su vez, el volumen se inscribe en el gesto que queremos producir con el resto de los títulos de la colección **Registro Gráfico**: dar testimonio bibliográfico de un patrimonio visual en el que infrecuentemente nos detenemos. Aquí, en *Gráfica política de izquierdas*, quisimos salvar un espacio para las expresiones gráficas de la lucha, el trabajo, la libertad, la solidaridad, el derecho a la disidencia, la revolución y los derechos humanos. Lo construimos a través de los panfletos y publicaciones de los partidos y agrupaciones de izquierda, publicaciones culturales periódicas, pósters, pintadas, el registro de intervenciones urbanas…

Creemos que más allá del contexto histórico, social y político que determina las distintas gráficas aquí reunidas, este material tiene un valor de conjunto. La forma y los modos de abordar la situación que les dio origen trascienden los momentos particulares (la anécdota) y lo sumergen en un movimiento continuo, retrospectivo.

Porque la victoria es cierta, la lucha continúa. ¡Venceremos! ¡Hasta la Victoria, siempre!

Guido Indij

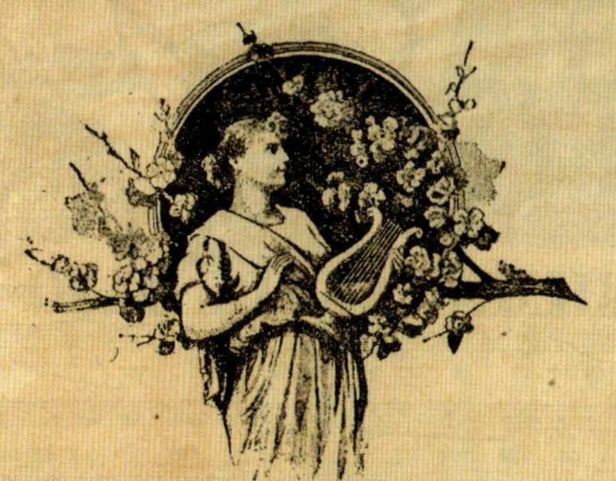

HIMNO

AL

1.º DE MAYO

PRECIO: 10 CÉNTIMOS.

IMP. MÜLLER ZAVALETA, G. VÍA, 24. — BILBAO.

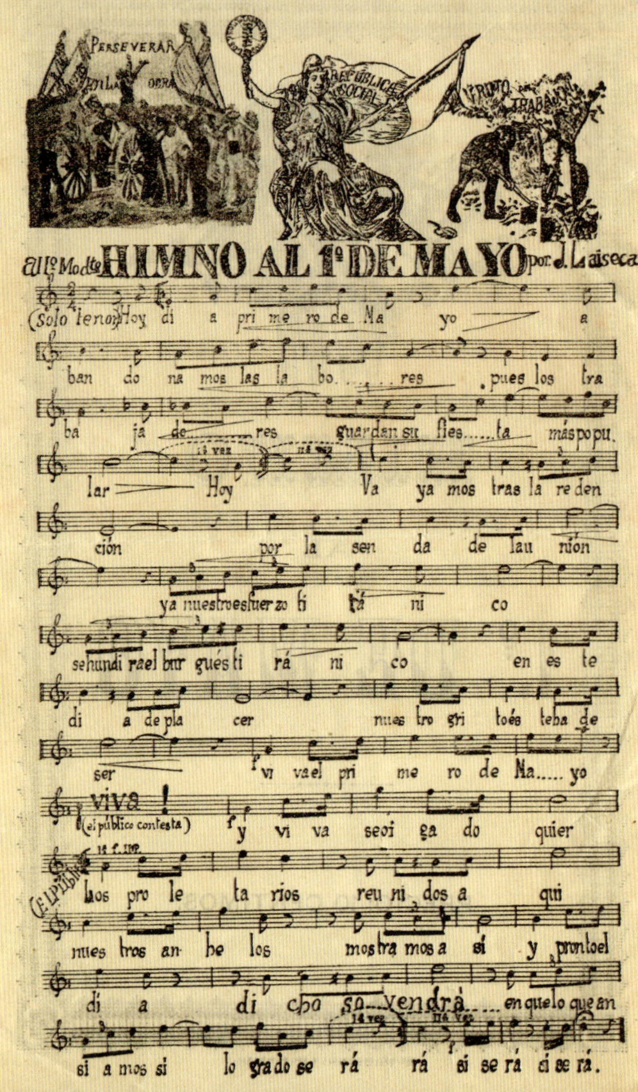

PERSEVERAR
EN LA OBRA
REPUBLICA SOCIAL
FRUTO DEL TRABAJO
All⁰ Mod.to HIMNO AL 1º DE MAYO por J. Laiseca
(Solo Tenor) Hoy di a pri me ro de Ma yo a
ban do na mos las la bo res pues los tra
ba ja do res guardan su fies ta más po pu
lar Hoy Va ya mos tras la re den
ción por la sen da de la u nion
ya nuestro esfuerzo ti tá ni co
se hundi ra el bur gués ti rá ni co en es te
di a de pla cer nues tro gri to és te ba de
ser vi va el pri me ro de Ma yo
viva!
(el público contesta) y vi va se oi ga do quier
(EL PÚBLICO) los pro le ta rios reu ni dos a qui
nues tros an he los mostra mos a sí y pronto el
di a di cha so vendrá en que lo que an
si a mos si lo grado se rá rá si se rá si se rá.
1ª vez   2ª vez
1ª f. ino

HIMNO AL 1.º DE MAYO.

1.ª

Hoy día primero de Mayo
abandonamos las labores,
pues los trabajadores
guardan su fiesta más popular.

2.ª

Vayamos tras la redención
por la senda de la unión,
y á nuestro esfuerzo titánico
se hundirá el burgués tiránico.
En este día de placer
nuestro grito éste ha de ser
«¡viva el primero de Mayo!» (¹) (¡viva!)
y ¡viva! se oiga doquier.

3.ª

(²)Los proletarios reunidos aquí
nuestros anhelos mostramos así,
y pronto el día dichoso vendrá
en que lo que ansiamos, sí,
logrado será. (Sí será, sí será)

1.ª

En esta fiesta proletaria
que con deleite celebramos
la aurora columbramos
de un bello dia que ha de llegar.

2.ª

Vayamos tras la redención etc.

3.ª

Vayan envueltas en nuestra canción
frases alegres de salutación
al día hermoso, que cercano está,
en el que nuestra aspiración
cumplida será. (Sí será, sí será).

(¹) Este viva contestará el público.
(²) Esta parte cantará todo el público.

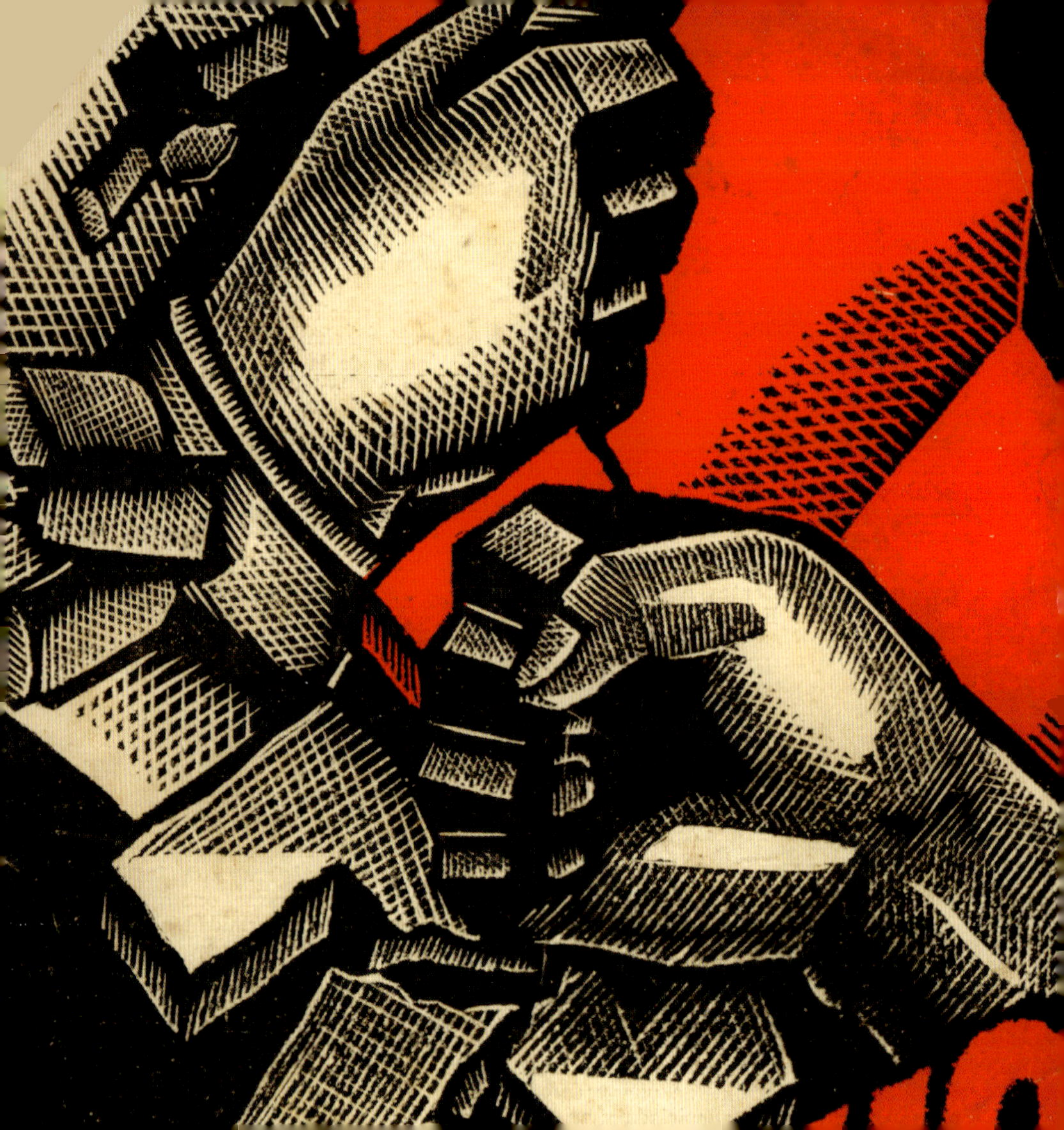

III AÑOS DE GRÁFICA POLÍTICA DE IZQUIERDAS

Las izquierdas, esas hijas díscolas de la modernidad, aparecen en nuestro imaginario asociadas inevitablemente a la batalla de las ideas, la defensa de los principios, la lucha por los derechos, el ejercicio de la crítica sobre los intereses particulares, los privilegios, los convencionalismos y los prejuicios. Se presentan como el Logos que viene a disolver los Mitos, la Luz que finalmente ilumina las Tinieblas, el escepticismo capaz de corroer las ingenuas creencias populares, las Vanguardias que osan ir más allá de lo que se atreve la masa anónima.

Sin embargo, las izquierdas no son pura idealidad contra la materialidad de los intereses, de los sentimientos o de los prejuicios. Paradójicamnte, esa autorrepresentación iluminista y jacobina de las izquierdas sólo se tornó eficaz y movilizadora cuando esas ideas fueron capaces de encarnarse en fuerzas sociales (en la jerga de principios del siglo XX: de convertirse en 'ideas-fuerza'), los principios devinieron creencias y la razón, una nueva fe. Karl Marx profetizaba en 1844 que las ideas sólo devenían materiales cuando eran capaces de penetrar en el "ingenuo terreno popular". Y así fue: esas ideas de avanzadas que en las décadas de 1840 y 1850 profesaban algunos exiliados románticos acompañados de algunos seguidores entusiastas –de Proudhon a Marx y de Bakunin a Lassalle–, para 1900, se habían transformado en las grandes ideologías obreras que profesaban cientos de miles de trabajadores de Europa y América: el anarquismo y el socialismo.

Para que se consumara este pasaje de los libros de teoría a las calles, a las fábricas y a las viviendas obreras, fue necesario un

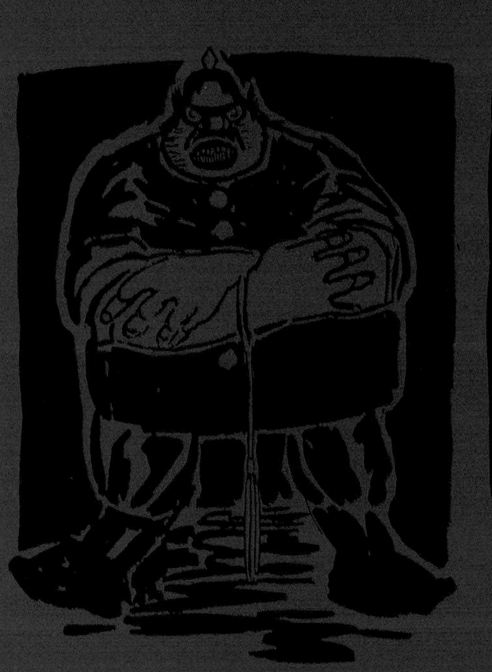
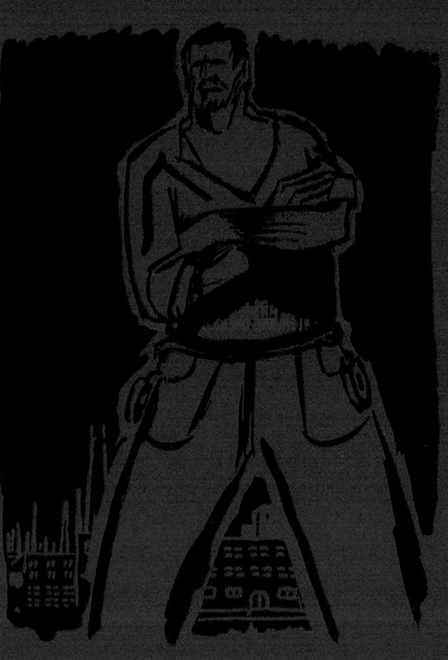

proceso de gestación de símbolos y de imágenes capaces de comunicar eficazmente las nuevas ideas y los nuevos valores a las grandes masas, aptos para irradiar su poderoso magnetismo. Es así que en el proceso de construcción de las identidades colectivas del anarquismo y del socialismo (y más tarde del comunismo) jugaron un rol central las manifestaciones y las marchas, a través de las cuales los trabajadores ganaban las calles de la ciudad; los himnos revolucionarios entonados por la multitud; las banderas rojas y las pancartas. En las tribunas populares, alzadas con motivo de la jornada histórica del 1° de Mayo o de una huelga, los viejos doctrinarios ceden su lugar a los grandes oradores, con sus moños voladores y sus grandes "mostachos", sus gestos enfáticos y su elocuente retórica. Los periódicos cargados de minúsculas tipografías pierden terreno frente a los almanaques populares, las revistas y los semanarios obreros en que los largos textos son eficazmente acompañados por todo un universo de representaciones simbólicas (íconos, alegorías, etc.) capaces de condensar un mundo de ideas y de valores.

Las masas que ahora se sentían atraídas por estos símbolos, íconos y alegorías, habían sido educadas en la fe cristiana, y se operaba en ellas una suerte de "conversión" del cristianismo al anarquismo o al socialismo. El socialista belga Henri De Man, en su clásico estudio sobre la formación del socialismo moderno, mostraba el peso de estos simbolismos y representaciones en fenómenos diversos como las "aspiraciones escatológicas de las masas"; el "contenido emotivo y heroico del mito de la revolución"; el intenso sentimiento de pertenencia a una comunidad de iguales, donde todos se dan trato de 'ciudadanos', 'camaradas' o 'compañeros'; las manifestaciones del 1° de Mayo que se reinscriben en la tradición de las antiguas fiestas populares, paganas y cristianas, con sus acompañamientos floridos, sus bandas musicales, sus cantos corales y sus bailes; la participación en rituales colectivos de gran intensidad –como cuando se entonan las estrofas de "La Internacional" o "Hijos del Pueblo"–; la iconografía socialista que reemplazaba en los cuartos de la familia obrera a la iconografía religiosa; el calendario socialista –con sus efemérides impresas en rojo– que ocupaba el lugar del calendario cristiano; el culto por las banderas rojas, las insignias, los carnés; la admiración a sus profetas, sus héroes y sus mártires; el culto de las "palabras simbólicas" como 'partido', 'movimiento', 'solidaridad'; la confianza en los 'textos sagrados'; etcétera.
La Argentina participó intensamente de este proceso mundial de conformación

de las izquierdas modernas. El hito fundacional es el 1° de Mayo de 1890, cuando en el antiguo Prado Español (un predio que estaba ubicado en el barrio porteño de la Recoleta) se congregaron más dos mil obreros para manifestarse públicamente a favor de los derechos del trabajador. Se levantó una tribuna de madera, se enarbolaron banderas rojas, se cantó "La Internacional" y quince oradores, con su divisa punzó en la solapa, se dirigieron a los asistentes en italiano, francés y castellano.

A partir de este acto unitario, la izquierda se diversificó a lo largo del siglo XX en un conglomerado de siglas. Ellas mismas van a adquirir una carga simbólica especial, cuando los responsables de la gráfica adviertan que siglas como PS (Partido Socialista) o PC (Partido Comunista) conviene escribirlas siempre con la misma tipografía y estilizarlas hasta convertirlas en verdaderos isotipos fácilmente identificables. En PS, uno de los más antiguos, la S se enlaza a la P transmitiéndose así una imagen de solidaridad, de socialistas que marchan enlazados en pos de un mismo ideal. La A anarquista envuelta en un círculo es más reciente –fue creada en abril de 1964, en el marco de los Jóvenes Libertarios de Paris, por el diseñador francés René Darras– y fue rápida-

mente adoptada por los jóvenes neoanarquistas de todo el mundo, pero remite a una fuerte carga simbólica que antecede al anarquismo: una suerte de arcano previo al imperio del poder, de la propiedad y de la ley. La 'pintada' del ERP (como le decíamos en la jerga política al *grafitti*) con su estrella de cinco puntas también ejerció su magnetismo en la primera mitad de la década del '70. Los momentos de efervescencia social desatan la creatividad popular y es así que las paredes se cubren de 'pintadas' en las que las siglas aparecen como una jungla inextricable de signos, al punto que constituirían un verdadero jeroglífico para el observador externo.

Desde 1890 hasta 2001, para citar el arco temporal de gráfica política que cubre este libro, las izquierdas desplegaron todo un universo gráfico a través de afiches y carteles callejeros, almanaques y diarios, periódicos y revistas, libros y folletos, banderas, banderines y carnés. En los carteles y las publicaciones más antiguas, predomina lo tipográfico, pues los grupos editores no cuentan con grandes recursos económicos y los clisés son caros. El gran despliegue gráfico se realiza para los números especiales de revistas y periódicos consagrados a las grandes figuras fundadoras o al 1° de Mayo, o el Día del Trabajador.

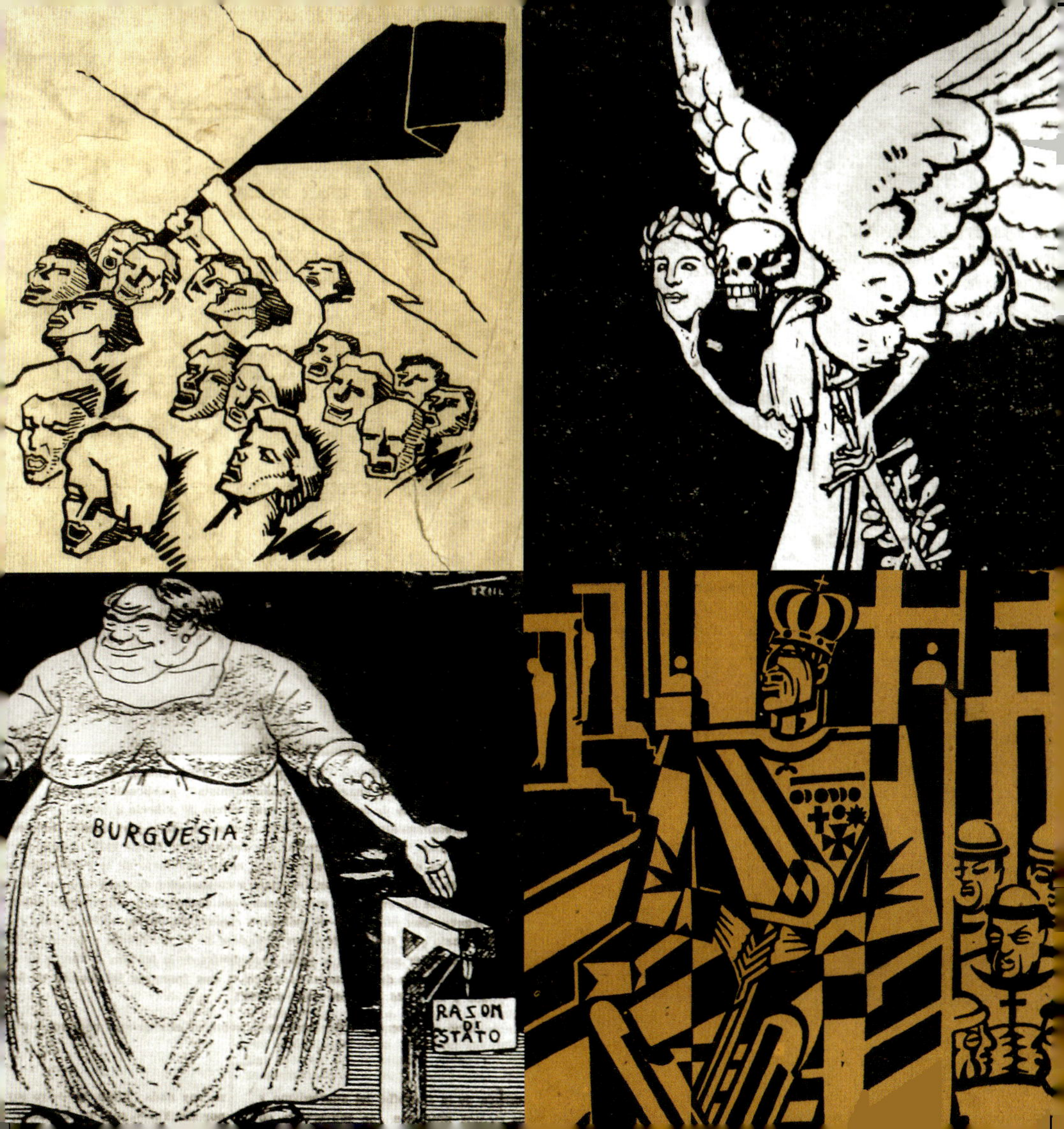
BURGUESIA
RASON DI STATO

En las tapas de los periódicos y las revistas del 1° de Mayo predominan las alegorías del Trabajo, de la Aurora, de la Luz, las imágenes del cuerpo esforzado del trabajador en la fragua, o reposando con el martillo en la mano, o instruyéndose con un libro a la luz de una vela. Por detrás, un fondo de las fábricas con altas chimeneas escupiendo un humo que invade el cielo de la oscura ciudad. Otro motivo infaltable: la madona proletaria, con el niño en brazos. Son también inevitables las campanas que llaman a rebato y despiertan de la modorra, las banderas rojas, las cadenas finalmente rotas gracias a la fuerza del obrero (habitualmente representado con su torso desnudo y exhibiendo su viril muscultura), los trabajadores y las trabajadoras marchando con sus estandartes hacia un destino venturoso simbolizado en general por una aurora.

En una de las imágenes de este libro pueden verse los restos del mundo viejo (la Biblia, las leyes, las armas y otros símbolos del poder político, eclesiástico y militar) bajo un águila que, llevando en las garras una cadena rota, se dirige hacia un sol que lleva inscripto "1° de Mayo". En la gráfica anarquista, la dimensión anticlerical y antimilitarista suele acentuarse. Además, mientras los socialistas representan el Día del Trabajador como una

celebración colectiva, para los anarquistas, es jornada de protesta y de lucha.

El periódico socialista *La Vanguardia* correspondiente al 1° de Mayo de 1895 tiene una nota sobre Carlos Marx acompañada de un retrato realizado por un joven artista plástico: Ernesto de la Cárcova (que poco antes se había afiliado al Centro Socialista Obrero junto con Eduardo Schiafino). En el número siguiente, un grabado anónimo titulado *Emancipación social* mostraba un ángel que protegía con sus alas a un obrero munido de un martillo y una bandera, y a una mujer proletaria con su niño.

Pero, con el cambio de siglo, los motivos clasicistas y simbolistas comienzan a ser desplazados por la influencia del Art Déco y el Art Nouveau, como puede apreciarse en los refinados diseños de los almanaques socialistas de *La Vanguardia*. Aunque, curiosamente, los desnudos femeninos no siempre se condecían con ciertas aristas puritanas de la moral sexual socialista...

La guerra del '14 sacó a las izquierdas de esas amables ensoñaciones e impuso una gráfica antibelicista. Tres años después, en aquel histórico octubre de 1917, ocurre un gran estremecimiento: estalla en Rusia la gran revolución y parece

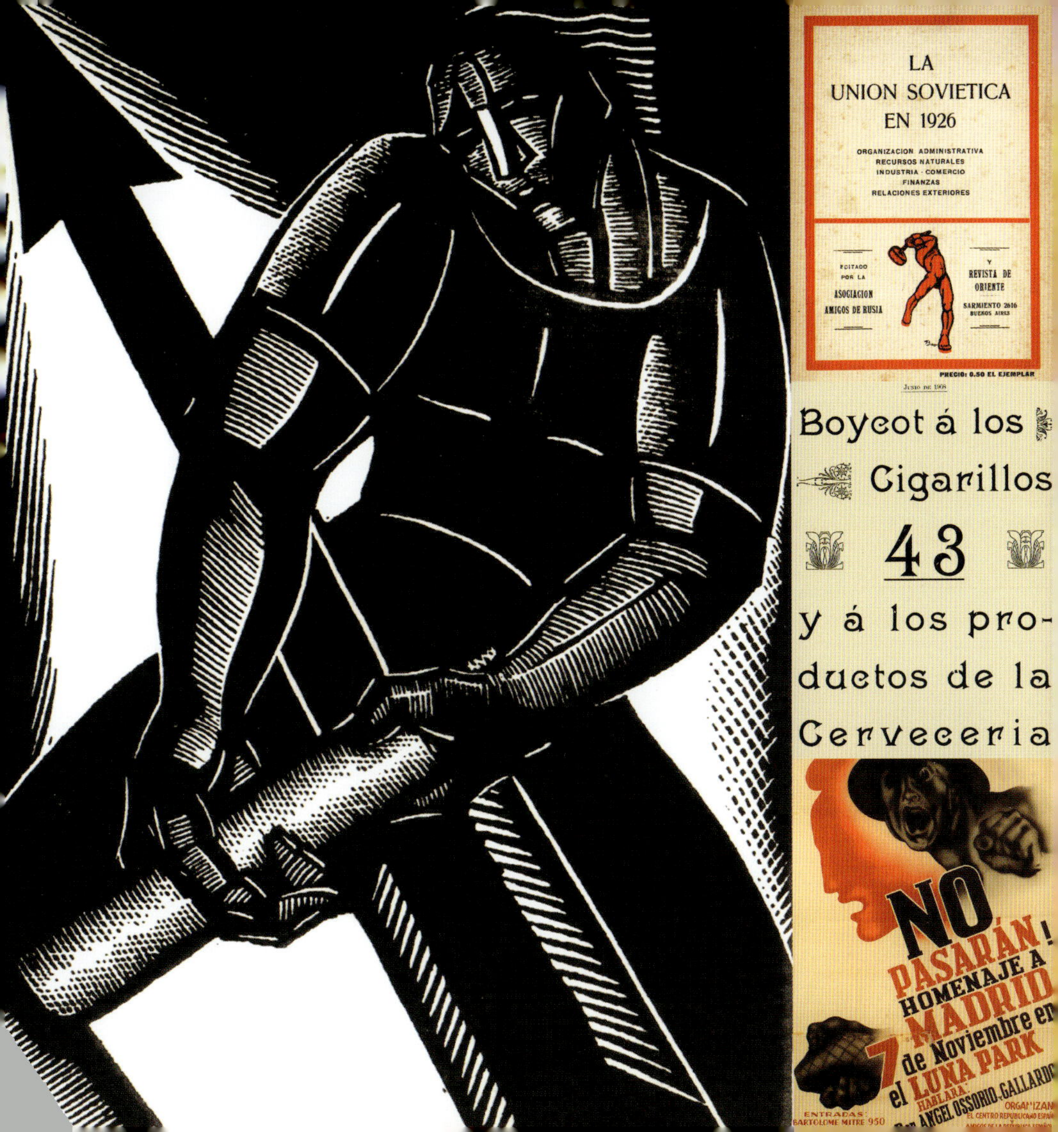

LA UNION SOVIETICA EN 1926
ORGANIZACION ADMINISTRATIVA
RECURSOS NATURALES
INDUSTRIA - COMERCIO
FINANZAS
RELACIONES EXTERIORES
EDITADO POR LA ASOCIACION AMIGOS DE RUSIA
Y REVISTA DE ORIENTE
SARMIENTO 2616 BUENOS AIRES
PRECIO: 0.50 EL EJEMPLAR
Boycot á los Cigarillos
43
y á los pro-ductos de la Cerveceria
NO PASARÁN!
HOMENAJE A MADRID
7 de Noviembre en el LUNA PARK
HABLARA ANGEL OSSORIO-GALLARDO
ENTRADAS: BARTOLOME MITRE 950

extenderse por Hungría, por Alemania...
La Aurora hacia la que marchaba el proletariado tenía ahora un nombre: se llamaba Unión Soviética. Los artistas locales vinculados a las izquierdas representan en sus obras a la Patria del Proletariado, al mismo tiempo que los ilustradores de la revolución invaden también las páginas de la prensa política argentina. Dos imágenes condensan esos años de esperanza mesiánica: el soldado ruso de Moor que interpela con su dedo índice al observador reclamando su participación activa ("Obrero, contribuye en pro de tus hermanos de Rusia!") y el obrero desnudo del húngaro Biro, coloreado con un rojo intenso, que se apresta a descargar el golpe fatal de su maza sobre el mundo burgués. Y, desde luego, aquel emblema poderoso que desde entonces y por más de medio siglo recorrerá el mundo: la hoz y el martillo, símbolo de la unidad entre campesinos y obreros.

En la gráfica de izquierdas de las décadas del '20 y '30 se vuelve dominante el grabado, como si los contrastes en blanco y negro fueran más eficaces para representar los grandes contrastes sociales: burgueses y proletarios, la ciudad y el campo, los barrios ricos y los barrios pobres... aunque no desaparece la imagen del obrero trabajando en su taller, predomina ahora la representación en tonos lúgubres de los personajes de las barriadas miserables. En esta estética de la gubia, una de las técnicas preferidas es la xilografía, como la cultivan Atalaya (Alfredo Chiabra Acosta), Carlos Giambiaggi, Pompeyo Audivert o cuatro de los cinco Artistas del Pueblo (Facio Hebequer, Abraham Vigo, José Arato, Adolfo Belloq y Agustín Riganelli). El lector puede apreciar en este volumen los poderosos grabados de Audivert y varios trabajos de Facio Hebequer, como una tapa de la revista anarquista *Nervio*, la alegoría del obrero y su mujer con el niño en brazos que tituló *Mañana* y aquella representación sombría de los trabajadores pidiendo justicia, extraída de su libro *¡Tu historia, compañero!*, cuya temática privilegiada será la miseria y la marginalidad del mundo obrero. Los periódicos, las revistas y los carteles reproducen al infinito sus colaboraciones, junto con los célebres dibujos de las elites tan adineradas como decadentes de George Grosz o los grabados de los expresionistas alemanes Käthe Kollwitz y Frans Masereel, que tanto influyeron en los argentinos. En 1935 llega exiliado a la Argentina el dibujante y grabador alemán Clément Moreau, el célebre ilustrador de los semanarios antifascistas, como *Argentina Libre* y *Antinazi*. Las representaciones miserabilistas del obrero ceden su lugar, en la estética del realismo socialista, a las imágenes colosales de los trabajadores en las grandes fábricas, de los soldados que resisten al invasor nazi, de los padres fundadores de la patria soviética: Lenin y Stalin. La tapa de la revista *Soviet* (1933-1935), impresa en rojo y negro sobre fondo claro, es un condensado de la nueva estética comunista que ya apunta al realismo socialista: un perfil dinámico de Lenin señalando con su dedo índice en dirección al oriente, una estrella con la hoz y el martillo detrás de su brazo alzado que marca el camino a seguir. En primer plano, brazos de obreros, campesinos y soldados que emergen del suelo, de la tierra, enarbolando hoces, martillos y fusiles; todo coronado por la inscripción "Proletarios de todos los países, uníos!".

La iconografía comunista más roja y agresiva de los primeros años del '30 se torna frentista después de 1935: el logotipo de *La Hora* (subtitulado *Diario de la unidad nacional*), ya no es un puño en alto en son de guerra de clases: son dos manos que se estrechan. La imagen del globo terráqueo, símbolo del internacionalismo, pierde peso a favor de las representaciones de la Argentina. La bandera argentina reemplaza a la roja; se exalta la Constitución Nacional, el parlamento y las demás instituciones argentinas. Al punto que la inconografía comunista se confunde con

la iconografía patriótica, salvo por algunos detalles: los comunistas propuestos al parlamento no llevan trajes, cuello y corbata, sino camisas abiertas; son trabajadores. Y detrás de ellos se recorta la imagen de una multitud. La representación republicana de la Argentina heredada de la iconografía francesa, la mujer con el gorro frigio, dirige a una multitud de trabajadores a través de un arco del triunfo que no es otro que la *Plataforma electoral del Partido Comunista*.

Los socialistas aparecieron como los campeones de la modernización, representando al socialismo como el tren del progreso cuyo avance vertiginoso en vano intentan frenar curas y burgueses colocando sobre los rieles un tronco donde se lee: "Ignorancia". Pero en los '30 y los '40 los comunistas tomarán el relevo, postulando el "milagro soviético" como el paradigna del progreso moderno, exaltando con su gráfica a la maquinaria de la industria pesada, los campos colectivizados y tecnificados, y a los sujetos de esta epopeya: trabajadores y trabajadoras finalmente felices.

En los años de la guerra civil española y en los de la Segunda Guerra undial reaparecen los motivos antibelicistas y antifascistas. Los proletarios marchan encolumnados como soldados; las

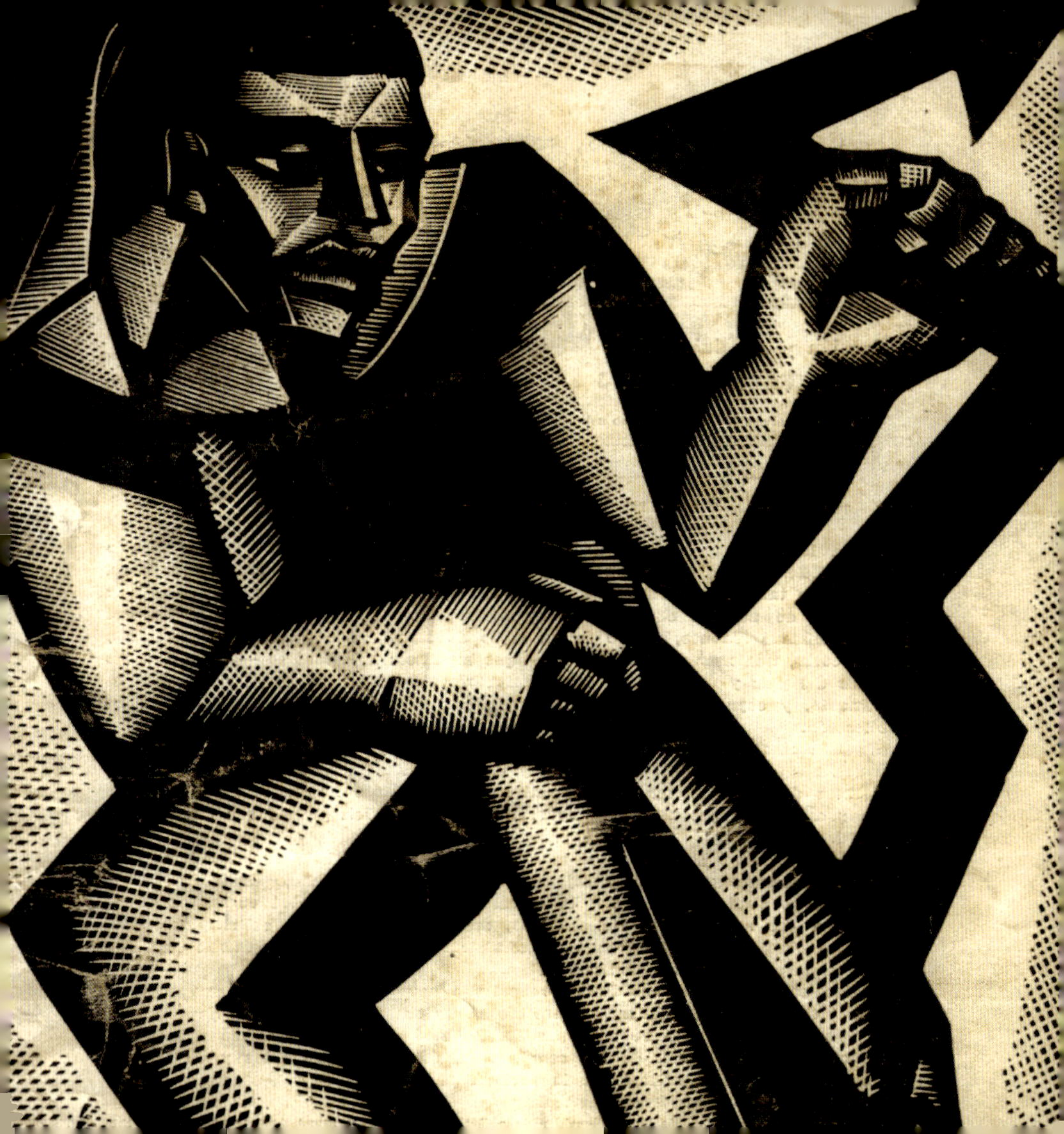

madonas proletarias protegen a sus niños en brazos de los ataques aéreos; la Parca burguesa esconde su mueca horrenda detrás de la careta de la Paz. Resurge con vigor la caricatura política, como lo muestran el reconocimiento conquistado por Tristán en la prensa socialista, el de Manuel Kantor en la comunista y el de Clément Moreau en la antifascista. Cuando su antifascismo se transformó en antiperonismo, sufrieron censuras, persecusiones y prisiones. Los mejores artistas plásticos vinculados al comunismo –como Antonio Berni, Lino Eneas Spilimbergo o Juan Carlos Castagnino– apuestan a la estética política del mural. Sin dejar de hacer "arte comprometido", intentan preservar su autonomía frente a las crecientes exigencias partidarias por imponer el canon del realismo soviético.

El estallido de la Revolución Cubana, en enero de 1959, marca el inicio de la nueva izquierda así como de una nueva búsqueda gráfica. La Revolución Cubana generará su propia gráfica, sobre todo a través de sus potentes carteles y de las fotografías de sus barbados líderes. La imagen que ahora recorrerá el mundo será la del fotogénico Che Guevara. La célebre fotografía de su rostro con la boina y la estrella capturada por Korda se transforma en el ícono dominante de los años '60 y '70, y cada organización de la nueva izquierda la interviene de incontables modos: a través de fotomontajes, "fotoquemados", dándole distintos colores, sobreimprimiéndole una estrella, etc. Todo joven militante de aquellos años, cualquiera fuese el signo político de su militancia, tuvo colgada en una pared de su cuarto esa imagen del Che. Roberto Jacoby, exponente del arte conceptual vinculado a las izquierdas, la replica con esta inscripción: "Un guerrillero no muere para que se lo cuelgue en pared".

La estrella es el símbolo gráfico que da identidad a las nuevas organizaciones armadas en América latina. Las estrellas rojas, a menudo envueltas en un círculo, serán utilizadas no sólo por las FAL (Fuerzas Armadas de Liberación) o el ERP (Ejército Revolucionario del Pueblo) en la Argentina, sino por todos los MIR (Movimiento de Izquierda Revolucionaria) del continente. Juan Pablo Renzi reelaborará esos emblemas históricos de las luchas revolucionarias, como son las estrellas y los martillos.

Pero en la Argentina industrial y proletaria, la imagen del guerrillero heroico se superpone no sin tensiones con las representaciones del proletariado. El Cordobazo impone una gráfica de la

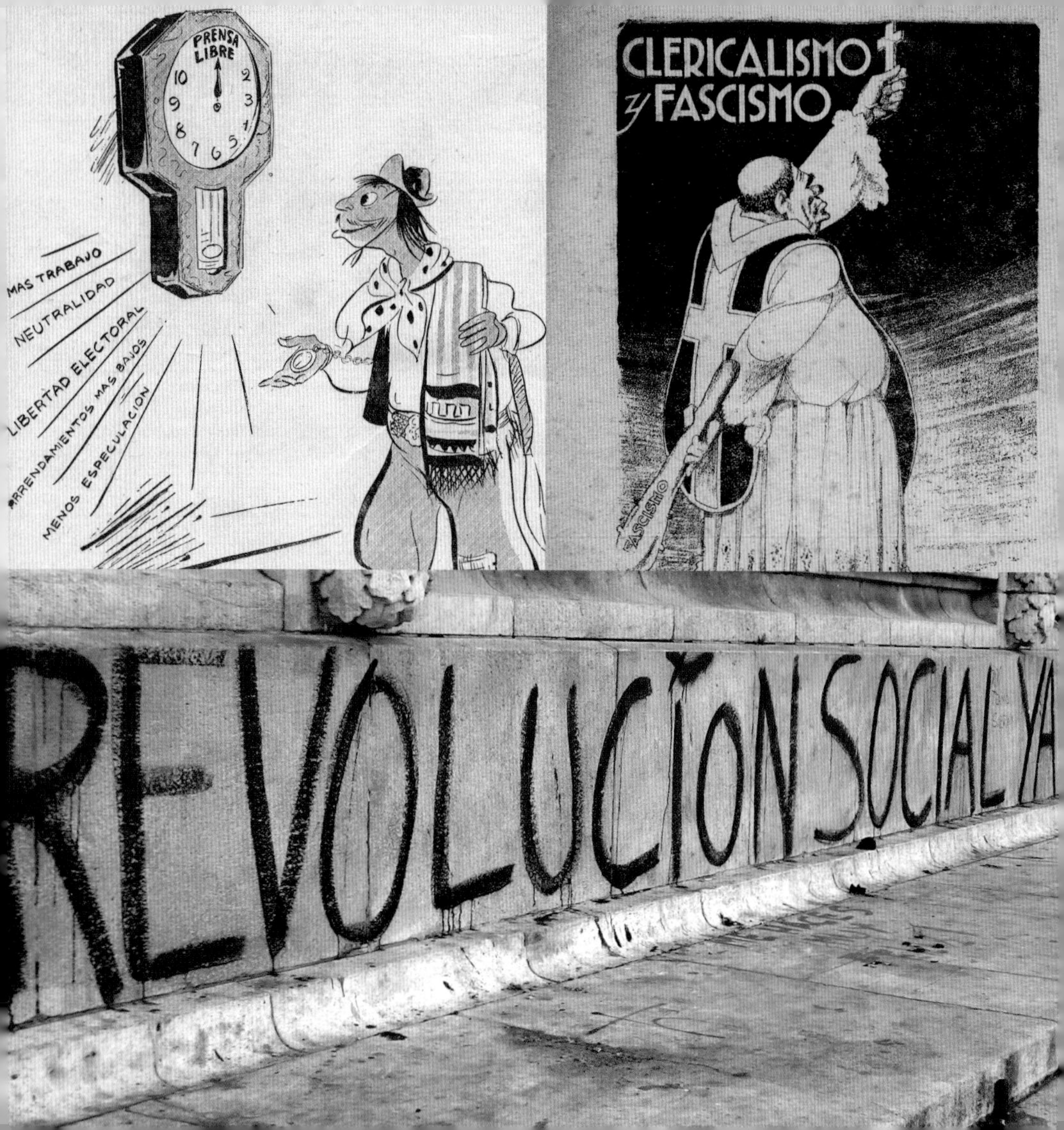

PRENSA
LIBRE
MAS TRABAJO
NEUTRALIDAD
LIBERTAD ELECTORAL
ARRENDAMIENTOS MAS BAJOS
MENOS ESPECULACION

CLERICALISMO
y FASCISMO
FASCISMO

REVOLUCION SOCIAL YA

movilización obrera y popular, en la que se destacan la figura de Agustín Tosco así como la imagen del estudiante cordobés que capta un fotógrafo de frente arrojando un proyectil a las filas policiales, el equivalente local a una foto semejante tomada a un estudiante *enragé* en los días del Mayo Francés. La represión sufrida bajo la dictadura militar de la llamada Revolución Argentina (1966-1973) hace renacer la gráfica típica de la década del '30, que muestra militares o policías torturadores, o las imágenes de sus víctimas. Los afiches de los mártires de Trelew, en cuya confección las organizaciones de izquierda debieron acudir a las mismas fotos policiales para dar a conocer sus rostros, son un emblema de los primeros '70.

Desde los '60 una nueva generación de artistas plásticos y de publicitarios colabora con la prensa de izquierdas, contribuyendo a modernizar sus tipografías, sus ilustraciones y sus diseños, como lo muestran las tapas recogidas en el presente libro de la revista *Che* así como las del *Escarabajo de Oro*, que diseñaba Napoleón (seudónimo de Antonio Mongiello Ricci). Los nuevos logotipos revelan otra elaboración, como lo evidencia *El Descamisado* (1973), cuya tipografía remeda los brochazos de pintura en la pared de la cultura política peronista.

El Montonero, en cambio, apela a la iconografía nacionalista de la estrella federal, el fusil y la tacuara.

Sin lugar a dudas, el prototipo de la gráfica política de la nueva izquierda lo constituye la obra de Ricardo Carpani, con esas colosales figuras de obreros descamisados que alzan sus puños crispados y gritan su rebeldía. Sus dibujos ilustraron innumerables revistas, periódicos, carpetas, libros y afiches callejeros, como aquellos célebres de la CGT de los Argentinos o de los mártires de Trelew. Me corrijo: todo joven militante de aquellos años tuvo en su cuarto una foto del Che y un afiche de Carpani.

Bajo la última dictadura militar (1973-1983), las nuevas publicaciones políticas de la izquierda, ya sean legales, ya sean clandestinas, necesariamente se hacen más discretas en lo que a gráfica se refiere. En la gráfica del exilio, como en los célebres dibujos de los humoristas franceses que apoyan el boicot al Mundial '78, predominan las imágenes del horror. En las publicaciones clandestinas aparecidas en el país, se muestran una vez más las figuras de los torturadores así como de los cuerpos afligidos de los militantes capturados. Cuando el movimiento de derechos humanos se afirma, la imagen de las víctimas es otra, más activa: son los presos con sus manos agarradas a los barrotes de su celda y mirando al exterior. O las imágenes de las Madres de Plaza de Mayo, representadas por su marcha alrededor de la plaza o por su pañuelo blanco. En la posdictadura cada Marcha de la Resistencia apeló a alguna estrategia gráfica –las máscaras blancas o las siluetas– para representar lo irrepresentable: los desaparecidos. Imágenes emblemáticas de estos años son las fotos de los libros quemados o desenterrados luego de siete años, los dibujos desgarradores de Carlos Alonso, los collages antimilitaristas y anticlericales de León Ferrari y las intervenciones de Marcelo Brodsky a las viejas fotos de los cursos del Colegio Nacional de Buenos Aires con anotaciones sobre el destino de cada alumno.

En la década del '90 la gráfica política de izquierda vuelve sobre los motivos de los años '60 y '70, pero sus imágenes no ejercen el influjo de otrora. La prensa anarquista, socialista y comunista había sabido estar a la vanguardia de las innovaciones periodísticas y gráficas de su tiempo. La crisis de las izquierdas, producto del reflujo político que les impone el derrumbe del "socialismo real", el auge del neoliberalismo y (a nivel local) la década menemista, pareciera expresarse también en la falta de innovación gráfica. Como siempre, aquí está también la excepción: la innovación que representa la gráfica y la práctica misma de los "escraches", que ponen en juego la agrupación HIJOS.

En diciembre del 2001 estalla en las calles una nueva gráfica de izquierdas –la de los cacerolazos, las asambleas barriales y los piquetes–, pero que ya se venía incubando entre los grupos de artistas jóvenes liberarios y "anti-políticos". Son sus notas el arte grupal y callejero, una estética influida por el *comic under*, las técnicas del *grafitti* y del *stencil*. Más libertaria e irreverente, hace gala de un humor ajeno a la estética comunista o a la de los derechos humanos, como aquel Marx disfrazado de ama de casa golpeando su cacerola, esa imagen del Che metamorfoseada en un rostro felino o aquel escudo nacional intervenido con los emblemas de las nuevas luchas. Al lado de estos audaces *stencils*, otro muestra el rostro de John William Cooke; otro, un puño con la rosa socialdemócrata; y otro, finalmente, reclama la libertad de Gorriarán Merlo. Como en todo momento de crisis, lo viejo se mezcla con lo nuevo, lo emergente con lo residual, lo reverencial con lo irreverente.

Horacio Tarcus

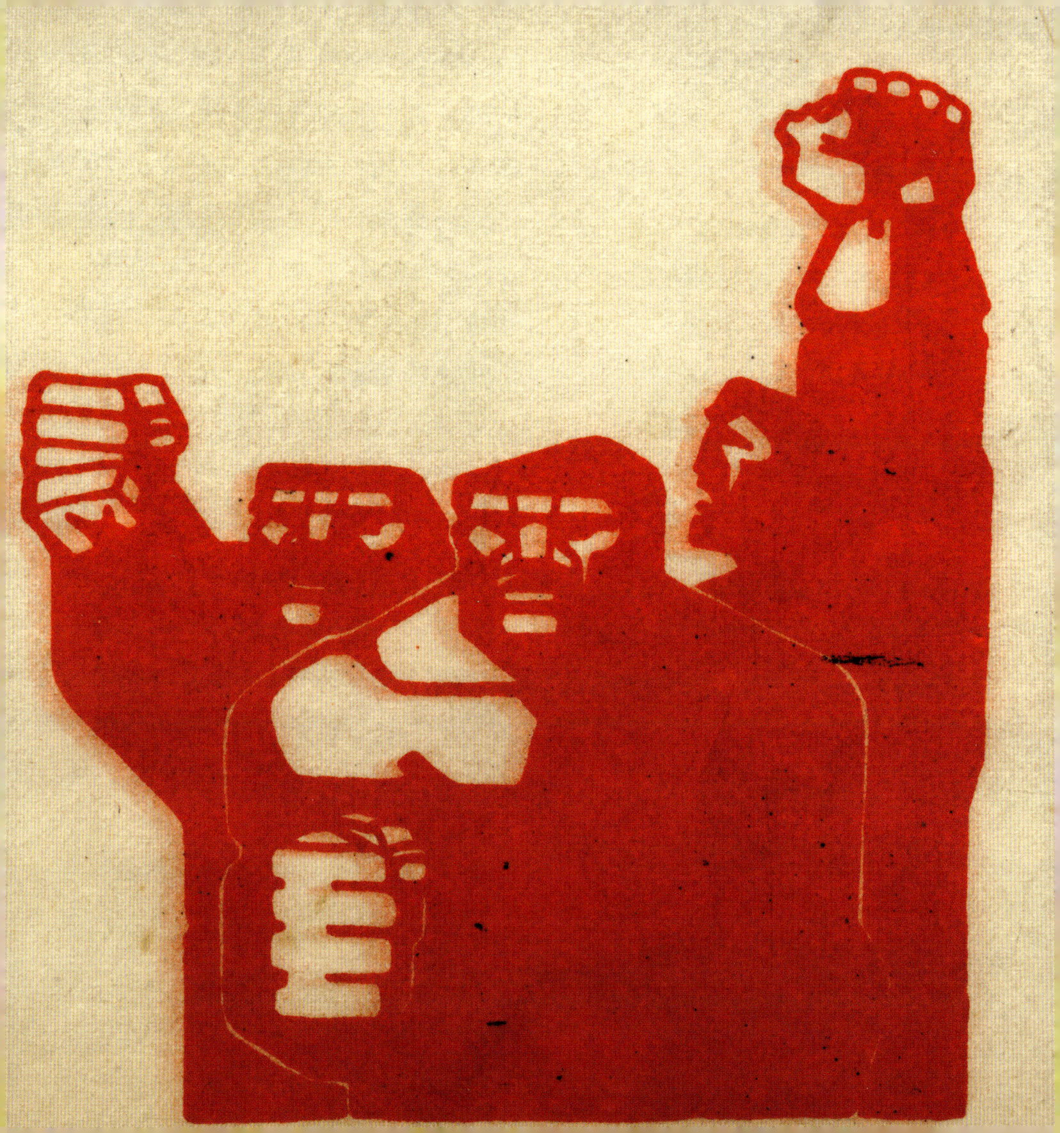

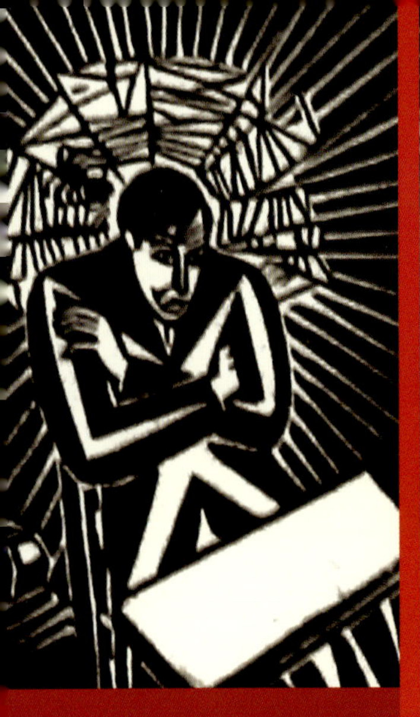

Cautivo en las redes de sus propias ideas, el autor medita infructuosamente.

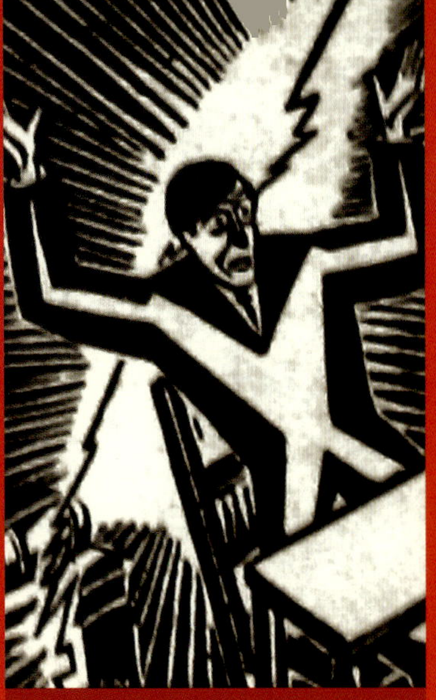

Con la violenta rapidez de un rayo concibe la Idea.

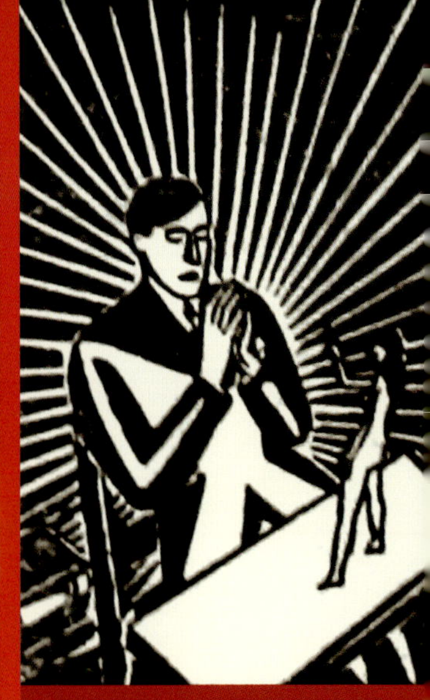

El autor contempla con asombro a la Idea, hija de su genio.

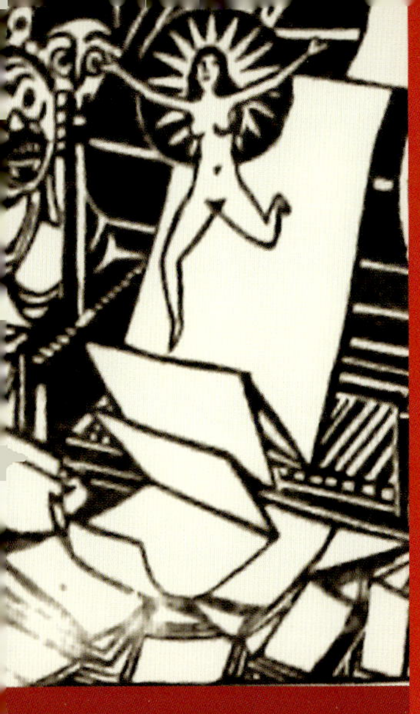

La Idea sale de
las prensas en
millares de hojas.

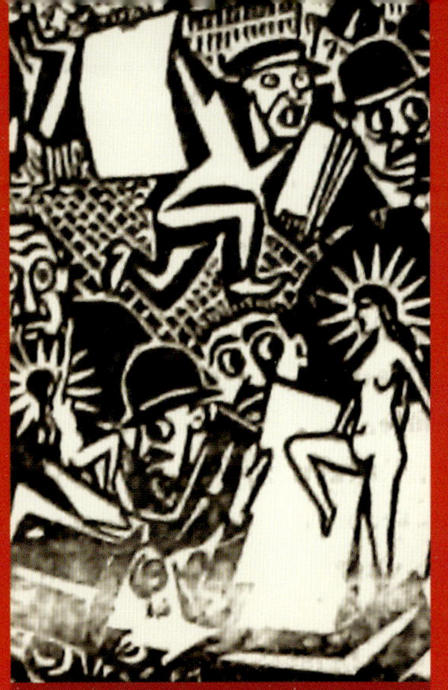

La Idea es prego-
nada por las calles
para rabia de los
conservadores.

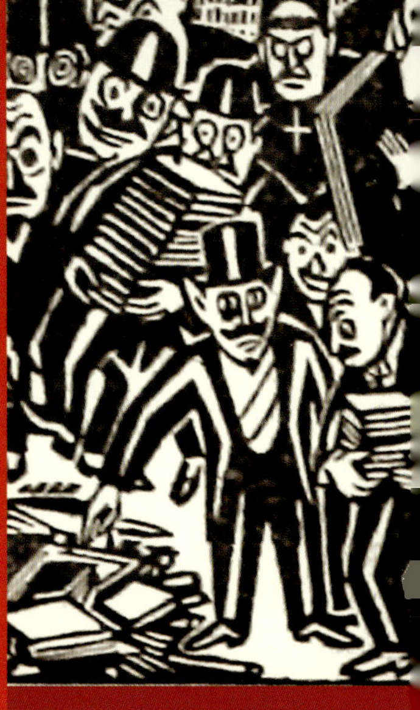

Los censores se
preparan a incine-
rar la Idea en
una plaza pública.

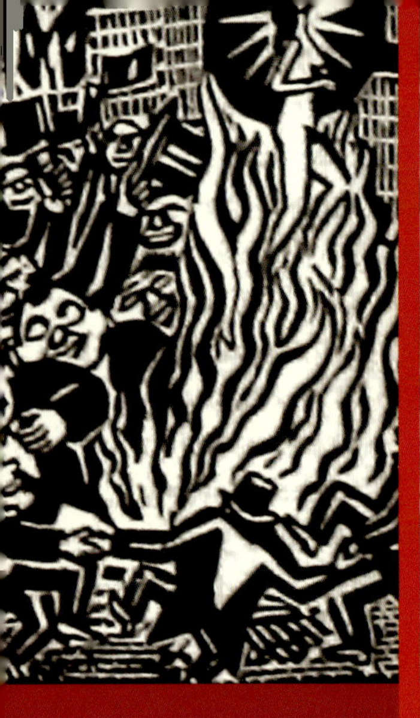

Pero la Idea sale ilesa de entre las llamas.

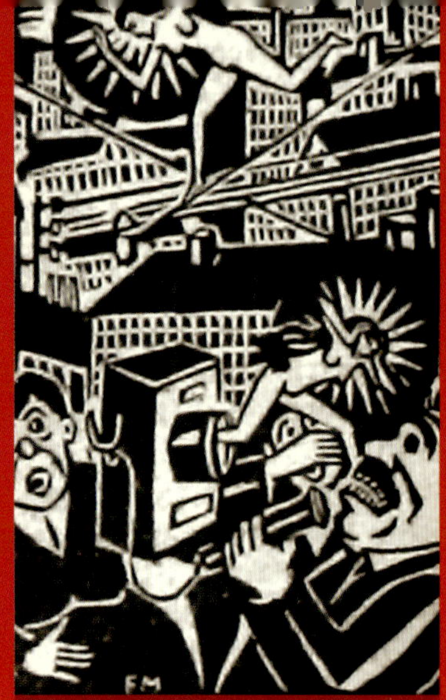

Perseguida por las autoridades, la Idea se escapa por los hilos telegráficos.

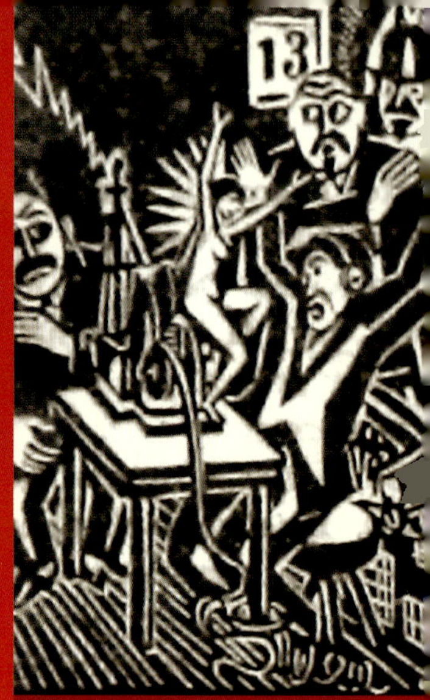

La Idea llega a una nueva ciudad y se propaga por todas partes.

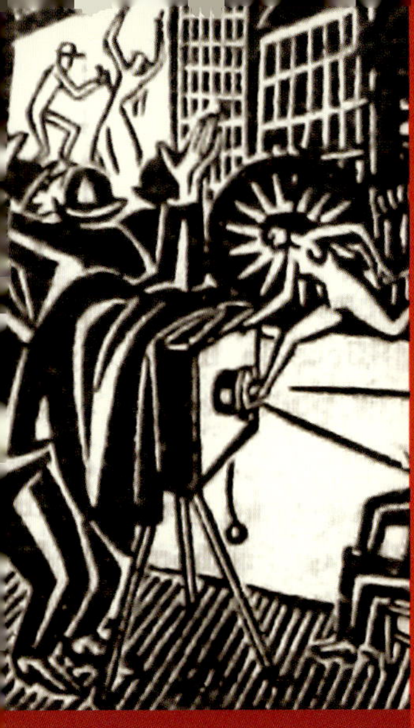

La Idea se intro-
duce en la cámara
cinematográfica.

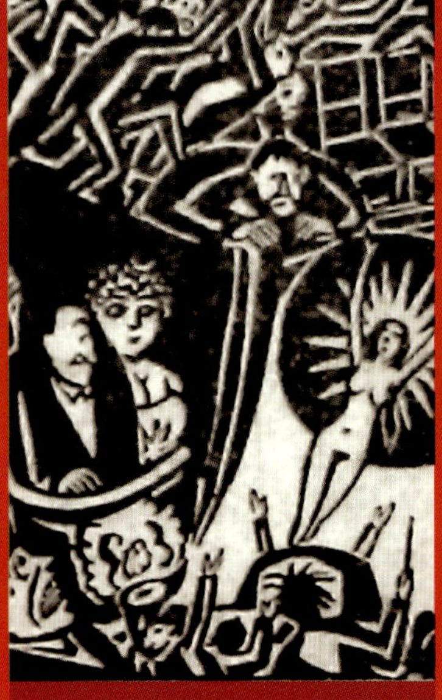

Con gran pánico
del público, la Idea
es proyectada en
la pantalla.

La Idea es predi-
cada por toda
la urbe.

CRONOLOGÍA DE LAS IZQUIERDAS EN LA ARGENTINA (1864-2001)

Referencias Los colores indican el partido "madre" y los sucesivos fraccionamientos y reagrupamientos.

- ★ Socialismo
- ★ Anarquismo
- ★ Sindicalismo revolucionario
- ★ Comunismo
- ★ Trotskismo
- ★ Nueva izquierda
- ★ Peronismo de izquierda
- ★ Izquierda post '80

1864

Se funda en Londres la Asociación Internacional de los Trabajadores (AIT), conocida luego como I° Internacional.

1871

Comuna de París.

1872

★ Se funda en Buenos Aires la Sección Francesa de la Asociación Internacional de los Trabajadores, conformada por exiliados de la represión que siguió a la Comuna de París.

1873

★ La Sección Argentina de la AIT logra crear, además de la célula francesa, una célula italiana y otra española. Edita el periódico *El Trabajador*.

1875

★★ Refundación de la Sección Francesa en Buenos Aires. Sus miembros son detenidos y procesados, acusados de participar en los disturbios que provocaron el incendio de la Iglesia del Salvador.

Asume la presidencia Nicolás Avellaneda.

En el Congreso de Gotha, los dos partidos socialistas alemanes ratifican un programa común. Así nace el Partido Socialdemócrata de Alemania (SPD).

1878	★ Los obreros gráficos, reunidos un año antes en la Unión Tipográfica Bonaerense, realizan la primera huelga en la historia de la Argentina.	Leyes antisocialistas en Alemania.
1879	★ Aparece en Buenos Aires, *El Descamisado*, primer periódico anarquista argentino.	Guerra del Pacífico entre Chile, Perú y Bolivia.
1880	Asume la presidencia Julio Argentino Roca, candidato por el Partido Autonomista Nacional (PAN).	
1882	★ Emigrados alemanes fundan en Buenos Aires el Club Vorwärts (Adelante), primer antecedente de la militancia socialista en la Argentina.	
1885	★ Llega a Buenos Aires el militante anarquista italiano Enrique Malatesta, quien publica *La Cuestión Social* en español e italiano.	
1886	★ Bajo la dirección de A. Uhle, el Club Vorwärts edita el periódico del mismo nombre en idioma alemán. Asume la presidencia Miguel Juárez Celman.	
1887	★ Se crea en Buenos Aires el Círculo Socialista Internacional, formado por anarquistas italianos y españoles.	
1889		Se funda en París la II Internacional.
1890	★ Convocado por el Comité Internacional Obrero, de filiación socialista, se celebra por primera vez en el país el Día del Trabajo con un mitin en el Prado Español. Los	Estalla en el SPD una crisis producto del surgimiento de una corriente revisionista y la

oradores se dirigen al público en italiano, alemán, francés y español.
- ★ Aparece *El Obrero*, semanario dedicado a la defensa de los intereses de los trabajadores, dirigido por el naturalista alemán Germán Avé-Lallemant, considerado el introductor del "socialismo científico" en la Argentina.

Gran crisis económica y financiera. Estalla la "Revolución del Parque" liderada por la recientemente creada Unión Cívica. Renuncia Juárez Celman y asume la presidencia Carlos Pellegrini.

posterior adopción de un programa de índole reformista.

1891

- ★ Se crea la Federación Obrera Argentina (FOA), de orientación socialista.

1892

- ★ Un sector disidente de la FOA crea la Agrupación Socialista, primer embrión de Partido Socialista. Participaron Augusto Kühn, Carlos Mauli, G. Humel y Esteban Jiménez.

Asume la presidencia Luis Sáenz Peña.

1893

- ★ En febrero, la FOA reinicia la publicación el periódico *El Obrero*. Un mes después, la Agrupación Socialista lanza *El Socialista*.

1894

- ★ Aparece *La Vanguardia*, dirigida por Juan B. Justo. La Agrupación Socialista inaugura su primer local y cambia su nombre por Centro Socialista Obrero. Se afilia Juan B. Justo.

1895

- ★ Las agrupaciones socialistas Centro Socialista Obrero, Centro Socialista Universitario, Vorwärts, Fascio dei Lavoratori y Les Egaux realizan una primera convención; se crea así el Partido Socialista Obrero Internacional.

Asume la presidencia José Evaristo Uriburu.

1896

★ En marzo, el Partido Socialista Obrero Internacional participa por primera vez en elecciones en la Capital Federal. Obtienen 138 votos. Dos meses después celebran el I Congreso y queda constituido el Partido Socialista Obrero Argentino. Participaron, entre otros, José Ingenieros, Juan B. Justo, Leopoldo Lugones y Roberto J. Payró.

1897

★ Aparece en Buenos Aires *La Protesta Humana* (luego *La Protesta*), órgano de prensa del anarquismo que llegó a ser uno de los más importantes de América latina.

1898

Asume la presidencia por segunda vez Julio Argentino Roca.

Emile Zola publica "Yo acuso", carta abierta en la que intervenía, al igual que lo hicieron Jean Jaurès y otros radicales y socialistas franceses, en el caso del militar judío, Alfred Dreyfus, acusado de espionaje en favor de Alemania. Intervención estadounidense en la guerra hispanocubana. Mediante el Tratado de París, los Estados Unidos adquiere Cuba, Filipinas, Puerto Rico y Guam.

1899

★ Siete agrupaciones socialistas se escinden del Partido y crean la Federación Obrera Socialista Colectivista.

1900

El uruguayo José Enrique Rodó publica *Ariel*, escrito tras el desenlace de la guerra hispanonorteamericana y proclamado el "evangelio espiritual de la juventud del continente". Fue fuente de inspiración de las corrientes espiritualistas y antiimperialistas que predominaron luego del Centenario.

1901

★★ I Congreso de la FOA, del que participaron anarquistas y socialistas. La unidad sólo durará un año.

1902

★★ La FOA llama a una huelga general.

Se promulga la ley N° 4144 conocida como Ley de Residencia, que permite expulsar a los extranjeros "indeseables".

1903

★ Los socialistas crean su propia organización obrera, la Unión General de los Trabajadores (UGT). Dos años después, ésta comienza a ser dominada por los "sindicalistas revolucionarios" que sostienen la prescindencia de las orientaciones políticas.

Panamá se independiza de Colombia bajo los auspicios de los Estados Unidos que, en el mismo año, ocupa el territorio y compra los derechos para finalizar las obras del Canal de Panamá.
Asume por primera vez la presidencia del Uruguay el colorado José Batle y Ordóñez, en cuyos gobiernos se realizaron importantes avances en material de leyes sociales y laborales.

1904

★ Alfredo Palacios se consagra como el primer diputado socialista de América al ganar las elecciones en el barrio porteño de La Boca.
★ En su IV Congreso celebrado en La Plata, la FOA cambia su nombre por Federación Obrera Regional Argentina (FORA). La central anarquista cuenta con 66 sociedades y 32.893 afiliados.

Asume la presidencia el conservador Manuel Quintana.

1905

★ En su V Congreso, la FORA suscribe el Pacto de Solidaridad donde se declara oficialmente adscripta a los principios del anarco-comunismo.

Derrota de Rusia en la guerra con Japón. Estalla la Revolución.

1906

Asume la presidencia José Figueroa Alcorta.

1907

★ Los socialistas fundan la cooperativa El Hogar Obrero.

1908

★ La FORA declara la huelga general en contra de la Ley de Residencia.

1909

★ En un nuevo intento de fusión de las organizaciones obreras, se convoca a un congreso cuyo resultado será la creación de la CORA (Confederación Obrera Regional Argentina), de orientación sindicalista, que quedará enfrentada con la FORA anarquista.

Bajo las órdenes del coronel Ramón L. Falcón, la policía reprime violentamente manifestaciones obreras. Hay muertos y cientos de heridos, y se declara la huelga general. Al poco tiempo, el joven ruso Simón Radowitzky asesina a Falcón y su secretario para vengar la masacre. Es condenado a prisión en Ushuaia.

1910

Festejos del Centenario de la Revolución de Mayo. Se producen incidentes, detenciones y deportaciones de militantes, sobre todo anarquistas.
Asume la presidencia Roque Sáenz Peña.

Inicio de la Revolución Mexicana. Capitulación y exilio de Porfirio Díaz y presidencia de Francisco Madero.

1912

★ Se crea en el Partido Socialista (PS) el Comité de Propaganda Gremial, que asume los postulados marxistas dentro del partido.
El escritor Manuel Ugarte entabla una polémica con la dirección del PS y es expulsado.

Se promulga la llamada Ley Sáenz Peña de voto secreto y obligatorio.

1914

★ El PS obtiene un importante triunfo en las elecciones de la Capital Federal e ingresan al Congreso Nacional

Estalla la Primera Guerra Mundial.

siete diputados.
★★ La CORA se fusiona con la FORA.

Asume la presidencia Victorino de la Plaza

1915

★ Alfredo Palacios es expulsado del PS por batirse a duelo, práctica expresamente prohibida por el partido.
★★ En el IX congreso de la FORA, se enfrentan anarquistas y sindicalistas puros (partidarios de la neutralidad ideológica de las organizaciones obreras), lo que produce una escisión entre los grupos que pasarán a conocerse como FORA-V Congreso y FORA-IX Congreso.

1916

En elecciones regidas por la Ley de Voto Secreto y Obligatorio, gana y asume la presidencia de la Nación el radical Hipólito Yrigoyen.

1917

★ En el III Congreso extraordinario del PS, triunfa la postura neutralista frente a la Primera Guerra Mundial. En agosto, aparece el periódico *La Internacional*, órgano del sector de la izquierda marxista del socialismo, cuyo grupo inicial estuvo liderado por José F. Penelón.

En febrero, se produce la Revolución Rusa. Caída del zarismo, se establece un gobierno provisional. En octubre, una nueva revolución destituye al gobierno interino y establece un gobierno de los soviets hegemonizado por los bolcheviques.

1918

★ La conducción del PS desconoce las resoluciones del Congreso Extraordinario de 1917 y el sector de izquierda se separa formando en enero el Partido Socialista Internacional, antecedente directo del Partido Comunista (PC).

Estalla en Córdoba el movimiento de la Reforma Universitaria.

Fin de la Primera Guerra Mundial.
Revolución alemana.

1919

★ Aparece en Buenos Aires el periódico *Bandera Roja*, órgano de expresión de la tendencia anarquista que

En enero, son asesinados Rosa Luxemburgo y Karl Liebchnekt,

apoya la experiencia soviética. Un año después se publican *Frente Proletario* y *Frente Único*.

Semana Trágica: comienza con la represión de la huelga iniciada por los obreros metalúrgicos de los talleres de Pedro Vasena.

los fundadores del KPD, el Partido Comunista alemán.
En febrero, el socialdemócrata Friedrich Ebert es elegido por la Asamblea Nacional (reunida en Weimar) primer presidente de la República de Alemania.

1920

★ El Partido Socialista Internacional adhiere a la III Internacional y cambia su nombre por el de PC.

Se crea en Moscú la III Internacional, de orientación comunista.

1921

★ En el congreso del PS en Bahía Blanca se produce una nueva escisión alentada por el senador Enrique del Valle Iberlucea, quien sostenía la necesidad de que el partido adhiriera a la III Internacional. El grupo disidente será conocido como "tercerista" y algunos de sus miembros se incorporan al PC Argentino (PCA).

Una huelga de los trabajadores de la zafra lanera en Santa Cruz, dirigida por los anarquistas, es sofocada salvajemente por las tropas nacionales comandadas por el coronel Héctor Varela. En el Chaco, trabajadores de La Forestal son masacrados por reclamar mejoras en las condiciones de trabajo.

1922

★★ Mediante la confluencia de la FORA-IX Congreso y algunos gremios de la FORA-V Congreso se crea la Unión Sindical Argentina (USA).
★ Un grupo de militantes, entre los que se encontraban Alberto Palcos y Luis Koifmann, postulan la necesidad de concretar un frente único con el PS y se separan del PCA. Por esta razón serán conocidos como "frentistas".

Se crea la Unión de Repúblicas Socialistas Soviéticas (URSS).

1923

★ El obrero alemán de militancia anarquista Kurt Wilckens da muerte al coronel Varela, responsable de la masacre de obreros de la Patagonia. En represalia, es luego

Después de la Marcha sobre Roma (1922), Benito Mussolini consolida el régimen fascista asesinado en su celda de la Penitenciaría Nacional. Inmediatamente la FORA declara la huelga general.

cuando ingresa como presidente al gabinete de ministros. Golpe militar en España e inicio de la dictadura de Miguel Primo de Rivera.
León Trotsky lidera la Oposición de Izquierda en el PC Soviético (PCUS).

1924

★ El PCA realiza un funeral cívico en el teatro Coliseo de Buenos Aires por la muerte de Lenin.

Muerte de Lenin. Creciente concentración del poder en manos del secretario general del PCUS, Josef Stalin.
En México, un grupo de exiliados peruanos liderados por Víctor Raúl Haya de la Torre forman la Alianza Popular Revolucionaria Americana (APRA).

1925

★ El PCA expulsa al ala izquierda que formará en seguida el Partido Comunista Obrero. Dado que su órgano de expresión era el periódico *La Chispa*, se los conoce como "chispistas".

1926

★ José Penelón es elegido concejal por la Capital Federal en representación del PCA. Dos años después, abandona el partido y crea el Partido Comunista de la República Argentina (PCRA).

Fin de las experiencias democráticas en Polonia y Lituania.
Oposición unificada en el PCUS (representada por Trotsky, Zinoviev, Kamenev).

1927

★ Es expulsado del PS un grupo de militantes: entre otros, Federico Pinedo, Antonio de Tomaso y Augusto Bunge, que luego formaron el Partido Socialista Independiente. En 1930 este grupo obtuvo el triunfo en las elecciones capitalinas y algunos de sus integrantes participaron activamente en los gobiernos conservadores posteriores al golpe.

Augusto Sandino se interna en las montañas nicaragüenses para resistir la invasión estadounidense a ese país.
Los anarquistas italianos Nicolás Sacco y Bartolomeo Vanzetti son ejecutados en la silla eléc-

trica en los Estados Unidos.
Fueron acusados de un doble
crimen que no cometieron y el
juicio, plagado de falsedades,
despertó una ola de indigna-
ción en todo el mundo.

1928

José Carlos Mariátegui publica
*Siete ensayos de interpreta-
ción de la realidad peruana*,
libro capital del marxismo latinoamericano.

1929

★ Se realiza en Buenos Aires la Conferencia de los Partidos Comunistas Latinoamericanos, en un contexto en
que el comunismo mundial atraviesa el período ultraiz-
quierdista, signado por la táctica "clase contra clase".
★ Organizaciones anarquistas se reúnen en Buenos Aires
en un congreso que dará origen a la Asociación Conti-
nental Americana de los Trabajadores (ACAT).
★ Como escisión del PCRA, nace el Comité Comunista de
Oposición, de orientación trotskista.

Comienzo de la crisis económica en los Estados Unidos
conocida como la Gran Depre-
sión, que se extendió por todo
el mundo.
Trotsky comienza su exilio de
la URSS en la isla turca de
Prinkipo.

1930

Se crea la Confederación General del Trabajo (CGT) a
partir de la confluencia de la USA y la CORA.

El presidente Hipólito Yrigoyen, de la Unión Cívica Radical (UCR), es derrocado en un golpe militar encabezado
por el general José Félix Uriburu. Comienza un período
de persecución de las organizaciones de izquierda, se
clausuran periódicos y muchos dirigentes políticos y gremiales son encarcelados.

Tras desconocer el resultado
electoral que consagraba como
presidente de la República del
Brasil a Julio Prestes, Getúlio
Vargas encabeza una sublevación armada que lo coloca en
el poder. En 1937, luego de dar
un golpe de Estado, declaró el
Estado Novo.

1931

★ Son fusilados los anarquistas Severino di Giovanni y
Paulino Scarfó.
★ Los obreros anarquistas Pascual Vuotto, Reclus de Diago y
Santiago Mainini son condenados, sin pruebas y en un jui-
cio viciado, a prisión perpetua por un atentado con bomba

en el que murieron dos personas. Sesenta y dos años después fueron desagraviados y se aceptó su inocencia.

La fórmula Lisandro de la Torre-Nicolás Repetto, de la alianza entre el Partido Demócrata Progresista y el PS, es derrotada en las elecciones presidenciales –teñidas por el fraude– por la Concordancia representada por Agustín P. Justo-Julio Argentino Roca (h). La UCR se abstiene y el PS obtiene su máxima representación parlamentaria de la historia: 43 diputados y 2 senadores.

1932

- ★ El Comité Comunista de Oposición cambia su nombre por Izquierda Comunista Argentina (ICA).
- ★ El PCA edita el diario *Bandera Roja*, censurado al poco tiempo. Es reemplazado por *Mundo Obrero*, también censurado.
- ★ En Rosario se reúne un Congreso Anarquista Nacional a partir del cual se crea el Comité Regional de Relaciones Anarquistas (CRRA).

Luego de un breve período donde se reabrieron locales y resurgieron las publicaciones partidarias, el gobierno declara el estado de sitio y los militantes y dirigentes de izquierda vuelven a ser perseguidos.

Inicio de la Guerra del Chaco entre Bolivia y Paraguay. Masacre de campesinos e indígenas en El Salvador. Fusilamiento del dirigente del PC salvadoreño, Farabundo Martí.

1933

- ★ En la ICA se forman dos grupos, uno ligado a los sectores obreros y comandado por Pedro Milesi, que dirige la Liga Comunista Internacionalista-Bolchevique Leninista y edita el periódico *Tribuna Leninista*; el otro, formado mayormente por intelectuales y estudiantes, es la Liga Comunista Internacionalista-Nueva Etapa, cuyo nombre deriva del de su publicación.

Franklin Roosevelt es electo presidente de los Estados Unidos. Inicio del New Deal. Hindenburg designa a Adolf Hitler canciller del Reich. Oliveira Salazar, presidente del Consejo de Ministros de Portugal, promulga una nueva constitución de corte fascista.

1934

Gana por primera vez las elecciones del Ecuador José María Velasco Ibarra. Luego sería presidente en cuatro oportunidades.

1935

★ En la III Conferencia Nacional, el PC abandona la política separatista, postulando la unidad sindical. Deja atrás el sectarismo y propugna ahora amplias alianzas políticas a través de un Frente Nacional Antiimperialista y Antifascista.

★ En La Plata se reúne clandestinamente el II Congreso Anarquista Nacional, del cual surge la Federación Anarco Comunista Argentina (FACA).
Militantes socialistas y anarquistas fundan la Biblioteca Popular José Ingenieros. Hasta el día de hoy actúa como punto de reunión de grupos libertarios y de actividades culturales.

★ Los grupos trotskistas ligados a las publicaciones *Tribuna Leninista* y *Nueva Etapa* se fusionan manteniendo el nombre Liga Comunista Internacionalista (LCI) y editan el periódico *IV Internacional*.

1936

★ La LCI cambia su nombre por el de Partido Obrero (PO), para volver a la anterior denominación seis meses después. Al mismo tiempo, un grupo se aleja e ingresa al PS iniciando la práctica del "entrismo".

Se crean diversas organizaciones de solidaridad con el pueblo español y muchos dirigentes y militantes parten a la península para unirse a la lucha contra el fascismo.

En las elecciones de febrero, triunfa en España el Frente Popular. En julio, el general Francisco Franco se levanta contra la República dando inicio a la Guerra Civil.
El Frente Popular ganas las elecciones en Francia.

1937

★ El PS sufre una nueva escisión, promovida por su ala izquierda, dando origen al Partido Socialista Obrero (PSO).

La fórmula oficialista de la Concordancia, encabezada por el radical Roberto Ortiz, gana las elecciones presidenciales.

1938

★ Un grupo de trotskistas "antientristas" (Antonio Gallo, Pedro Milesi, José Paniale, A. Alonso) publican *Inicial*. Luego de fusionarse con el grupo de *Nueva Etapa*, el grupo de *Inicial* pasa a ser órgano de la Liga Obrera Socialista (LOS).

1939	★ Por iniciativa de Liborio Justo surge un nuevo agrupamiento trotskista: el Grupo Obrero Revolucionario (GOR), que edita *La Internacional*. Luego se denominará Liga Obrera Revolucionaria (LOR).	Franco se apodera de Madrid, finalizando así la Guerra Civil. Inglaterra y Francia le declaran la guerra a Alemania.
1941	★ En un intento de unificación de los grupos trotskistas, nace el Partido Obrero de la Revolución Socialista (PORS).	Alemania invade la URSS.
1943	Por diferencias entre las líneas representadas por los dirigentes José Domenech (Unión Ferroviaria) y Francisco Pérez Leirós (Unión de Obreros y Empleados Municipales) se divide la CGT. ★ El PORS se disuelve y de su seno surgen las nuevas corrientes trotskistas: el Grupo Cuarta Internacional (GCI), que lidera J. Posadas; el Grupo Obrero Marxista (GOM), que lidera Nahuel Moreno, y el grupo de la revista *Octubre* que lidera Jorge Abelardo Ramos. Un golpe militar derroca al gobierno de Ramón Castillo. El Poder Ejecutivo disuelve los partidos políticos.	
1944		Los aliados desembarcan en Normandía. Liberación de París
1945	El 17 de octubre una multitud reclama en Plaza de Mayo la liberación de Juan Domingo Perón, preso en la isla Martín García por el gobierno militar. Para enfrentar a la fórmula oficial Juan Domingo Perón-Hortensio Quijano, radicales, socialistas, comunistas y demócratas progresistas crean la Unión Democrática, que pierde las elecciones.	Capitulación de Alemania y fin de la Segunda Guerra Mundial. Los Estados Unidos arroja la bomba atómica en Hiroshima y Nagasaki. Se inician los juicio de Nüremberg.
1946	★ En su XI Congreso, el PCA resuelve disolver los gremios y sindicatos combativos para ingresar a los sindicatos	

oficiales, únicos reconocidos por el gobierno. En el mismo congreso, se decide la expulsión de Rodolfo Puiggrós y un grupo de trabajadores ferroviarios por disidencias respecto a la política del partido frente al peronismo. En 1950, el grupo tomará el nombre de Movimiento Obrero Comunista (MOC).

Inicio del primer gobierno peronista.

1947

Se sanciona la ley 13.010 de voto femenino.

Inicio de la Guerra Fría.

1948

★ El GOM se transforma en Partido Obrero Revolucionario (POR).

Corea del Norte proclama la República Popular de Corea con capital en Pyongyang. Dos años después, estalla la guerra entre las dos Coreas.
Tras el magnicidio del liberal Jorge Eliécer Gaitán se inicia en Colombia una sublevación social conocida como "Bogotazo", fuertemente reprimida y punto de inicio de una etapa de violencia creciente.

1949

Convención Nacional Constituyente que, entre otras modificaciones a la Constitución de 1853, permite la reelección presidencial.

Es proclamada la República Popular China bajo la dirección del comunista Mao Tsé-Tung.

1951

Amplio triunfo de Juan D. Perón en las elecciones presidenciales.

1952

A los 33 años, muere Eva Perón.

Revolución en Bolivia. Asume el gobierno el Movimiento Nacionalista Revolucionario (MNR) e inicia la nacionalización de la minería y la reforma agraria.

1953

- ★ En el contexto de graves enfrentamientos entre los socialistas y el peronismo en el gobierno, es incendiada la histórica Casa del Pueblo.
- ★ Enrique Dickmann, expulsado del PS, crea el Partido Socialista de la Revolución Nacional (PSRN).
Juan José Real, secretario de organización del PCA, es expulsado por su acercamiento con el peronismo.

1954

- ★ Bajo la dirección de los hermanos Ismael y David Viñas aparece la revista *Contorno*, publicación emblemática del período.

Derrota de Francia en Indochina. Comienzo de la Guerra de Liberación de Argelia.
Alfredo Stroessner da un golpe de Estado en Paraguay iniciando 34 años de dictadura militar.

1955

- ★ En su IV Congreso ordinario, la FACA cambia su nombre por Federación Libertaria Argentina (FLA) que continúa en actividad.

En setiembre, un golpe militar derroca al gobierno presidido por Juan D. Perón y comienza el gobierno de la llamada Revolución Libertadora, encabezado en el inicio por el general Leonardi y luego por Pedro Eugenio Aramburu. En forma inmediata, se constituye la Junta Consultiva Nacional destinada a asesorar políticamente al gobierno de facto. El PS participa a través de Américo Ghioldi, Alicia Moreau de Justo, Nicolás Repetto y Ramón Muñiz.

1956

- ★ Los morenistas del GOM-POR crean el Movimiento de Agrupaciones Obreras (MAO), de importante presencia sindical.
- ★ Silvio Frondizi crea el MIR-PRAXIS, primera de las formaciones de la nueva izquierda.

Levantamiento cívicomilitar liderado por el general Valle. Fusilamientos de José León Suárez. Un año después, el periodista Rodolfo Walsh denuncia el hecho en el libro *Operación Masacre*.

XX Congreso del PCUS, donde Nikita Kruschev condena los "crímenes de Stalin" y el "culto a la personalidad".
Insurrección en Hungría contra el poder soviético, reprimida por el Ejército Rojo.

1957

★ El MAO se decide por el "entrismo" entre los obreros peronistas y lanza el periódico *Palabra Obrera* (*PO*).

La URSS da un gran paso en la carrera espacial al enviar el primer satélite artificial creado por la humanidad, el Spuntnik I.

1958

★ El PS sufre una división entre un ala izquierda y otra derecha, se crean así respectivamente el Partido Socialista Argentino (Alfredo Palacios, Carlos Sánchez Viamonte, José Luis Romero, Alicia Moreau de Justo y otros) y el Partido Socialista Democrático (Nicolás Repetto, Juan A. Solari, Jacinto Oddone y Américo Ghioldi).

En febrero, el líder de la UCR Intransigente, Arturo Frondizi, gana las elecciones con el apoyo del peronismo, en ese momento proscrito.

En setiembre, el proyecto oficial de permitir la creación de universidades privadas hace estallar el conflicto entre los partidarios de la enseñanza "laica" y los de la "libre." El conflicto se repite con la firma de los contratos petroleros.

1959

★ Bajo la dirección del dirigente peronista combativo Enrique Manuel Mena, se instala en Tucumán la primera guerrilla rural del siglo XX, conocida como los Uturuncos. El grupo adoptó el nombre de Movimiento Peronista de Liberación y se formó con ex militantes de Alianza Libertadora Nacionalista (ALN), del Partido Socialista de la Revolución Nacional (PSRN) y una fracción del peronismo revolucionario.

En enero, estalla la huelga en el Frigorífico Lisandro de la Torre.

Se produce en enero la Revolución Cubana.
Inicio de los movimientos de liberación nacional en las colonias de Asia y África.

1961

Alfredo Palacios obtiene una banca en el senado con votos peronistas y de organizaciones de izquierda.

★★ A los pocos meses, el PS se divide en el Partido Socialista Argentino (Casa del Pueblo) y el Partido Socialista Argentino de Vanguardia (PSAV).

★ En Santiago del Estero, los hermanos Mario Roberto y

Los Estados Unidos intenta infructuosamente invadir Cuba.

Asdrúbal Santucho, forman el Frente Revolucionario Indoamericano Popular (FRIP).
* Un grupo de militantes encabezados por Jorge Altamira rompe con MIR-PRAXIS y forman el Movimiento de la Izquierda Revolucionaria (MIRA), luego Reagrupar.

1962

* Como desprendimiento del Movimiento Nacionalista Tacuara se conformó el Movimiento Nacionalista Revolucionario Tacuara (MNRT). El grupo se disuelve luego del asalto, en 1963, al Policlínico Bancario.

Un golpe militar depone a Arturo Frondizi y José María Guido asume el gobierno, luego de que el peronismo ganara la mayoría de las elecciones provinciales.

Crisis de los misiles en Cuba. Segunda Declaración de La Habana, donde se afirma el carácter socialista de la revolución.
El Papa Juan XXIII inaugura el Concilio Vaticano II.

1963

* El PSAV se divide en el Partido de Vanguardia Popular (que en 1972 se integra al peronismo), con Abel Alexis Latendorf a la cabeza, y en Vanguardia Comunista (VC), de orientación maoísta.
* Del periódico *Palabra Obrera* se desprende una fracción proguerrillera bajo la dirección de Ángel Bengochea, muerto un año después al explotar un arsenal.
* El PCA expulsa a un grupo de estudiantes e intelectuales que en Córdoba editaban la revista de inspiración gramsciana *Pasado y Presente*. Al mismo tiempo, en Buenos Aires, otro grupo, encabezado por Juan Carlos Portantiero y Juan Gelman, se fracciona del PCA y forma Vanguardia Revolucionaria.
* Se instala en Salta, bajo el comando de Jorge Ricardo Masetti, el guevarista Ejército Guerrillero del Pueblo (EGP); estaba formado por algunos militantes cubanos y jóvenes disidentes del PCA.

Ocho partidos políticos (incluido el PS) se reúnen en la Asamblea de la Civilidad y firman el *Acta de coincidencia*. En mayo, se realiza una semana de protesta que culmina en una huelga general de la que participan peronistas, comunistas, socialistas, radicales y demócratas cristianos. Con el peronismo aún proscrito, en julio, Arturo Illia triunfa en las elecciones presidenciales representando a la UCR del Pueblo.

Es asesinado el presidente estadounidense John F. Kennedy.
Sucesión de golpes de Estado en Guatemala, República Dominica, Honduras y Ecuador.

1964

- ★ El grupo trotskista proveniente de Reagrupar forma Política Obrera.
- ★ Se funda el Movimiento Revolucionario Peronista, donde tiene activa participación el dirigente de la Juventud Revolucionaria Peronista (JRP), Gustavo Rearte.

La CGT lanza el Plan de lucha y se ocupan masivamente fábricas.

Golpe de Estado en Brasil.
Inicio de la Guerra de Vietnam.
Revuelta estudiantil en la universidad estadounidense de Berkeley.

1965

- ★ Se fusionan el grupo trotskista de *Palabra Obrera* y el FRIP para formar el Partido Revolucionario de los Trabajadores (PRT).

Mao Tsé-Tung inicia la Revolución Cultural en China.

1966

- ★ Luego de la expulsión de Juan Carlos Coral del PSA (Casa del Pueblo) se crea el Partido Socialista Argentino (Secretaría Coral).
- ★ Aparece el primer número de la revista *Cristianismo y Revolución*, publicación emblemática de las nuevas elaboraciones acerca de la misión de la iglesia y la política revolucionaria.

Mediante un golpe de Estado es derrocado Arturo Illia y asume la presidencia el general Juan Carlos Onganía. Intervención de las universidades nacionales: Noche de los Bastones Largos.

1967

- ★ Militantes disidentes del PCA y algunos provenientes de la VC fundan el Ejército de Liberación Nacional (ELN). Este grupo es el antedecente de las Fuerzas Armadas Revolucionarias (FAR).
- ★ El PCA sufre su mayor ruptura por la creación del Partido Comunista Revolucionario (PCR) de orientación maoista.

Ernesto "Che" Guevara es asesinado en Bolivia.
Guerra de los seis días. Israel incorpora los territorios de Cisjordania y Gaza.

1968

- ★ Se instala en Taco Ralo, Tucumán, el destacamento guerrillero 17 de octubre de las Fuerzas Armadas Peronistas (FAP), desbaratado antes de entrar en operaciones.
- ★ Norberto Habegger y Horacio Mendizábal crean el coman-

Revuelta obreroestudiantil en Francia conocida como Mayo Francés.
Represión de estudiantes en

do Descamisados, más tarde dirigido por Dardo Cabo.
★ En su V° congreso el PRT se divide entre los grupos, de acuerdo con el nombre de sus respectivas publicaciones, PRT-El Combatiente (Mario Roberto Santucho y Luis Pujals) y PRT-La Verdad (Nahuel Moreno).
Se crea la CGT de los argentinos (CGTA).

México conocida como Masacre de Thlatelolco.
Checoslovaquia se subleva contra el poder soviético en la Primavera de Praga.
En los Estados Unidos son asesinados Martín Luther King y el senador Robert Kennedy.
Tras un golpe de Estado, asume la presidencia del Perú el militar Juan Velasco Alvarado e inicia un programa de nacionalizaciones petroleras y de reforma agraria.

1969

★ Nace la organización Fuerzas Armadas de Liberación (FAL), formado por grupos disidentes del PCA y del PCR. Varias de sus columnas se fusionaron luego con el PRT-ERP.
★ A partir de la confluencia de militantes peronistas, trots-
★ kistas y comunistas se forman los Comandos Populares de Liberación (CPL).

Estudiantes y obreros se levantan en Córdoba dando lugar a lo que se conoció como Cordobazo.
Es asesinado el dirigente metalúrgico Augusto Timoteo Vandor.

Llegada del hombre a la luna a través de la misión estadounidense Apolo XI.

1970

★ Pedro Eugenio Aramburu es secuestrado y fusilado. Con este hecho, hizo su presentación pública la agrupación Montoneros. Estaba formado en sus inicios por jóvenes católicos, militantes del MNRT y de la Tendencia Revolucionaria del Peronismo. En Córdoba, toman la localidad de La Calera.
★ Con el copamiento al pueblo de Garín se da a conocer la organización armada de origen marxista, FAR.
★ Producto del fraccionamiento del PRT- El Combatiente, surgen las organizaciones Orientación Socialista (OS) y Grupo Obrero Revolucionario (GOR).
★ Las FAP forman junto con veteranos dirigentes sindicales de la CGTA la organización sindical Peronismo de Base.
★ En el V Congreso del PRT se forma su brazo armado, el

Sucesión de golpes de Estado en Bolivia que terminan con la toma del poder por el dictador Hugo Banzer.

Ejército Revolucionario del Pueblo (ERP).
★ Muere en Moscú Victorio Codovilla, autoridad máxima del comunismo argentino durante casi medio siglo.

Onganía es destituido y asume el gobierno el general Roberto Marcelo Levingston.
Convocados por el delegado de Perón, Jorge Paladino, el Partido Justicialista (PJ), la UCR, el PSA, el Partido Conservador Popular, el Partido Demócrata Progresista, el Movimiento de Integración y Desarrollo y la UCR Bloquista, coinciden en formar un frente común al que llaman La Hora del Pueblo. Al mismo tiempo, el PCA se alía con partidos menores para formar el Encuentro Nacional de los Argentinos (ENA).

1971

Levingston es destituido y asume el gobierno el general Alejandro Agustín Lanusse.
Convocatoria al Gran Acuerdo Nacional.

1972

★ El PSA (Sección García Costa) se transforma en el Partido Socialista Popular (PSP) confluyendo con los grupos Movimiento Acción Popular Argentino, Grupo Evolución y Militancia Popular.
★ El PRT-La Verdad (Nahuel Moreno) y el PSA (Secretaría Coral) se funden en el Partido Socialista de los Trabajadores (PST).

En la base naval Almirante Zar son asesinados dieciseis presos políticos en la llamada Masacre de Trelew.
Primer regreso de Perón al país.
Oscar Alende, luego de romper con la UCRI y crear el Movimiento de Integración y Desarrollo (MID) crea el Partido Intransigente (PI).

1973

★★ Las FAR se fusionan con Montoneros.
★ Con el secuestro del director del diario *Crónica*, Héctor Ricardo García, se presenta el ERP-22 de agosto, fracción procamporista del PRT-ERP.
★ Del PSP se fracciona el Movimiento Socialista de Libera-

Crisis del petróleo.
Un golpe de Estado derroca el gobierno socialista de Salvador Allende en Chile.
Golpe de Estado en Uruguay.

ción Nacional (MSLN)
★ Se constituye la organización armada de origen anarquista Resistencia Anticapitalista Libertaria, que luego cambia su nombre por Resistencia Libertaria.
José I. Rucci, secretario general de la CGT, es asesinado y el hecho se le atribuye a un sector de Montoneros.

En marzo, el Frente Justicialista de Liberación (FREJULI), hegemonizado por el peronismo, gana las elecciones con la fórmula Héctor Cámpora-Solano Lima. Con el retorno definitivo al país de Juan D. Perón en junio, Cámpora renuncia y se convocan nuevos comicios en setiembre. Triunfa nuevamente el FREJULI con el 61, 85% de los votos, ahora encabezado por el binomio Perón-Perón.
El 20 de junio, Juan D. Perón vuelve del exilio. En el multitudinario acto de bienvenida en Ezeiza, militantes de la derecha peronista atacan a las columnas de la Juventud Peronista (JP) y a los manifestantes congregados en la llamada Masacre de Ezeiza.
Con el atentado al senador radical Hipólito Solari Irigoyen debuta la Alianza Anticomunista Argentina (Triple A), de carácter parapolicial.

1974

★ Bajo la iniciativa de Alicia Moreau de Justo se organiza la Confederación Socialista, cuyo objetivo era reunir las fuerzas dispersas del viejo Partido Socialista.
★ El MSLN se trasforma en Partido Socialista Unificado (PSU).
★ Se forma la Organización Comunista Poder Obrero (OCPO) a partir de la confluencia de sindicalistas clasistas y de las organizaciones El Obrero, Orientación Socialista y Movimiento de Izquierda Revolucionario (MIR). En 1974, el OCPO organizó las Brigadas Rojas como su brazo armado.
★ Montoneros anuncia su pase a la clandestinidad.
La Triple A asesina, entre otros, al diputado Adolfo Ortega Peña y al abogado Silvio Frondizi; se inicia una creciente escalada de violencia represiva.

En julio, muere Juan D. Perón y asume la presidencia Isabel Martínez de Perón.

El presidente estadounidense Richard Nixon renuncia a raíz del escándalo Watergate.

1975

★ El PSP se divide en PSP (Sección García Costa) y PSO (Sección Estévez Boero).
★ El ERP ataca el cuartel militar de Monte Chingolo.
En Tucumán, se inicia el Operativo Independencia contra la guerrilla del ERP.
Muere el dirigente obrero cordobés Agustín Tosco.

El ministro de Economía Celestino Rodrigo adopta severas medidas de devaluación y ajuste que serán conocidas como Rodrigazo.
Huelga metalúrgica en Villa Constitución.

Muere el general Francisco Franco. Comienzo de la transición democrática en España.
Golpe de Estado en Perú.

1976

★ La VC adopta el nombre de Partido Comunista Marxista Leninista (PC-ML) y en 1983 el de Partido de la Liberación (PL).
Es asesinado Mario Roberto Santucho, jefe del ERP.

Un golpe de Estado derroca al gobierno de Isabel Martínez de Perón. Asume la presidencia el teniente general Jorge Rafael Videla. Se generaliza el terrorismo de Estado, comienzan las desapariciones y asesinatos. Para salvar su vida, muchos militantes se exilian.
Se inicia el plan económico del ministro José Martínez de Hoz.

1977

Primera ronda de las Madres de Plaza de Mayo frente a la Casa de Gobierno.

1978

La Argentina es sede del Mundial de Fútbol.
Grupos de exiliados organizan campañas de boicot en países como Francia.

1979

Revolución Sandinista en Nicaragua.
La URSS invade Afganistán.

1980

★ Montoneros organiza la segunda contraofensiva, que resulta en la detención y muerte de los militantes que participaron.

Previa mediación del Vaticano, se supera el conflicto limítrofe con Chile por el Canal de Beagle.
Informe de la Comisión Interamericana de Derechos Humanos de la OEA.

1981

En marzo asume la presidencia el general Roberto Viola y es reemplazado en diciembre por el general Leopoldo Fortunato Galtieri.
Se crea la Multipartidaria.

Comienzo de la guerra civil en El Salvador.

1982

★ El PSP (Sección G. Costa) se transforma en Partido Socialista Auténtico (PSA)
★ A partir del PST, se crea el Movimiento al Socialismo (MAS), que lanza el periódico *Solidaridad*.
★ De Política Obrera, se crea el Partido Obrero que lanza el periódico *Prensa Obrera*.

Se suceden movilizaciones, huelgas y protestas de sectores políticos, sociales y sindicales en contra de la dictadura. Guerra de Malvinas. Renuncia Galtieri y en julio asume la presidencia Reynaldo Bignone.
Fin de la dictadura.

1983

★ Se crea el grupo Praxis, que en 1987 se dividirá en Praxis y Praxis-Democracia Socialista.
Se presentan a elecciones nacionales un partido de centroizquierda (el Partido Intransigente –PI–) y varios partidos de izquierda, entre ellos el PCA, el MAS y el PO.

Raúl Alfonsín, candidato de la UCR, gana las elecciones que marcan el inicio de la transición democrática en el país.

1984

★ Nacen los grupos Movimiento los de Abajo (luego Unión de Militantes por el Socialismo), Ateneo Libertad y

Se presenta el informe de la Comisión Nacional sobre Desaparición de Personas (CONADEP).

1985

★★ Alianza electoral entre el PC y el MAS en el Frente del Pueblo.
★ Nace el Bloque de Militantes Socialistas (luego Foro de Debate Socialista).

Juicio a las juntas militares.

Gobierno en la URSS de Mijail Gorbachov. Se inician las políticas de *perestroika* (reestructuración económica) y *glasnost* (transparencia).

1986

★ A partir de un núcleo del ex PRT, se crea el Movimiento Todos por la Patria (MTP).
★ Nacen los grupos Militancia Socialista, Movimiento de Liberación 29 de mayo y Movimiento Democrático Popular Antimperialista (MoDePa).
★ En su XVI Congreso, el PCA realiza una autocrítica e inicia un viraje estratégico y organizativo.

Es sancionada la Ley de Punto Final.

1987

★ Para las elecciones legislativas y provinciales, un grupo de partidos y movimientos de izquierda, incluido el PCA, peronistas, radicales, humanistas, etc., forman el Frente Amplio de Liberación (FRAL).
★ Nace en Córdoba la Corriente Nacional Patria Libre.
★ Se forma el grupo Izquierda Democrática Popular (IDEPO).

Un grupo de militares, autodenominados carapintadas, se amotina en la Escuela de Infantería de Campo de Mayo. Movilización popular en defensa de la democracia. Es sancionada la Ley de Obediencia Debida.

Primera intifada de los palestinos en los territorios ocupados por Israel. La segunda estalla en 2000.

1988

★ Como ruptura del MAS, nace el Partido de los Trabajadores por el Socialismo (PTS).
★ Con la unión del MAS, FRAL y sectores del Partido Intransigente y el peronismo se conforma Izquierda Unida (IU).

1989

Internas abiertas en el Frente del Pueblo. Triunfa Néstor Vicente, impulsado por el PCA, sobre Luis Zamora del MAS, y encabeza la fórmula presidencial. Luis Zamora es elegido diputado nacional.

★ Se forma el grupo Frente por la Democracia Avanzada. El MAS convoca a la Plaza del NO en oposición a las políticas de Menem.

★ El MTP copa el cuartel de La Tablada.

Hiperinflación. Alfonsín termina su mandato antes del periodo correspondiente y asume la presidencia Carlos Saúl Menem.

Se promulgan los primeros decretos de Indulto.

Cae el Muro de Berlín. Unificación alemana.

El Partido Comunista de Checoslovaquia abandona el poder en el movimiento conocido como Revolución de Terciopelo.

Lech Walesa, líder del sindicato Solidaridad, gana las elecciones en Polonia que deja así de ser un Estado socialista.

En China, una manifestación estudiantil en la Plaza de Tiananmen termina en una masacre.

El demócrata cristiano Patricio Aylwin asume la presidencia de Chile por la Concertación de Partidos por la Democracia, dando fin a la dictadura de Augusto Pinochet.

En Venezuela, tiene lugar el Caracazo, sublevación popular contra las medidas neoliberales impuestas por Carlos Andrés Pérez.

Intervención de los Estados Unidos a Panamá. Fin del gobierno de Noriega.

1991

★ Como ruptura del MAS nace el Partido Bolchevique por la Cuarta Internacional.

Domingo Cavallo asume el Ministerio de Economía y da impulso a la sanción de la Ley de Convertibilidad.

Golpe militar contra Gorbachov. Disolución de la URSS

Guerra del Golfo luego de la invasión de Irak a Kuwait.

1992

★ Como ruptura del MAS, nace el Movimiento Socialista de los Trabajadores (MST). A partir de entonces, se suceden otras rupturas: Liga Comunista (luego Liga Marxista), Liga Socialista Revolucionaria (LRS), Partido de la Revolución Socialista (PRS), Lucha Obrera (luego Frente Obrero Socialista) y Socialismo Libertario.

Autogolpe de Alberto Fujimori en Perú.

1994

Pacto de Olivos y Reforma de la Constitución Nacional.

El Ejército Zapatista de Liberación Nacional (EZLN), de mayoría indígena, se levanta en armas contra el Estado mexicano luego de la firma del Tratado de Libre Comercio con Estados Unidos y Canadá.
Crisis económica en México con fuertes repercusiones en América latina ("efecto tequila").

1995

Segunda presidencia de Carlos Menem.

1997

★ Con la alianza del PCA y el MST se reedita Izquierda Unida (IU).

En las localidades de Cutral-Co (Neuquén), General Mosconi y Tartagal (Salta) se producen las primeras "puebladas" con piquetes o cortes de ruta. Esto fue el inicio de un nuevo movimiento social conocido como "piqueteros".

1999

La Alianza (UCR-Frepaso) gana las elecciones y asume la presidencia el radical Fernando de la Rúa. Un año después el vicepresidente, Carlos Álvarez, renuncia.

Manifiestación en Seattle, Estados Unidos, contra la Tercera Conferencia de la Organización Mundial de Comercio, en lo que puede señalarse como el inicio del movimiento anti o alter globalización neoliberal.
Guerra de Kosovo en la ex Yugoslavia.

2001

Una rebelión popular provoca la renuncia de De la Rúa. Hay muertos y cientos de heridos. Se suceden cinco presidentes hasta la asunción de Eduardo Duhalde, quien en 2002 convoca a elecciones luego del asesinato de los jóvenes piqueteros Maximiliano Kosteki y Darío Santillán. Nacen las asambleas barriales o populares en distintos puntos de la capital y las provincias del país.

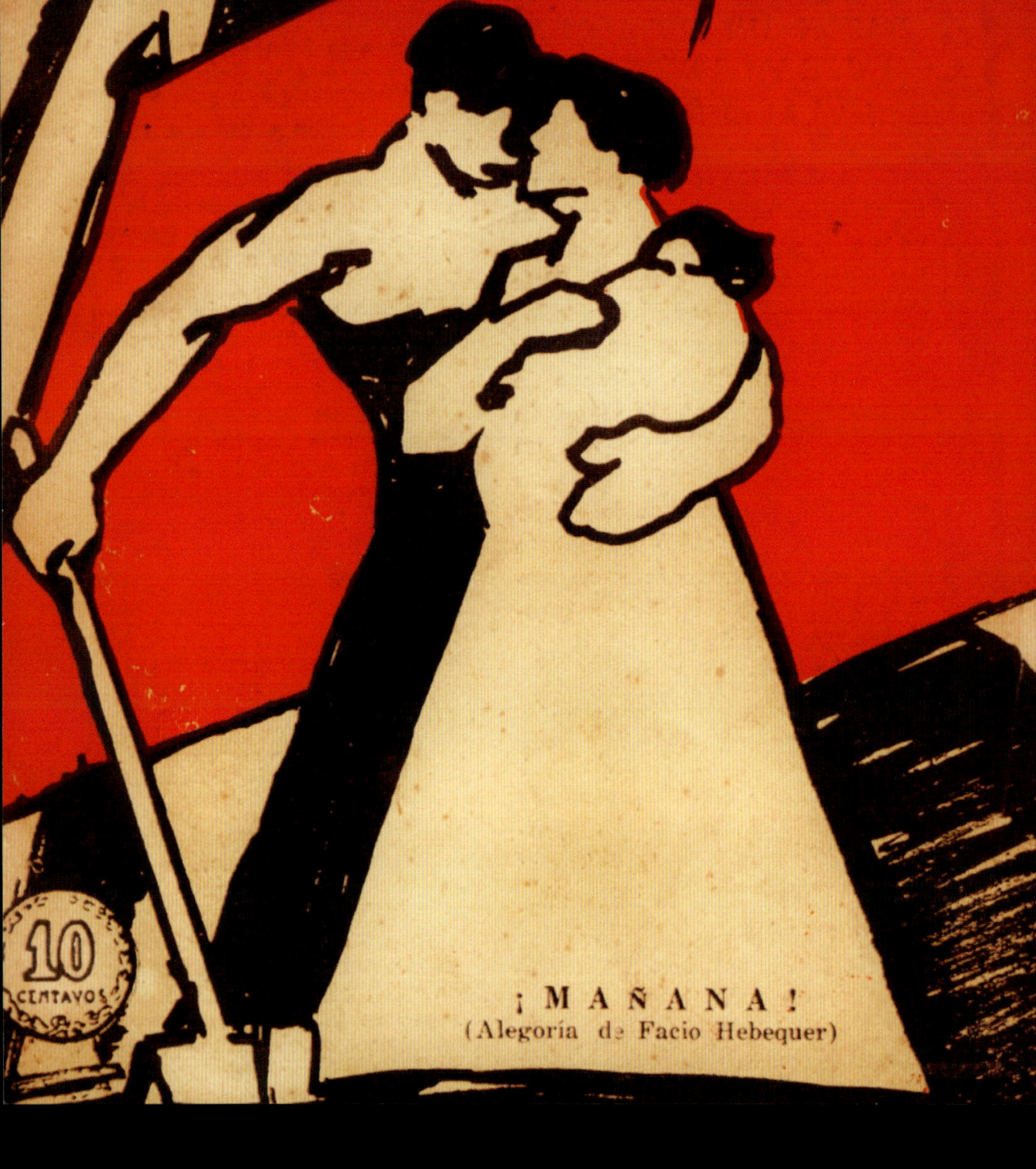

¡MAÑANA!
(Alegoría de Facio Hebequer)

GRÁFICA E IDEOLOGÍA POLÍTICA. CON LA EXCUSA DE LOS LOGOTIPOS ZURDOS

La percepción espontánea e ingenua del hecho cultural no suele distinguir en él la presencia de condicionantes extra o pre-culturales. Por el contrario, le asigna plena autonomía: la obra es lo que se ve; no oculta nada tras de sí; no es expresión o fruto de ningún proceso o circunstancia social o económica; y la realidad sólo se refleja en ella – en todo caso – como mero tema. Para decirlo con un ejemplo: desde esta concepción, una expresión como 'arte burgués' carece de sentido o, a lo sumo, se limita a indicar una proce-dencia a modo de 'topónimo social'. En sus formas más lúcidas, este tipo de pen-samiento sólo atina a detectar cierta rela-ción entre la obra y una instancia ambi-gua que denomina 'su época'. Esta inge-nuidad deja de ser tal cuando aparece, en el terreno de las especulaciones teóricas, reivindicando explícitamente enteléqui-cas "autonomías". En ese caso, estaremos ante una manifestación lisa y llana de aquello que toda la vida fue tachado de idealismo, cuyos condicionantes extra teóricos sí que saltan a la vista.

Frente a esta actitud idealistas se levan-ta otra, siméticamente opuesta: la reducción de toda obra cultural al carác-ter de mera expresión simbólica de sus "condiciones materiales de existencia". Se trata aquí de aquella variante del mecanicismo que ha hecho estragos entre los cultores del marxismo de divulgación, aquellos que en la expre-sión "determinación en última instancia por la economía" leyeron "única instan-cia". Esta forma de dogmatismo, menos ingenua y más nociva, fue la que, para mal de males, se plasmó en programas de gobierno concretos, como lo fueron las deplorables políticas culturales de los burós estalinistas.

¿Por qué he entrado por aquí al tema de la gráfica de las izquierdas? He comenzado poniendo en escena esta disyuntiva simplemente porque en la recopilación de piezas de "gráfica política de izquierdas" apenas se disimula la presencia de una sospecha y una expectativa: la de que en ese repertorio se manifieste algo especial, propio de todo "lo izquierdo" y, por lo tanto, diferente a "lo derecho". Quien se toma el trabajo de recopilar material gráfico a fin de constituir un *thesaurus* articulado por la procedencia político-ideológica sueña – lo reconozca o no – con hallar allí algo en común.

Pues bien, desde la óptica que he propuesto, la recopilación aquí presentada suma a su valor propiamente documental una utilidad inapreciable: frustra toda esperanza de detectar en ella algo específico; demuele la hipótesis de "la gráfica como expresión de la ideología política". Pues, tal como lo demuestra el material, las izquierdas políticas han recurrido a cuanto lenguaje gráfico han considerado oportuno en cada momento, cualquiera fuera su procedencia. Si, al mirar estas imágenes, hacemos el ejercicio de olvidar el significado de las letras y las palabras, encontraremos aquí matasellos de correos, monogramas de camisas, anillos de sello, etiquetas de mermelada, medallas conmemorativas, escudos de clubes deportivos… Y las más diversas retóricas: desde la frialdad señalética hasta el heroísmo wagneriano, desde la frescura *naïf* hasta el amaneramiento Art Nouveau, desde el despojamiento racionalista hasta los puñetazos tipográficos del constructivismo.

En vista de lo anterior, ¿debemos plegarnos a aquella concepción ingenua, la de la "autonomía"? ¡En absoluto! En el inconsciente estético anidan todas las fantasías de la condición personal y colectiva. Toda obra es un síntoma, aunque éste no sea necesariamente interpretable: hay actos fallidos cuyo mensaje quedará definitivamente sepultado en la noche del inconsciente. Entonces, ¿el atribuirle a la cultura ese carácter de síntoma de otra cosa no justifica que nos bandeemos rápidamente hacia el determinismo psico-social, rechazando toda posibilidad de autonomía? ¡En absoluto!. Toda fantasía formal, aunque nazca en una condición real fundante, materializa a su vez una aspiración a trascender las propias amarras y mordazas. O sea, también es cierto lo contrario a la determinación: la pulsión estética es, por definición, liberadora.

Este titubeo de la inteligencia ante las oscilaciones de su objeto tienen dos fuentes objetivas: la natural polisemia del hecho cultural y la insuperable incoherencia del espíritu humano, su naturaleza contradictoria. Lo simbólico discurre por pasadizos oscuros, privados de la luz de la razón. Pues bien, lo que ocurre con los individuos ocurre también con las organizaciones. Y con las organizaciones políticas. Veámoslo.

No todas las plataformas político ideológicas tienen definido un manifiesto estético. Y la ausencia del mismo da luz verde a opciones gráficas de cualquier origen.

No todo manifiesto estético definido es, necesariamente, expresión biunívoca de la respectiva plataforma ideológica. Las teorías de la "correspondencia" entre ideología y cultura siguen en pañales y cuentan con un grueso prontuario de despropósitos. Ambas dimensiones de lo simbólico poseen tiempos de evolución y ámbitos de vigencia distintos, difícilmente compatibilizables; lo que predomina es el desfasaje y, por lo tanto, la arbitrariedad. No todo desfasaje o, incluso, antagonismo entre ideología y patrón estético indica un error en la opción estética: bien puede ser que – a la inversa – el código estético, adoptado ingenuamente, revele el verdadero signo ideológico del sujeto, oculto por una práctica racional que racionaliza y reprime el sistema de valores efectivo.

No todos los grupos políticos de izquierda son, en realidad, de izquierda en todos los ámbitos de su pensamento y su acción. (Y los hay que no lo son en ningún ámbito.)

Y, finalmente, ninguna organización es homogénea; todas alojan variantes o matices ideológicos que, en el caso de la gráfica, resultan difícilmente decodificables. Por lo tanto, carece de rigor el considerar que la forma de un signo identificador expresa, necesariamente, la ideología de la organización a la cual identifica. Lo más probable es que sólo exprese el gusto de quien lo dibujó y la complacencia acrítica de los camaradas que dieron el visto bueno. Los desarrollos políticos, ideológicos, culturales y estéticos no son nunca sincrónicos y, por lo tanto, en un corte transversal, lo que predomina es el eclecticismo y la heterodoxia.

¿Quiere ello decir, entonces, que lo que corresponde es arrojarse a los brazos del relativismo? ¡En absoluto! Se trata de mantener en el cerebro verdades opuestas e igualmente válidas hasta nuevo aviso y sin perder la razón. Pensar es un deporte de riesgo.

Norberto Chaves
La Habana, 10 de marzo de 2006

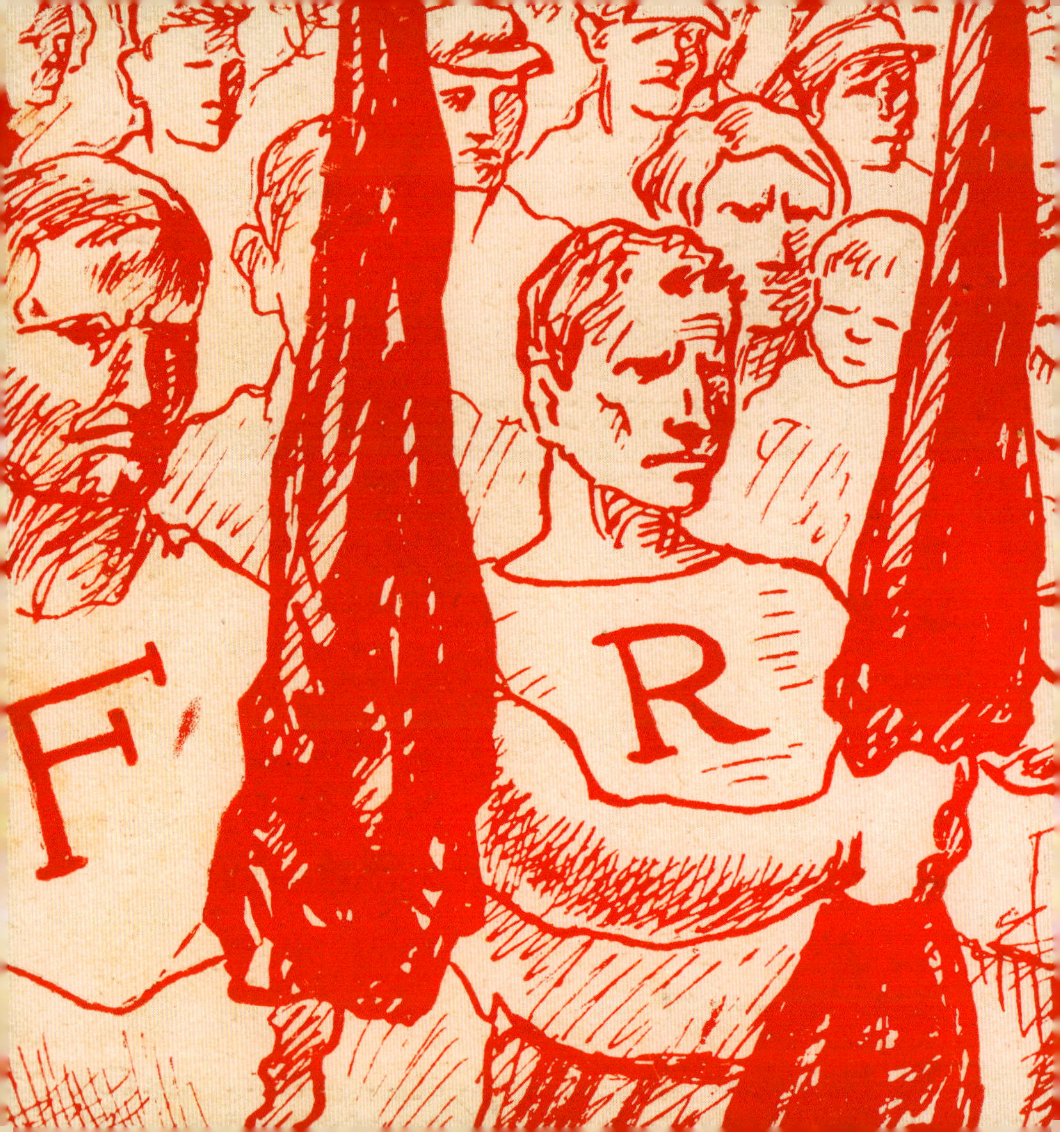
F
R

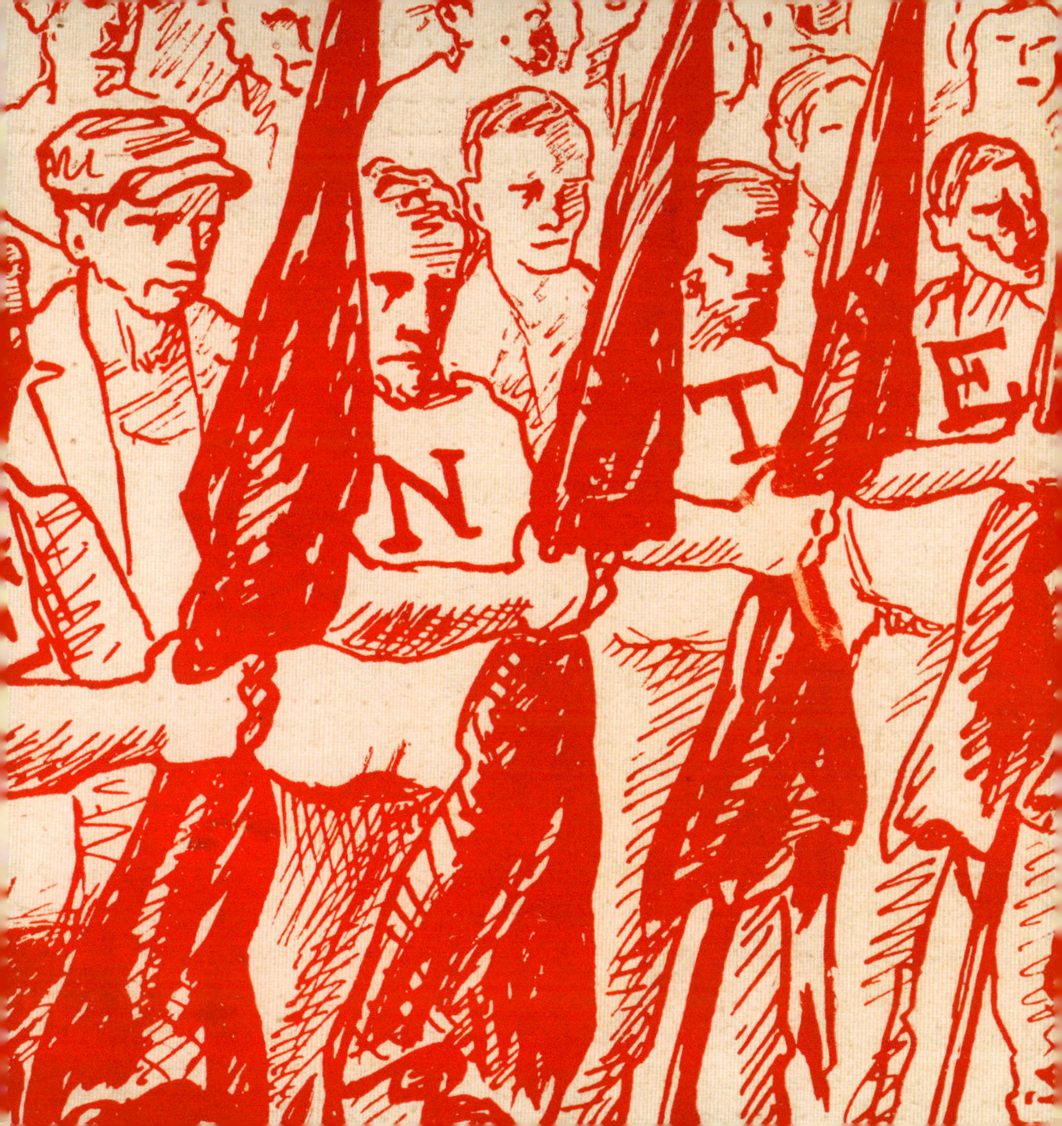
N
N
T
E

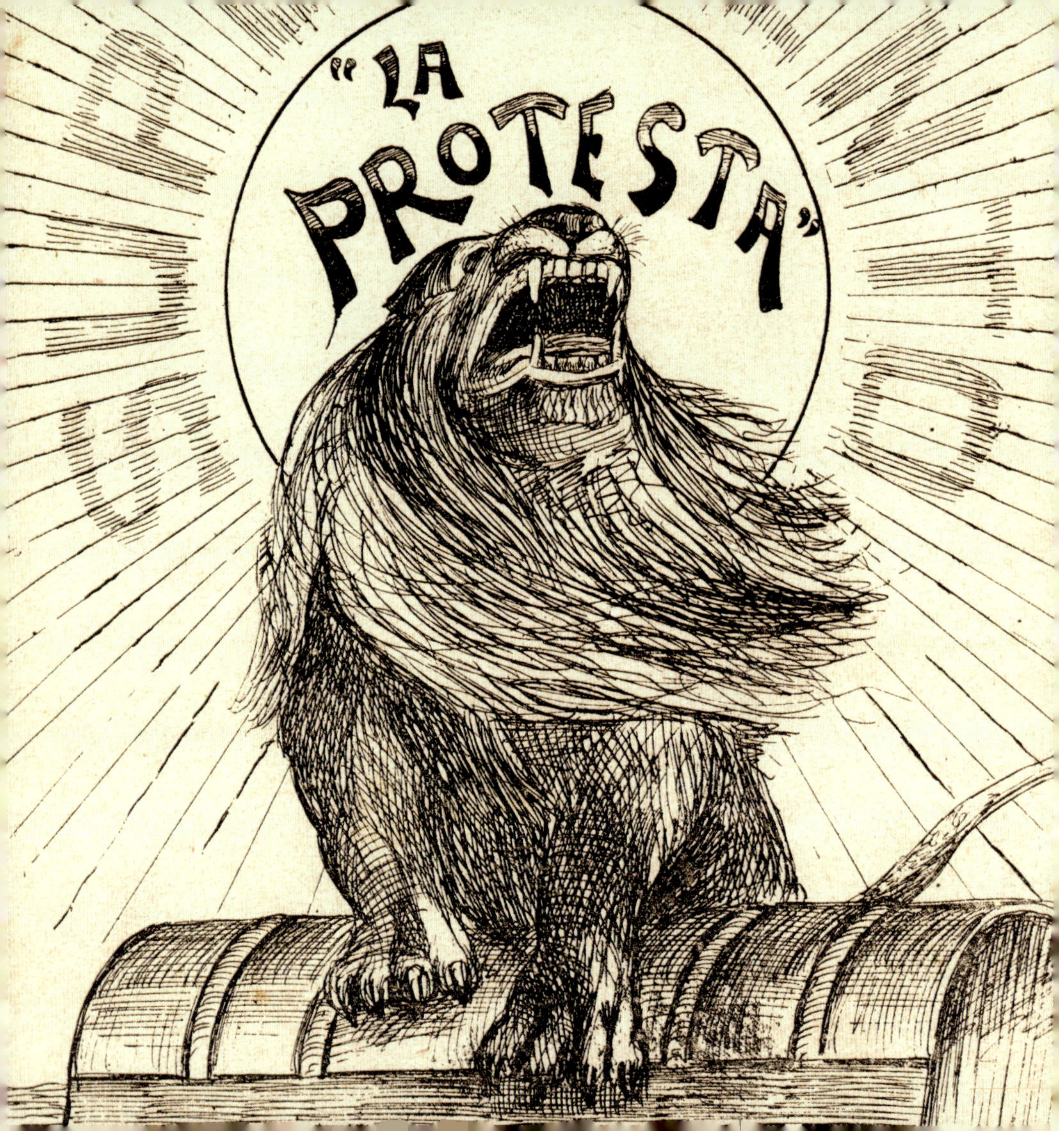

"LA PROTESTA"

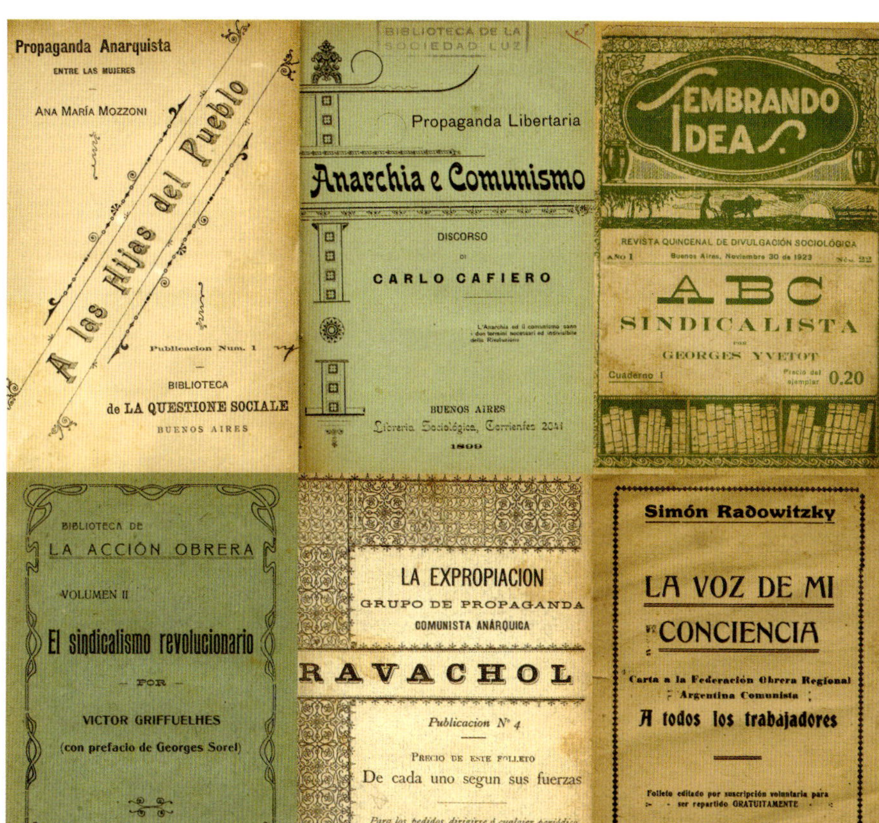
Propaganda Anarquista
ENTRE LAS MUJERES
Ana María Mozzoni
A las Hijas del Pueblo
Publicacion Num. 1
BIBLIOTECA
de LA QUESTIONE SOCIALE
BUENOS AIRES

BIBLIOTECA DE LA
SOCIEDAD LUZ
Propaganda Libertaria
Anarchia e Comunismo
DISCORSO
DI
CARLO CAFIERO
L'Anarchia ed il comunismo sono
due termini necessari ed indivisibile
della Rivoluzione
BUENOS AIRES
Libreria Sociológica, Corrientes 2041
1899

SEMBRANDO IDEAS
REVISTA QUINCENAL DE DIVULGACIÓN SOCIOLÓGICA
AÑO 1   Buenos Aires, Noviembre 30 de 1923   Núm. 22
ABC
SINDICALISTA
POR
GEORGES YVETOT
Cuaderno 1   Precio del ejemplar 0.20

BIBLIOTECA DE
LA ACCIÓN OBRERA
VOLUMEN II
El sindicalismo revolucionario
POR
VICTOR GRIFFUELHES
(con prefacio de Georges Sorel)
BUENOS AIRES
— 1914 —

LA EXPROPIACION
GRUPO DE PROPAGANDA
COMUNISTA ANÁRQUICA
RAVACHOL
Publicacion N° 4
PRECIO DE ESTE FOLLETO
De cada uno segun sus fuerzas
Para los pedidos, dirigirse á cualqier periódico
Anárquico en curso de publicación.
Buenos Aires, Mayo de 1895.

Simón Radowitzky
LA VOZ DE MI
CONCIENCIA
Carta a la Federación Obrera Regional
Argentina Comunista
A todos los trabajadores
Folleto editado por suscripción voluntaria para
ser repartido GRATUITAMENTE
TALLERES GRAFICOS
"LA PROTESTA"
PERÚ 1537

Buenos Aires, 10 Marzo 1895

LAVORIAMO

Periodico di propaganda Comunista - Anarchica

zzo
UNINI
80 (Boca)

Irrompono le schier
e si grida *Noi*
morte ai borghes

COSTA: CIASCUNO A SECONDA DELLE SUE FORZE

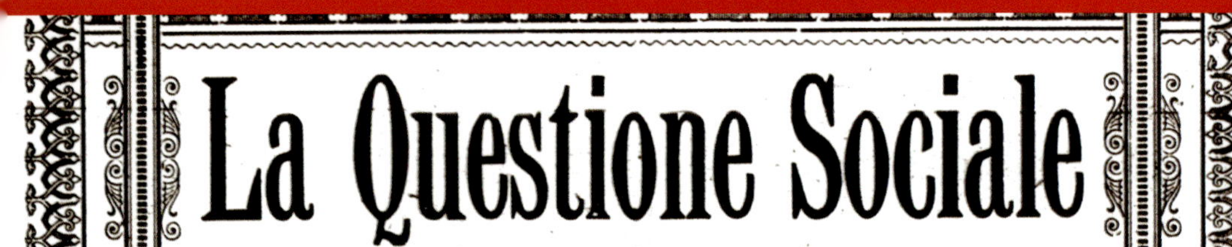

L'Amico del Popolo

nno XXIV. N. 1233.   RIVISTA MENSILE REPUBBLICANA   Anno I. N.

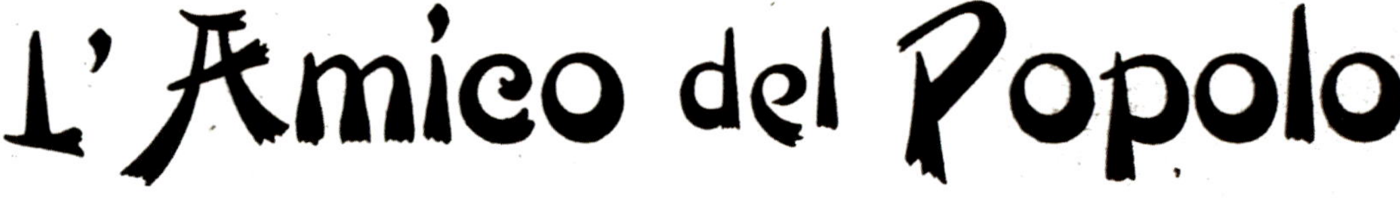

e: Mario Russo
de Correo 17
al 8 - Buenos
(Argentina)

Umanitá Nova

Lavoratori !
RADOWIZTKY
elettori, la m
al suo volere
famia contro:
Simplicio e

Buenos Aires, 1º Maggio 1928

l'allarme

D. II   BAHIA BLANCA, 30 MARZO 1905   Nº

L'AGITATORE

— ESCE QUANDO PUÓ —   AMMINISTRAZIONE e REDAZIONE
"L'AGITATORE" 398, CALLE ESTOMBA 398, BAHIA BLA

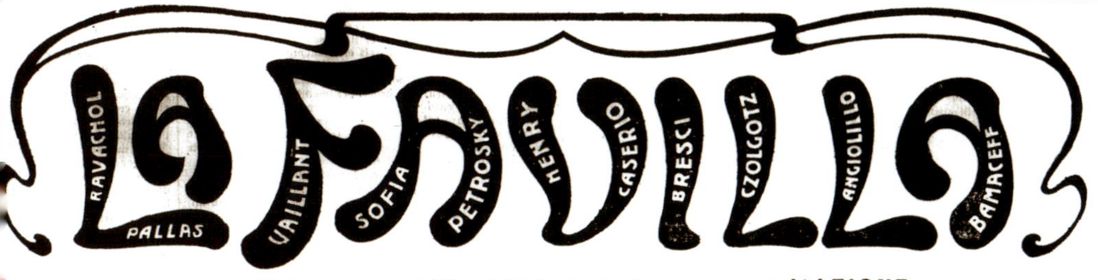

La Fiaccola

Periodico Anarchico editato dal gruppo "Risurrezione"

EDITORE RESPONSABILE

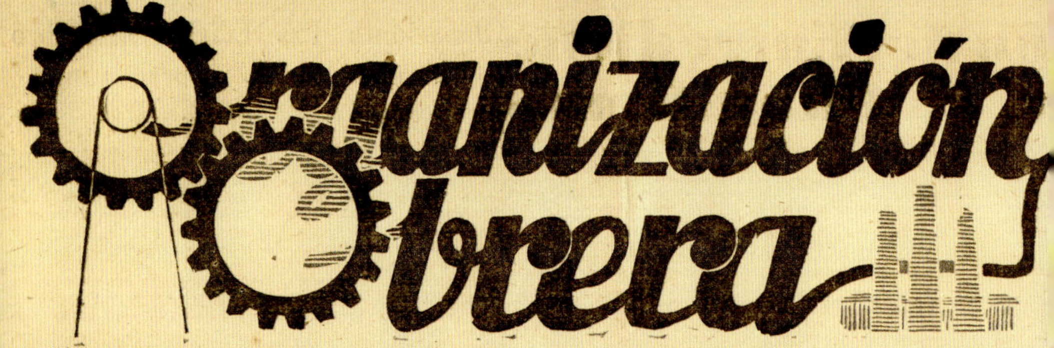

Año 1 — Buenos Aires, Julio 1o. de 1930 — Número 4

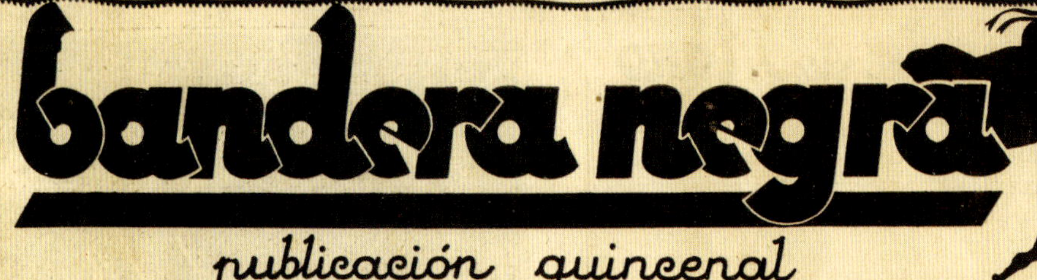

Redacción y administración: José Berenguer, calle Maza 272, Buenos Aires
Suscripciones en general: por seis meses: $1.25 — — — — Por un año: $2.00 — precio 0.10

דאם פרייע ווארט

חודש׳ל׳ע׳כ׳ע׳ר א׳ר׳ג׳א׳ן

ארויסגעגעבן פון פארלאג „דאס פרייע ווא   בוענאס־איירעס, אויגוסט 1967   ...ער 136 (דריטע יאר)
צוועלפטער יארגאנ   ...געט

LA PROTESTA

rte pago — SUPLEMENTO QUINCENAL

SIMBOLO

REVISTA ABIERTA A TODAS LAS TENDENCIAS MODERNAS DEL ESPIRITU

Paquete de cinco ejemplares para difundidores de fábrica, barrio o cuartel, al precio de veinte centavos

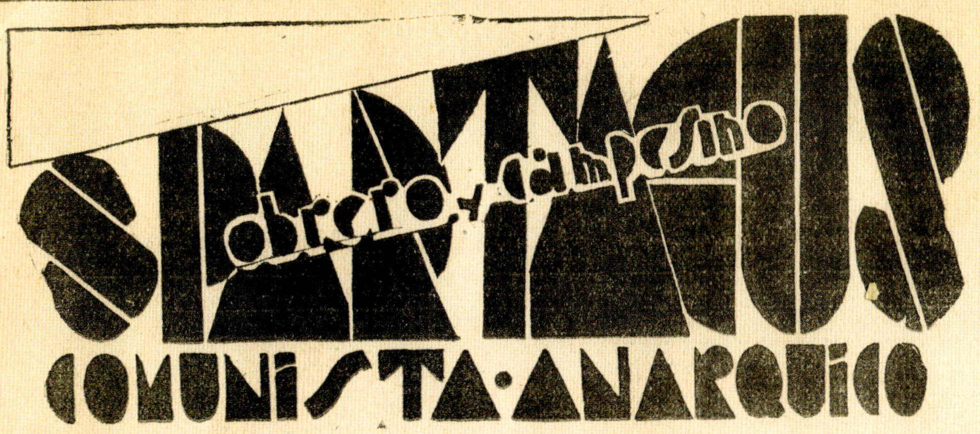

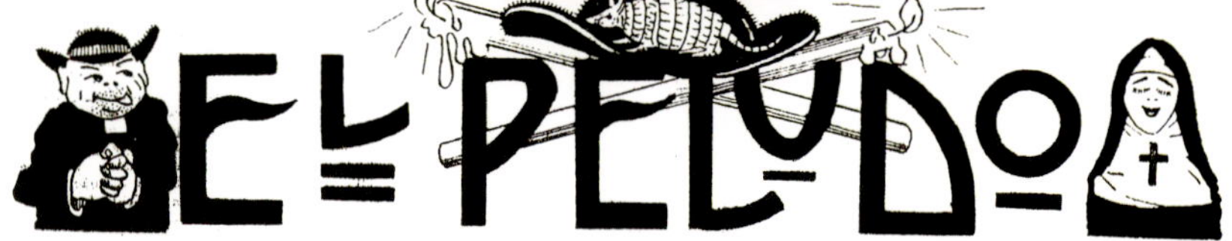
EL PELUDO
BI-SEMANARIO SATIRICO ANTI-CLERICAL ILUSTRADO

MUNDO NUEVO

Año I
Buenos Aires, 29 de Septiembre de 1918
Núm. 1
EL BURRO
SEMANARIO ANTI-CLERICAL ILUSTRADO

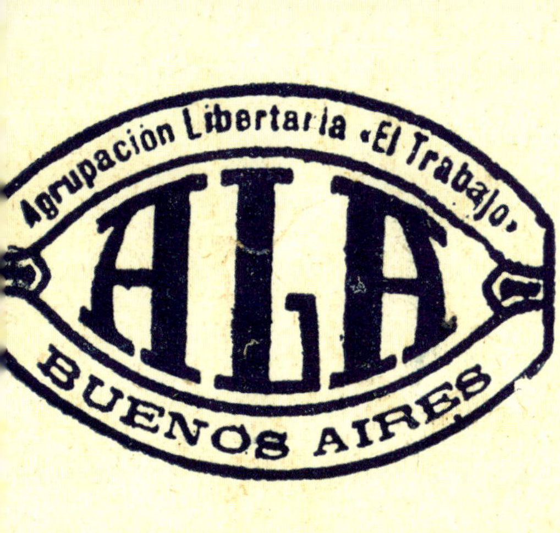

Agrupación Libertaria «El Trabajo»
ALA
BUENOS AIRES

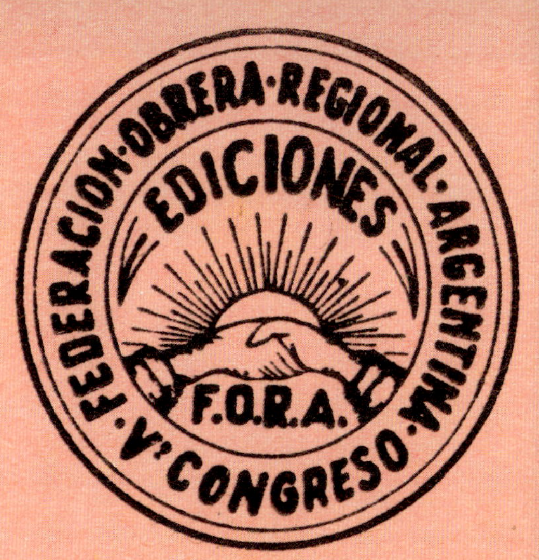

FEDERACION·OBRERA·REGIONAL·ARGENTINA·
EDICIONES
F.O.R.A.
·Vº CONGRESO·

USL

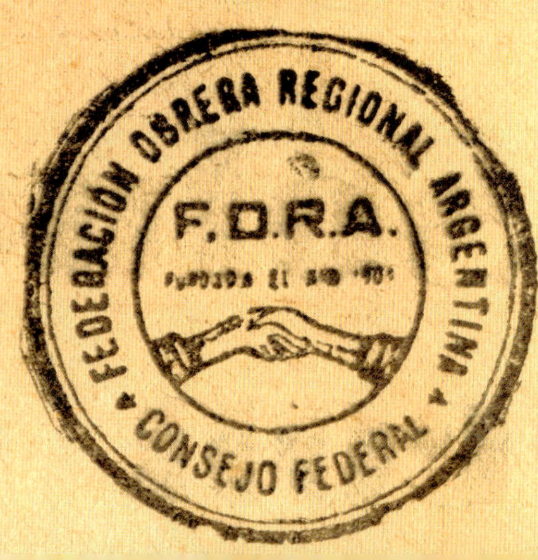

FEDERACIÓN OBRERA REGIONAL ARGENTINA
F.O.R.A.
CONSEJO FEDERAL

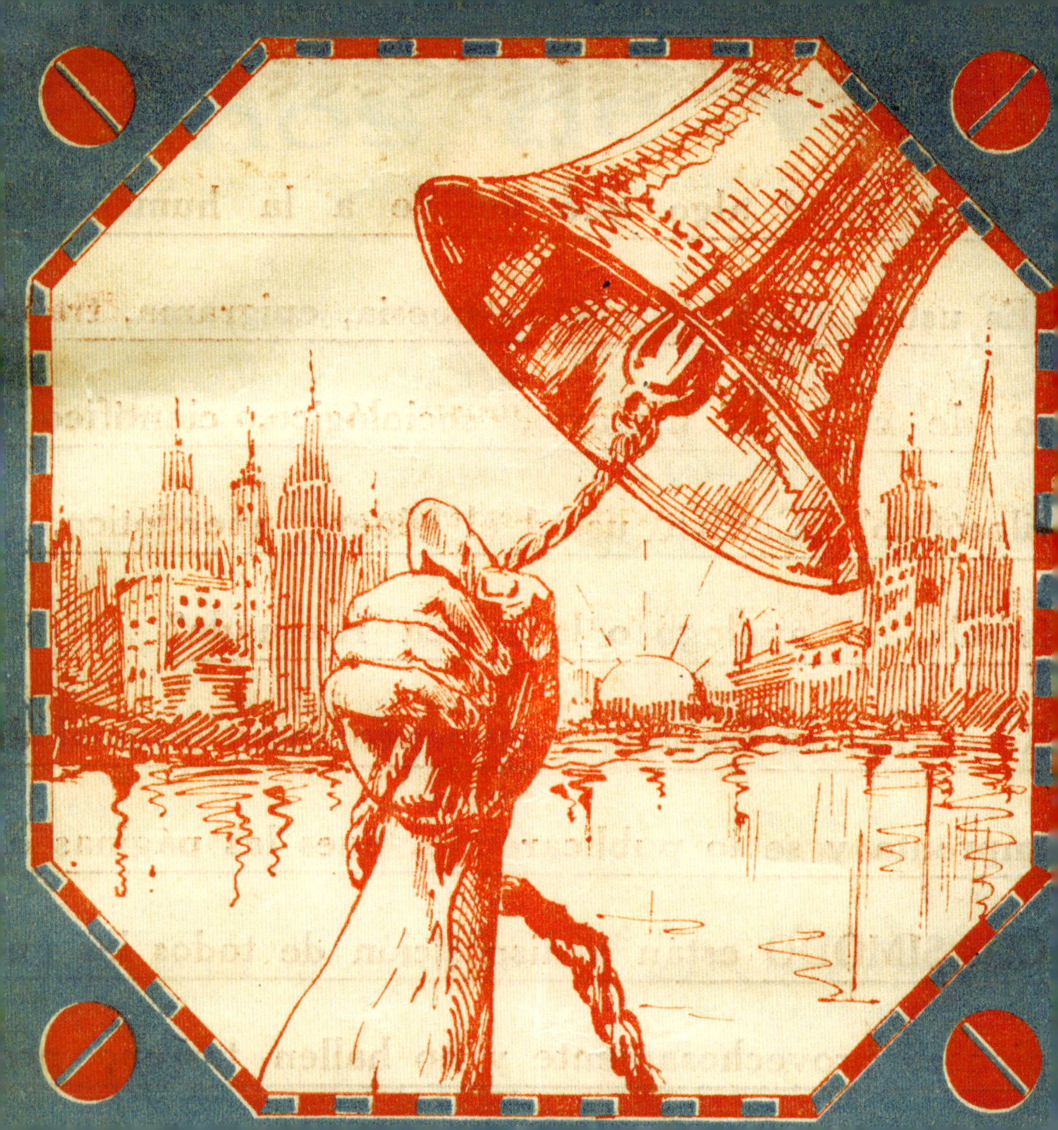

¡POR SACCO Y VANZETTI! ¡A LA LUCHA!

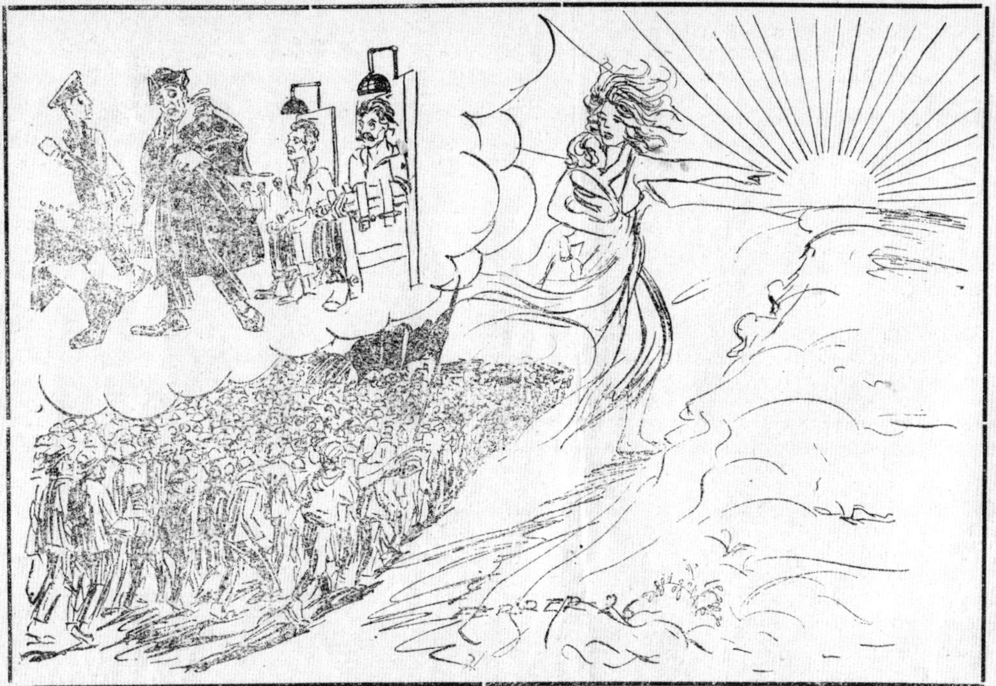

Sentados en la silla elèctrica y mirando de frente a sus enemigos, se hallan nuestros hermanos; y antes de apretar el botòn conductor de la muerte, los asesinos tiemblan y huyen despavoridos.

La firmeza idealista de los dos hombres, espanta y aterroriza a jueces, policías y clérigos. Lo afirman ellos: "moriremos mirando al enemigo en los ojos". ¡Sublime altivez de los hombres revolucionarios!

Y el pueblo avanza con la visión de las víctimas. Un paso más y la montaña será escalada e iluminará nuestras frentes, el nuevo sol del avenir. ¡OBREROS: La bandera de la redención, flamea al viento y la idea ilumina nuestras mentes marcándonos el sendero de la acción y el triunfo!

Somos muchos y fuertes. Sólo nos falta querer. Que se haga, pues, esa voluntad, antes que el verdugo nos arrebate estas dos vidas jóvenes y pletóricas de idealidad

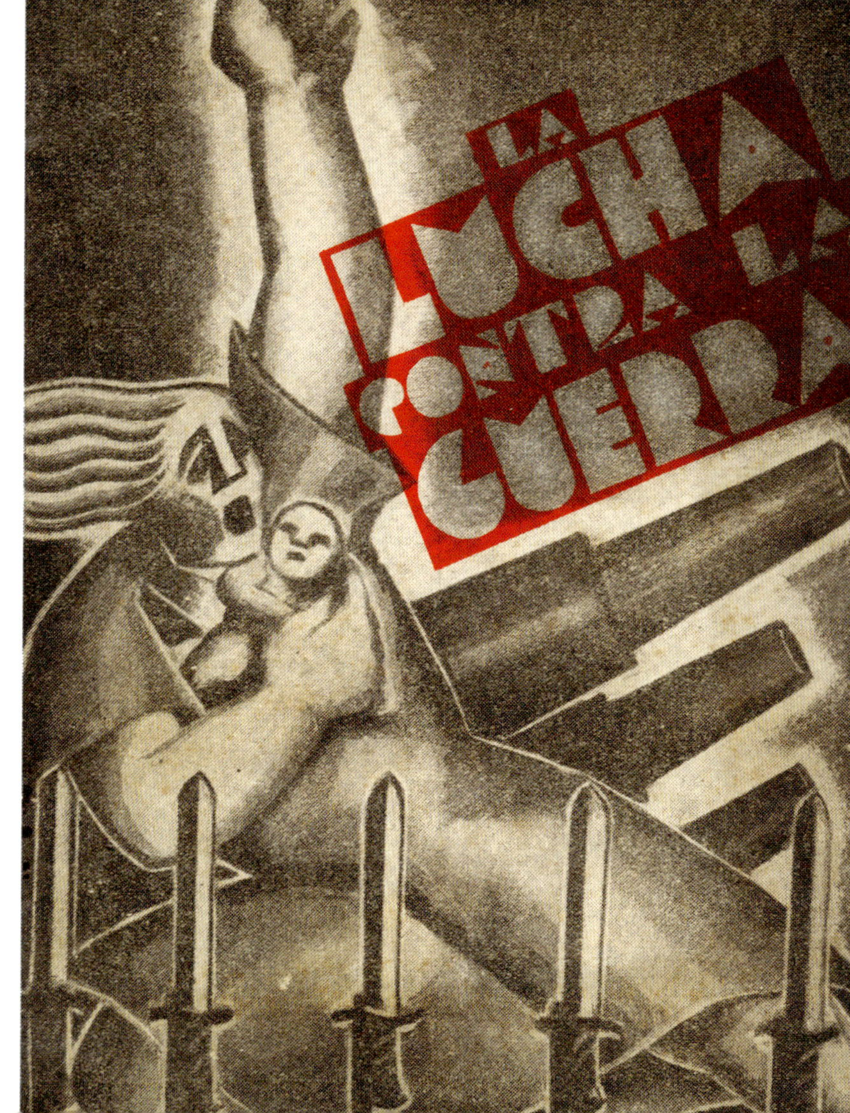

LA
LUCHA
CONTRA LA
GUERRA

D. A. de SANTILLAN

F.O.R.A.

IDEOLOGIA Y TRAYECTORIA DEL MOVIMIENTO OBRERO REVOLUCIONARIO EN LA ARGENTINA

Prólogo de Juan Lazarte

¡LIBERTAD!

Grupo Anarquista

Revista

AGITACIÓN

Publicación Anarquista — N°3 — Marzo '89 A5

ANARQUISTAS

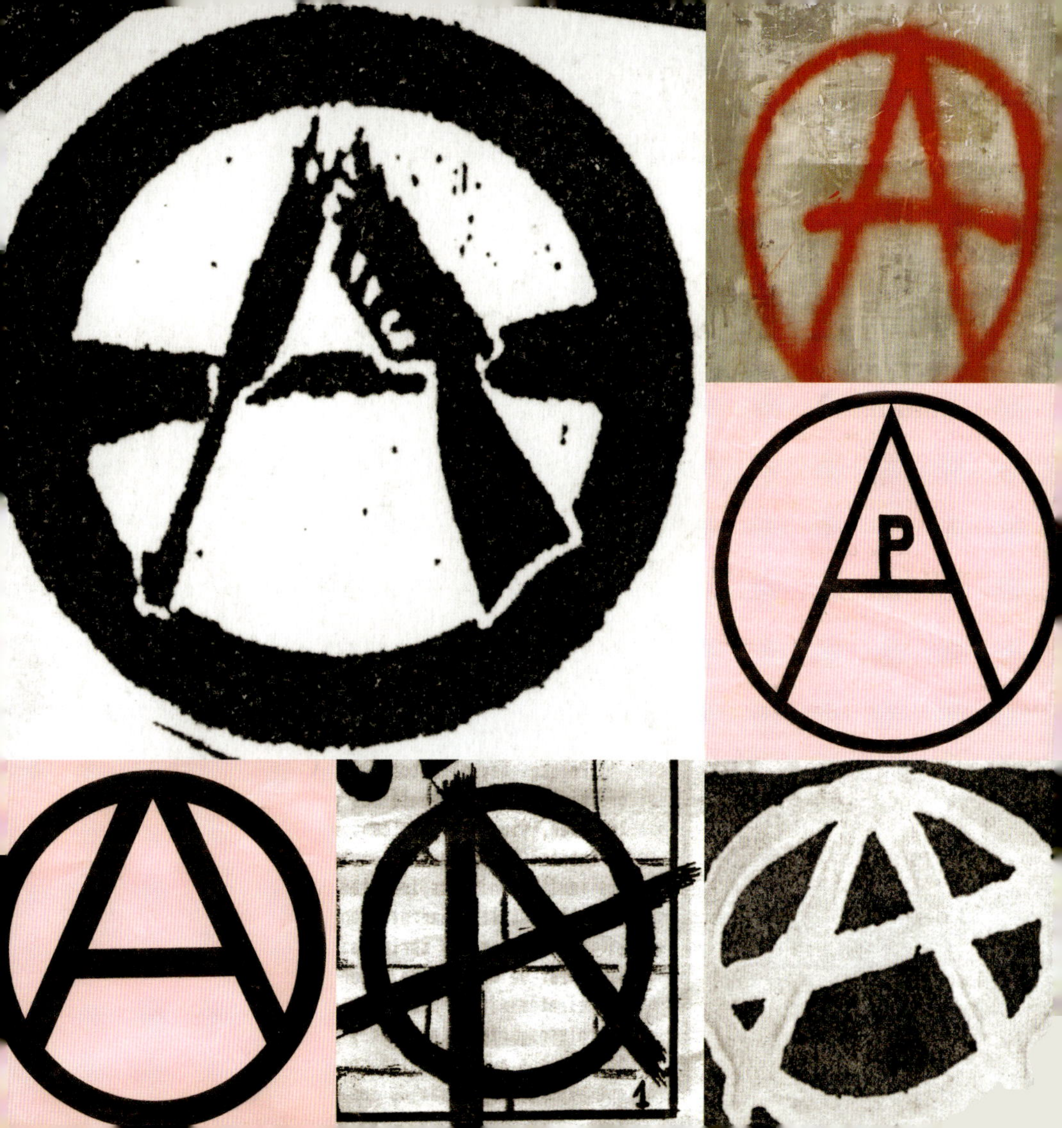

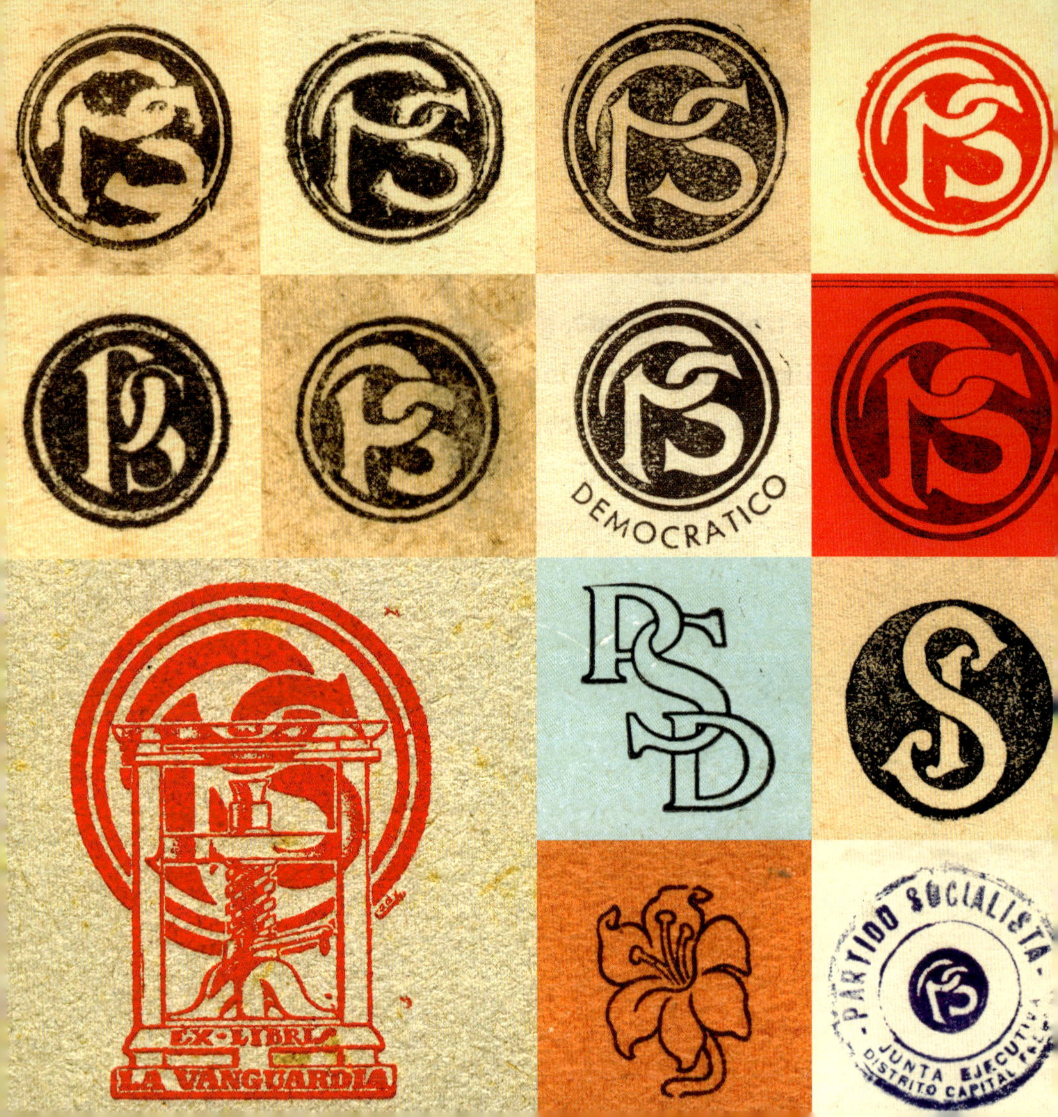

DEMOCRATICO
EX·LYBRIS
LA VANGUARDIA
PARTIDO SOCIALISTA
JUNTA EJECUTIVA
DISTRITO CAPITAL FED

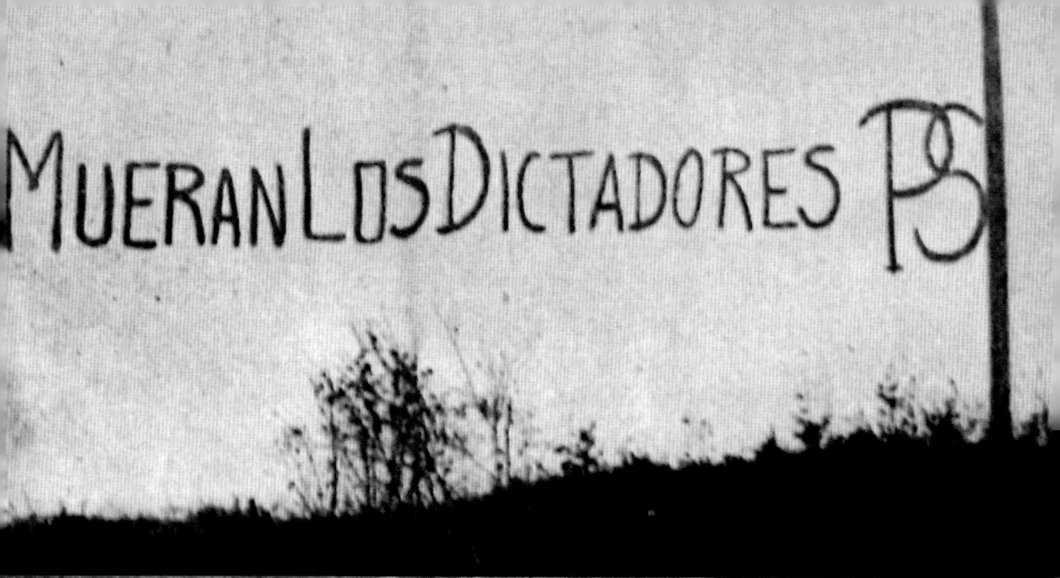

MueranLosDictadores PS
LA VANGUARDIA 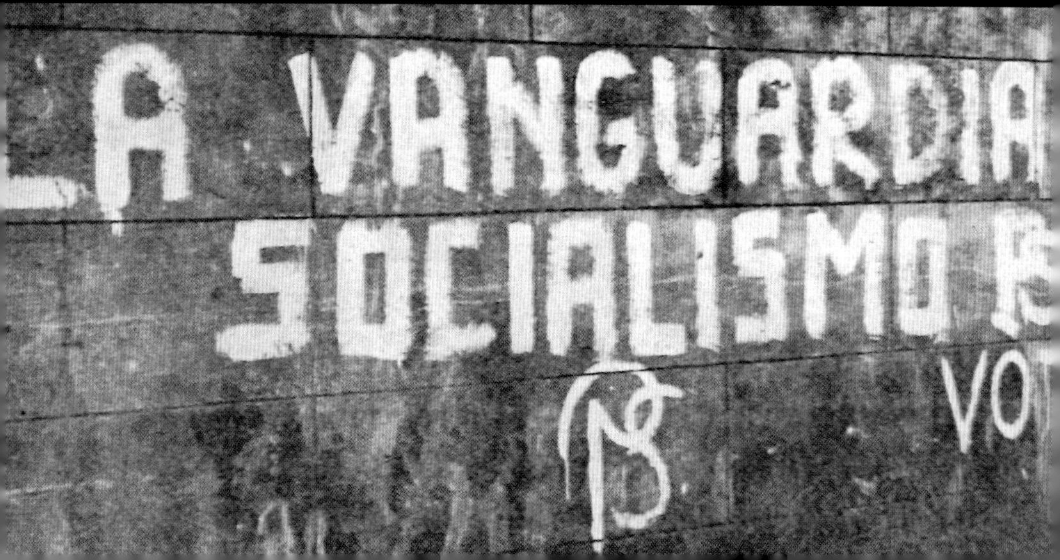
SOCIALISMO PS
VO

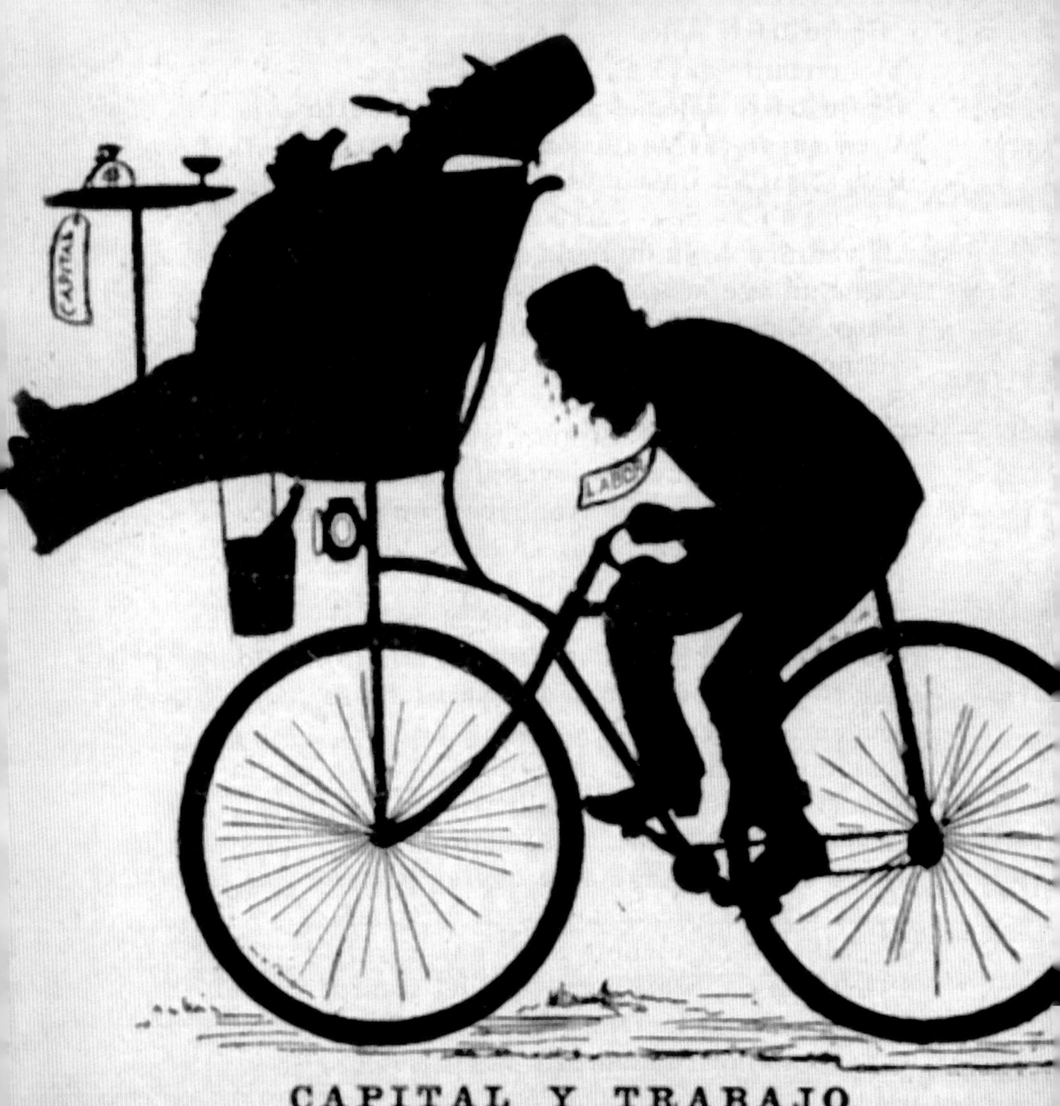

CAPITAL Y TRABAJO

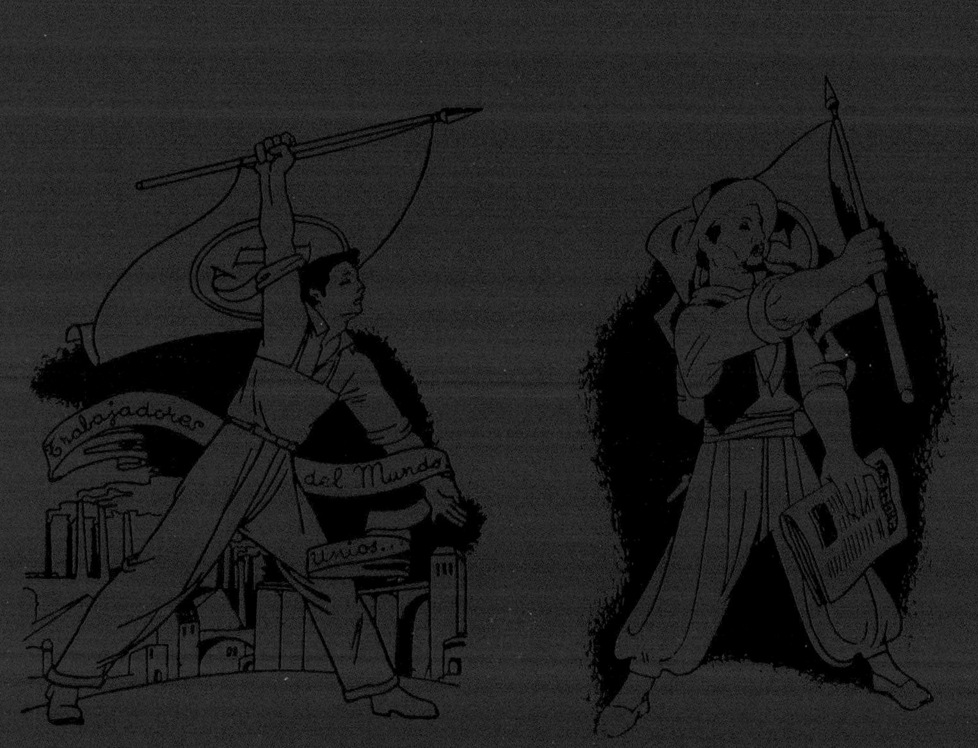
Trabajadores
del Mundo
Unios...

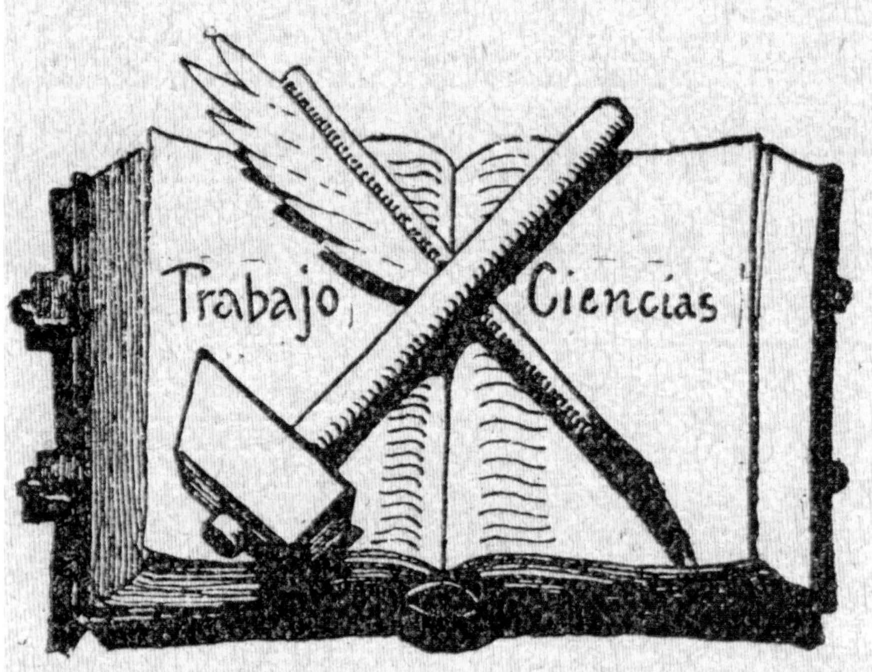

Trabajo
Ciencias

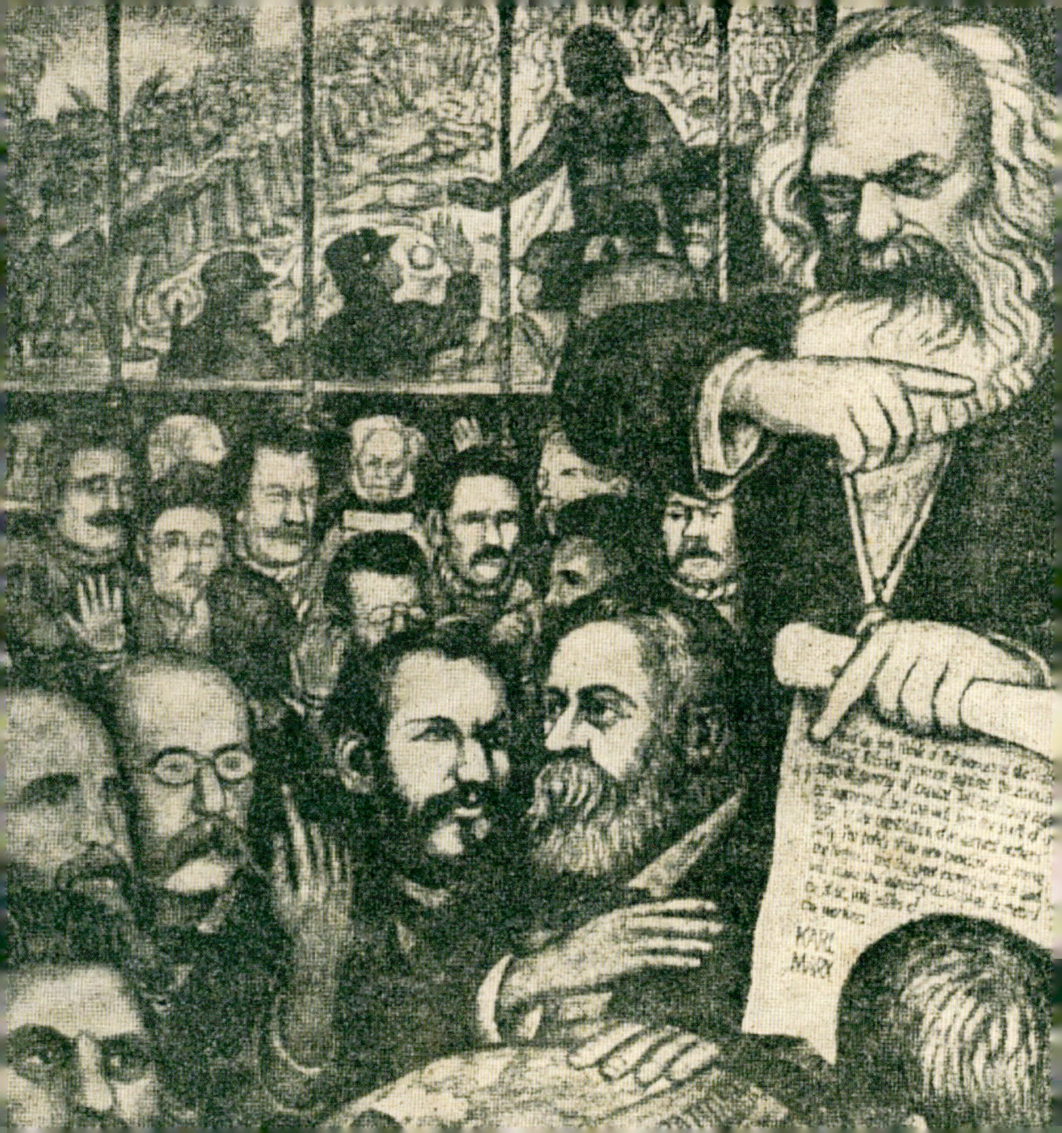

KARL
MARX

Vanguardia Femenina

Suplemento de LA VANGUARDIA

BUENOS AIRES, 11 DE JUNIO DE 1946

Claridad

Tribuna Socialista

| AÑO II. | SE PUBLICA TODOS LOS LUNES | Nº XX. |

REVISTA SOCIALISTA INTERNACIONAL

Año I
1908

Tomo I
Núm. 1

IZQUIERDA

CRITICA Y ACCION SOCIALISTA

Año I - No. 1   Buenos Aires, Octubre de 1934

La Internacional

REVISTA SOCIALISTA

Crítica social

1925

BUENOS AIRES, JULIO 4 DE 1896

LA VANGUARDIA

ÓRGANO CENTRAL DEL PARTIDO SOCIALISTA OBRERO

DEFENSOR DE LA CLASE TRABAJADORA

SUSCRIPCIÓN ADELANTADA
Por trimestre .... $ 1.00
    »   año .... » 4.00
NÚMERO SUELTO 5 CENTAVOS

APARECE LOS SÁBADOS

ADMINISTRACIÓN
1159 - CHILE - 1159
HORAS DE OFICINA: DE 8 Á 10 DE LA NOCHE

El primer Congreso Socialista Obrero Argentino

PRIMERA SESION

les, Eduardo Valmack, Benjamin Pinter, Domingo Arrate, Clemente Lorenzi, Adrian Pe-

de libertad, queremos en primer término el mejoramiento económico, y sabemos que sol

A la 1 p. m. se reanudó la sesión, continuando la discusión de los estatutos de la

Centro Socialista Obrero

CONMEMORACION

DE LA

COMMUNE

a conferencia que para tejar este hecho históri-
lebió celebrarse el lunes tendrá lugar hoy sábado
as 8 de la noche.
on invitados al acto los
maticen con las ideas

Cuando hayais leido LA VANGUARDIA, dádsela á un amigo.

Proximidad

DEL TRIUNFO DEL SOCIALISMO

Pretende la burguesía demostrar lo irrea-

La degeneración burguesa

Y LA REGENERACIÓN OBRERA

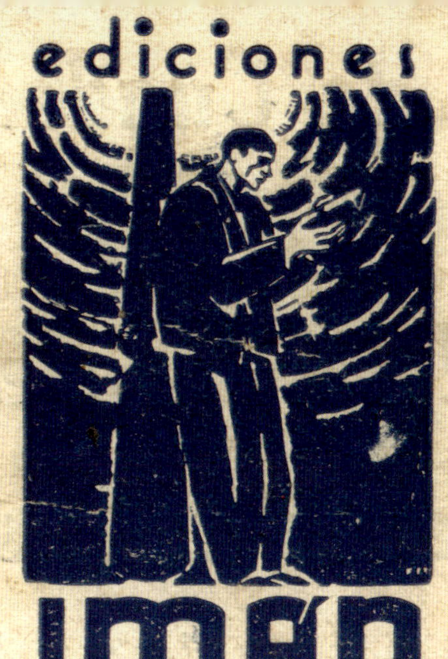

ediciones
IMAN

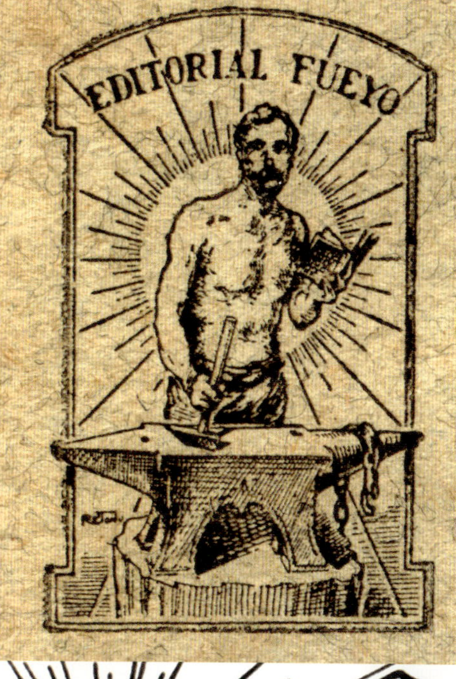

EDITORIAL FUEYO

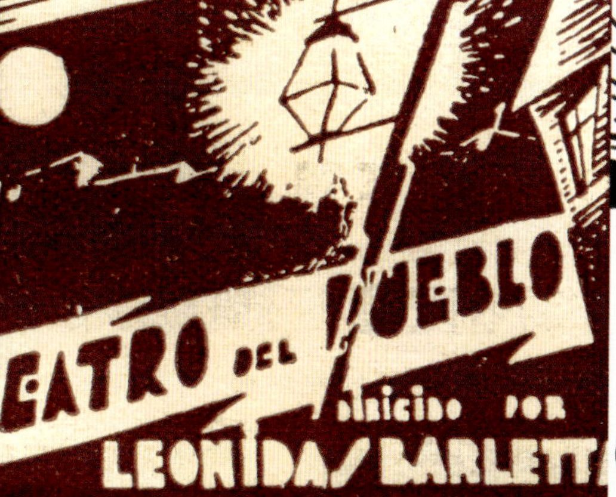

EATRO DEL PUEBLO
DIRIGIDO POR
LEONIDAS BARLETTA

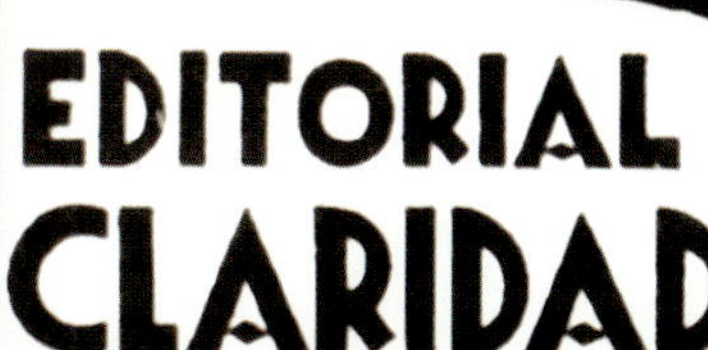

EDITORIAL
CLARIDAD

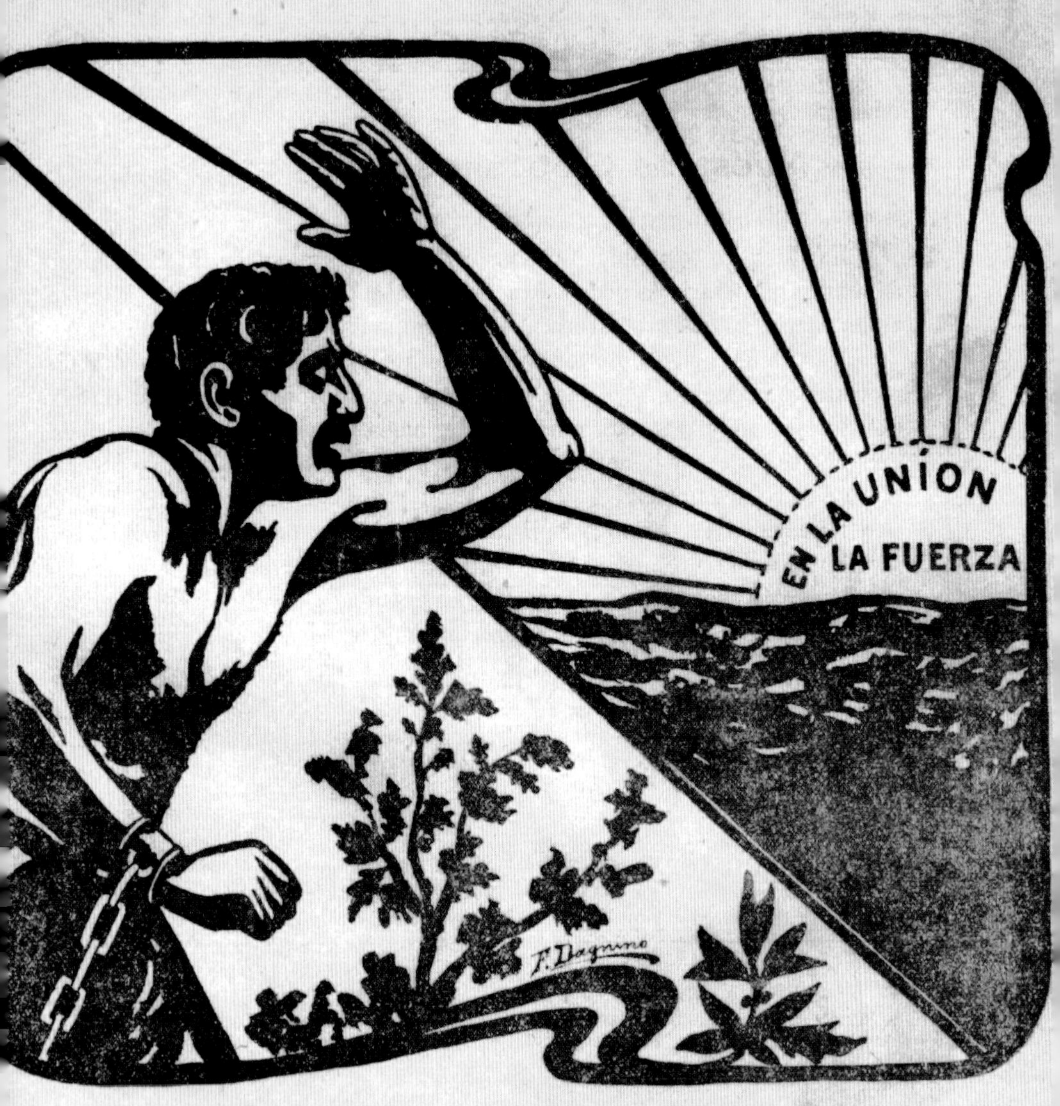

EN LA UNÍON
LA FUERZA
F. Dagnino

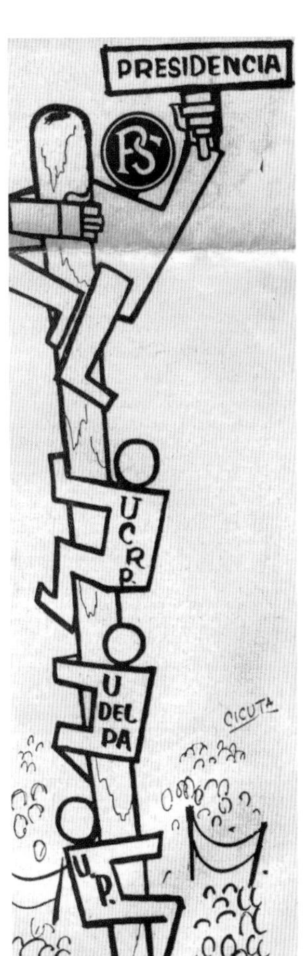

PRESIDENCIA
PS
U.C.R.
U. DEL P.A.
U.P.
CICUTA

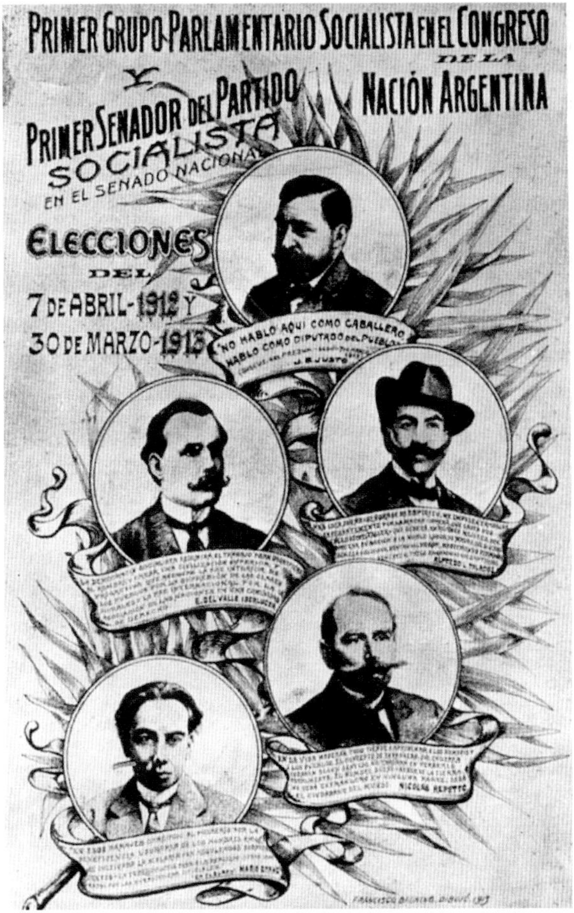

PRIMER GRUPO PARLAMENTARIO SOCIALISTA EN EL CONGRESO
DE LA
Y
PRIMER SENADOR DEL PARTIDO
NACIÓN ARGENTINA
SOCIALISTA
EN EL SENADO NACIONAL
ELECCIONES
DEL
7 DE ABRIL - 1912 Y
30 DE MARZO - 1913
"NO HABLO AQUÍ COMO CABALLERO, HABLO COMO DIPUTADO DEL PUEBLO"
J. B. JUSTO
E. DEL VALLE IBERLUCEA
ALFREDO L. PALACIOS
NICOLÁS REPETTO
MARIO BRAVO
FRANCISCO DE ... DIBUJÓ 1913

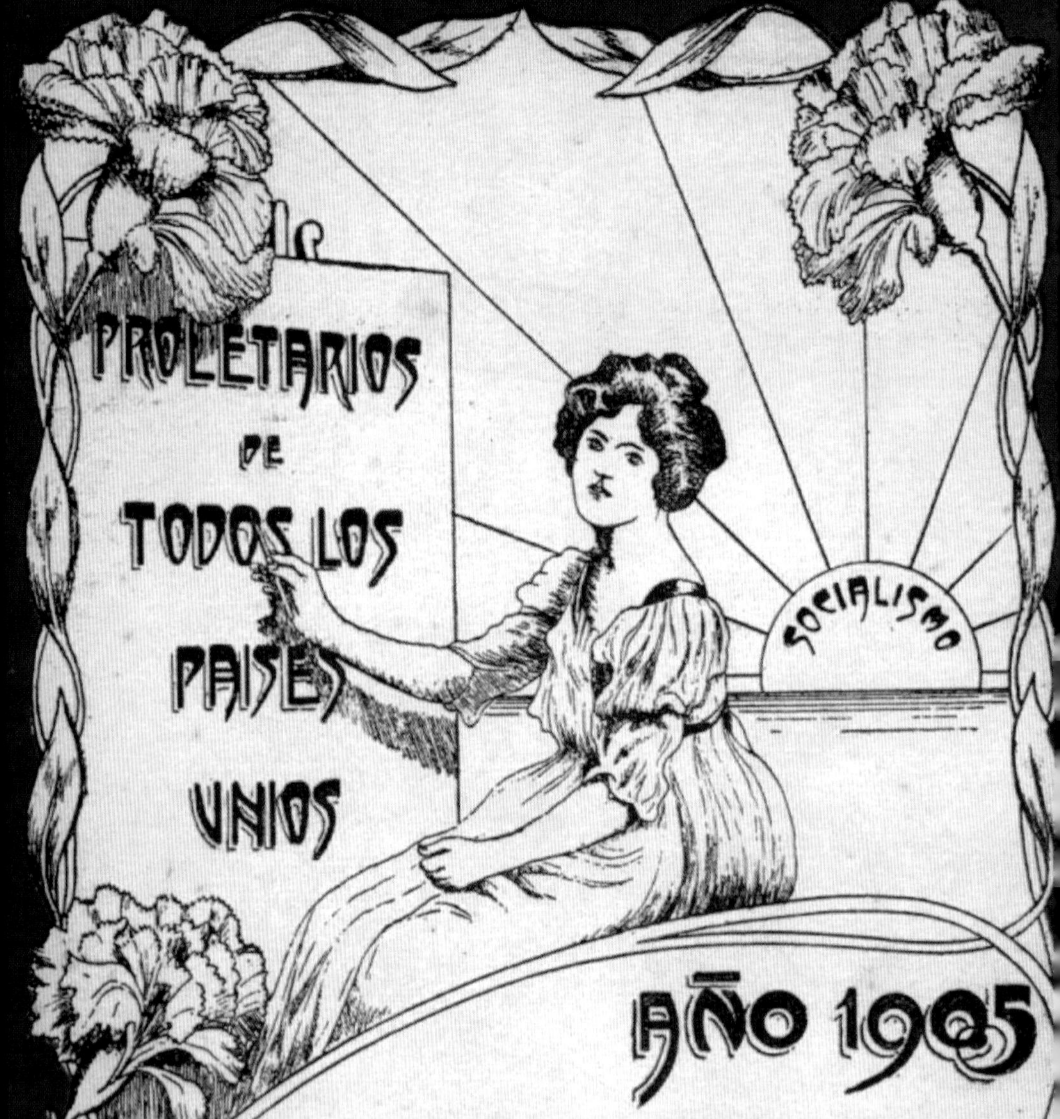
PROLETARIOS
DE
TODOS LOS
PAISES
UNIOS
SOCIALISMO
AÑO 1905

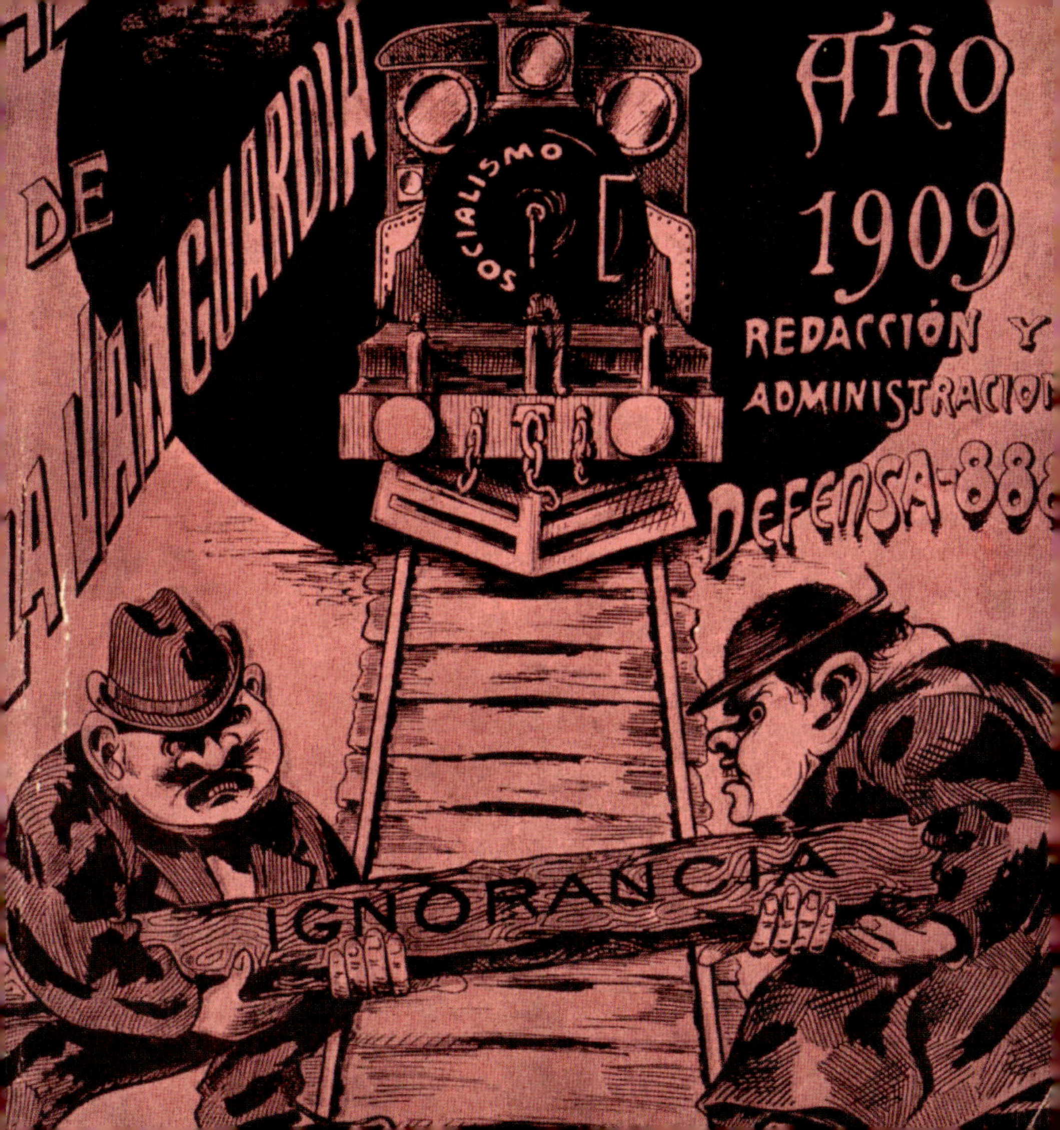
DE
LA VANGUARDIA
SOCIALISMO
AÑO
1909
REDACCIÓN Y
ADMINISTRACIÓN
DEFENSA-88
IGNORANCIA

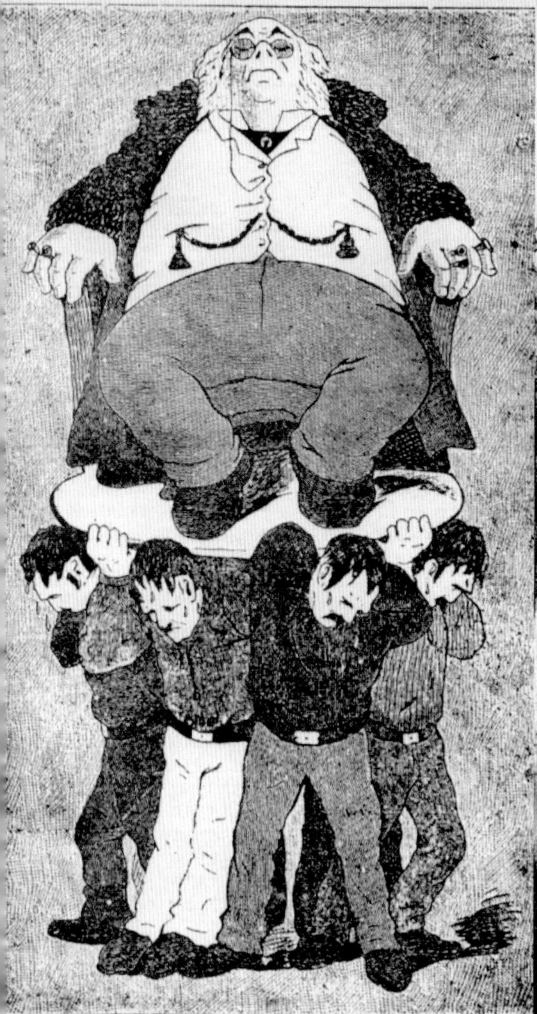

Balance de Fin de Año

« Capital y Trabajo »

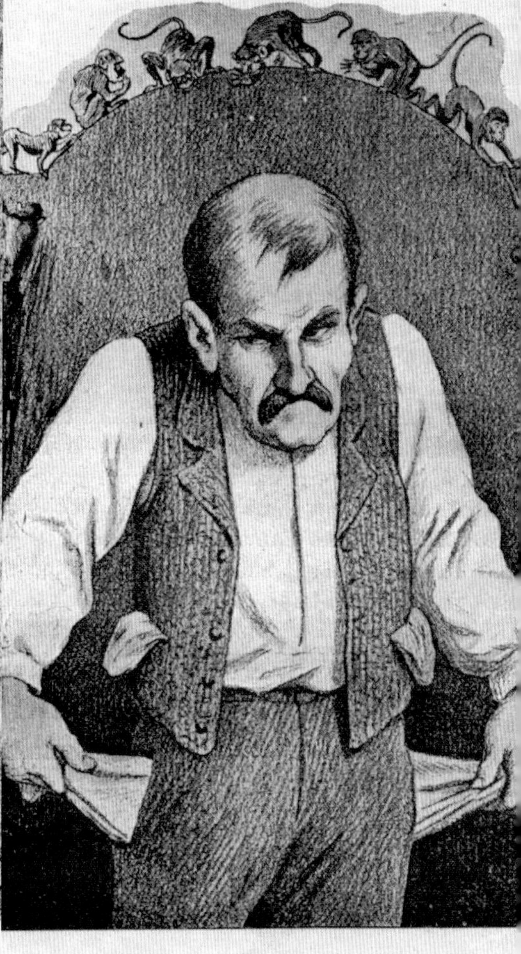

DE CERO Á CERO VÁ CERO

Darwinismo en la burguesía

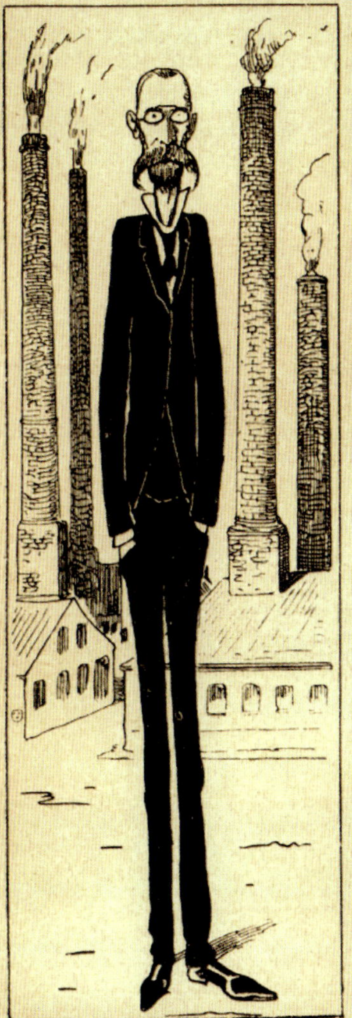

El dueño de los altos hornos.

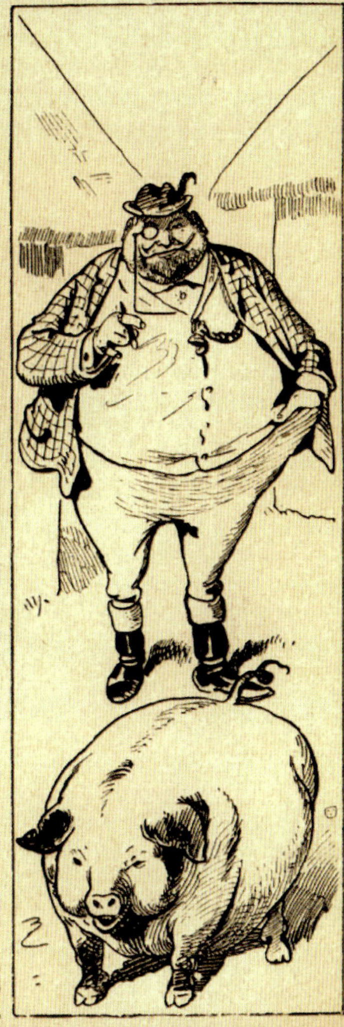

El criador de cerdos.

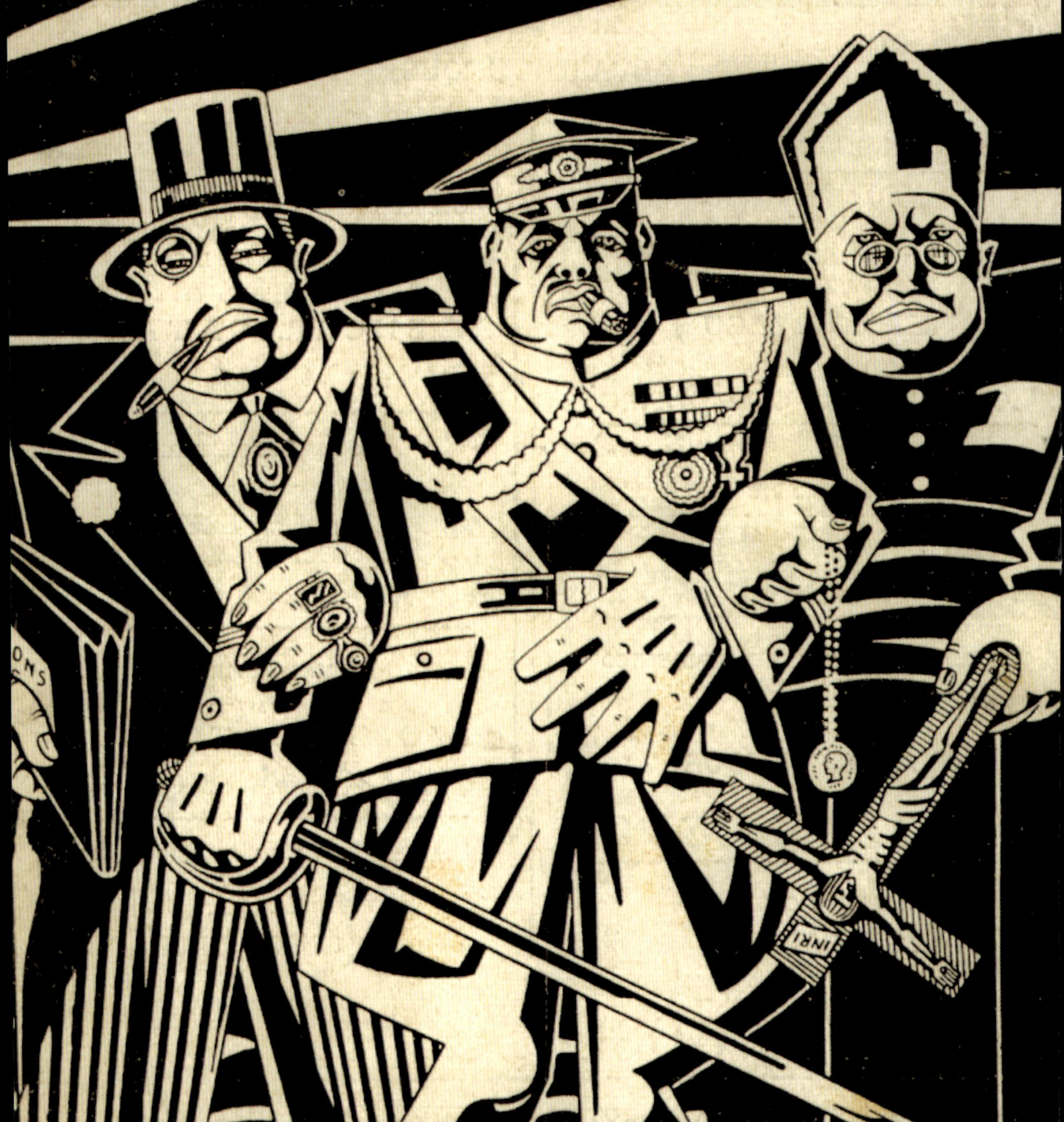
ONS
INRI

Los diez mandamientos para el obrero

1. — No dejarás de ser miembro de tu sociedad gremial.
2. — No traicionarás nunca la causa obrera.
3. — No trabajarás mas horas de las fijadas diariamente, ni harás ningun trabajo los domingos y si es posible tampoco lo aceptarás á destajo.
4. — No desatenderás el bienestar de tu familia, el cual debes fomentar, mejorando tus condiciones económicas.
5. — No provocarás ni tolerarás disputas personales en talleres y sociedades.
6. — No serás vulnerable en la parte de la moral y de la cultura.
7. — No te atrasarás en el pago de tus cuotas á las sociedades, ni dejarás de ayudar á tus compañeros en huelga según puedas.
8. — No mentirás, cuando tengas algo que decir, di siempre la verdad, de lo contrario, calla.
9. — No dejarás de hacer propaganda para que se organizen los obreros indiferentes y que tambien se unan las mujeres y obreras.
10. — No te despreocuparás tampoco de aquellos que por una ù otra razón hayan sido lastimados en sus intereses y libertades, les instruirás y aclararás sobre sus derechos, y hasta llegado el caso de que tengan que defenderse contra imposiciones y soberbias, estarás de su lado.

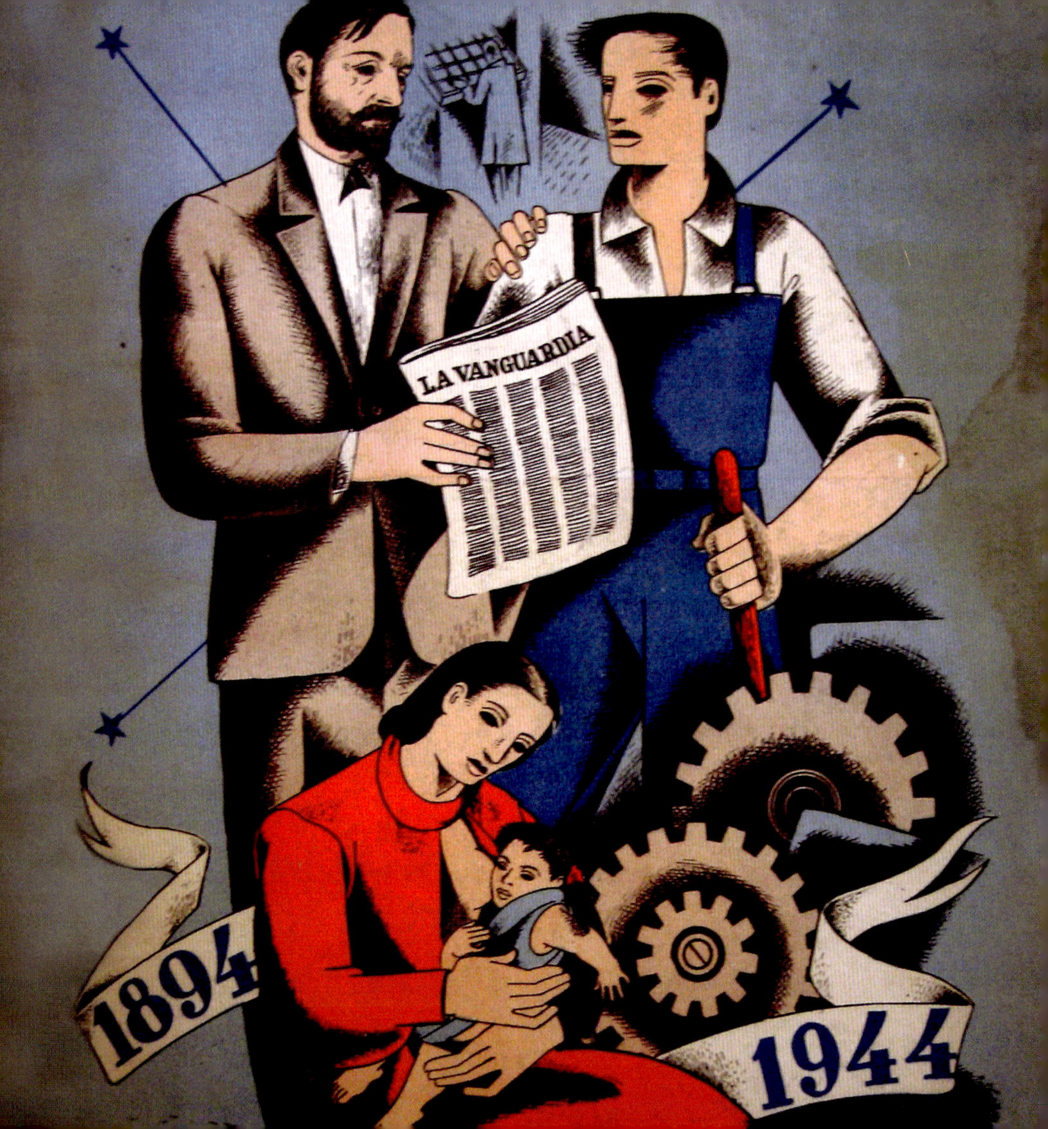

LA VANGUARDIA
1894
1944

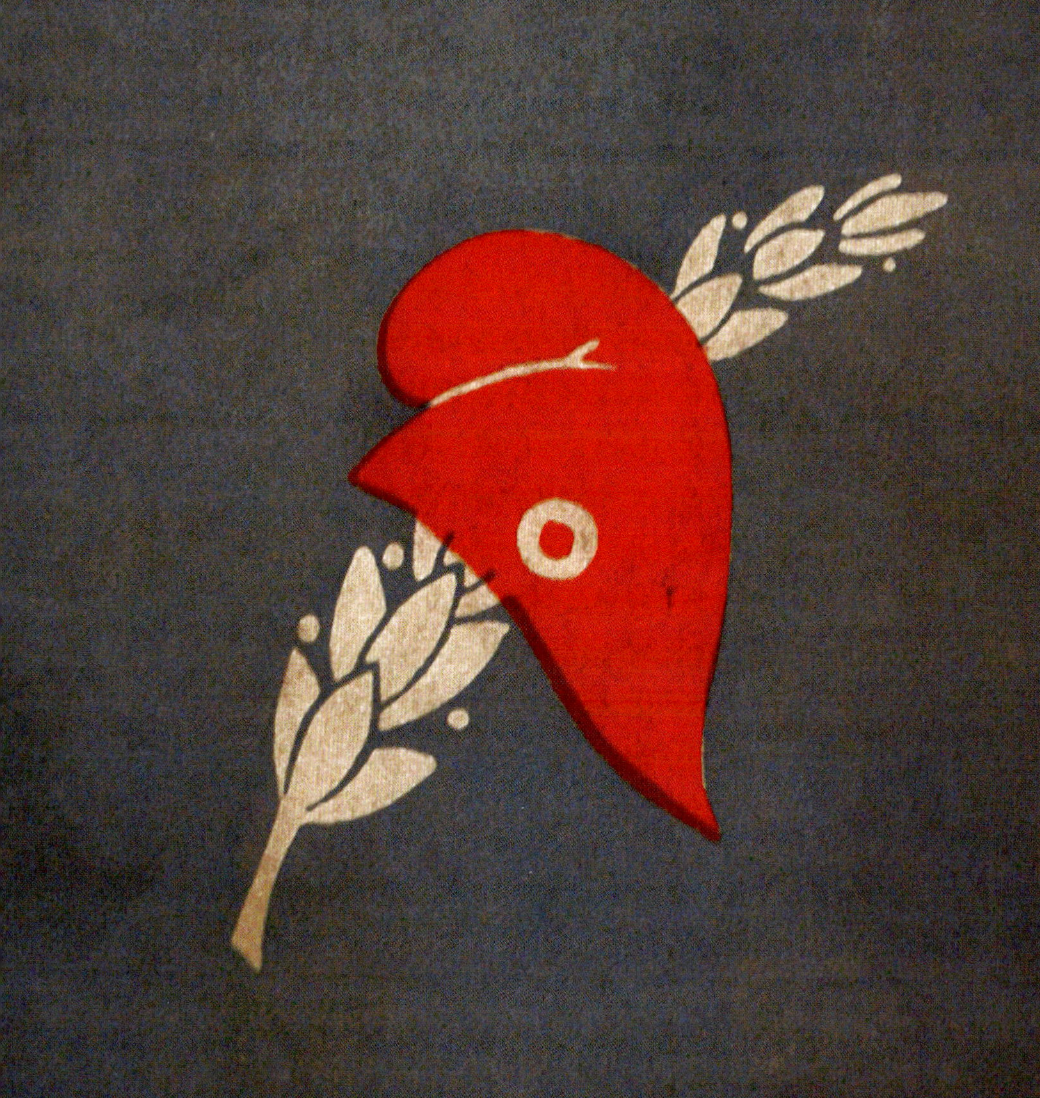

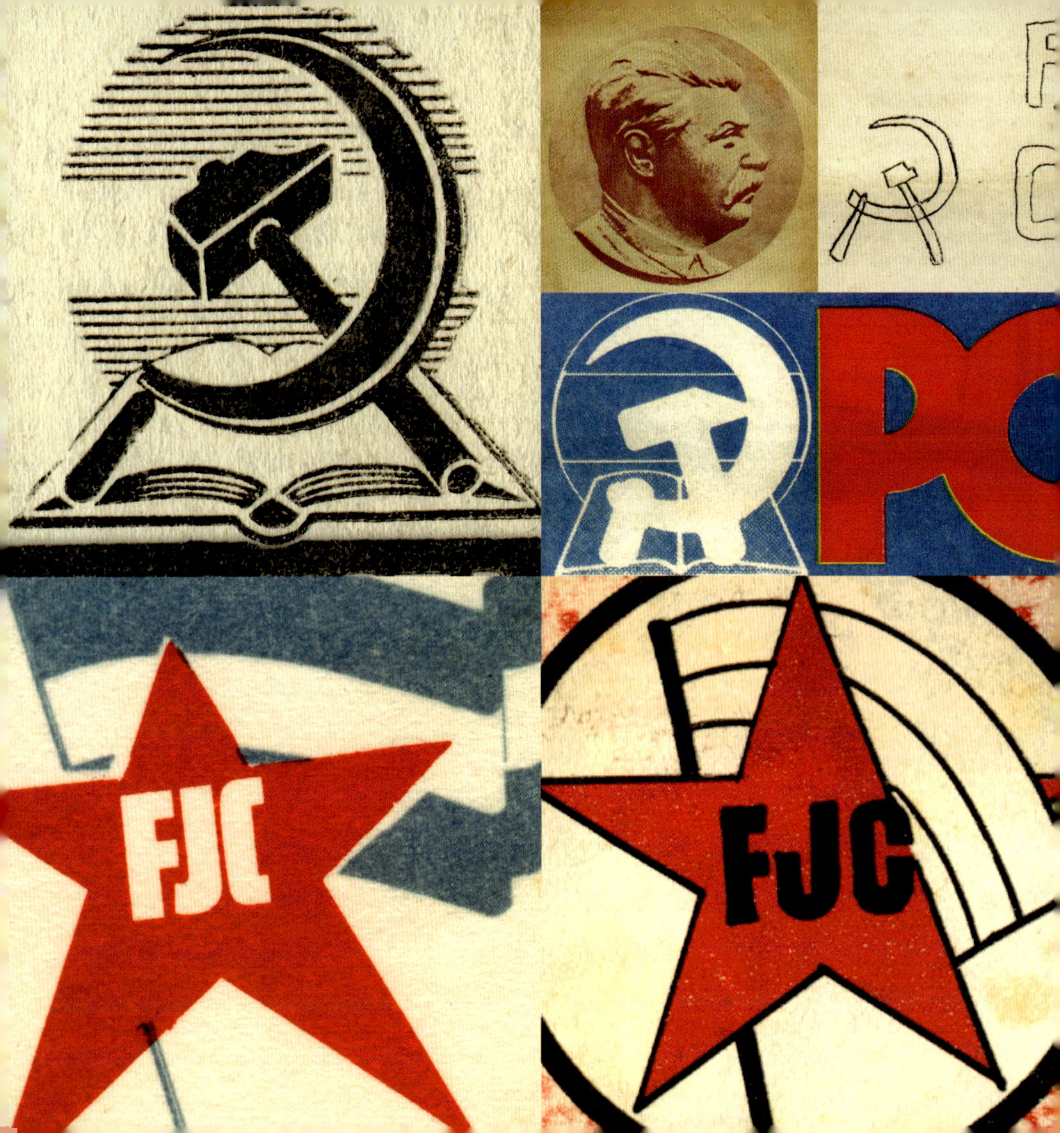

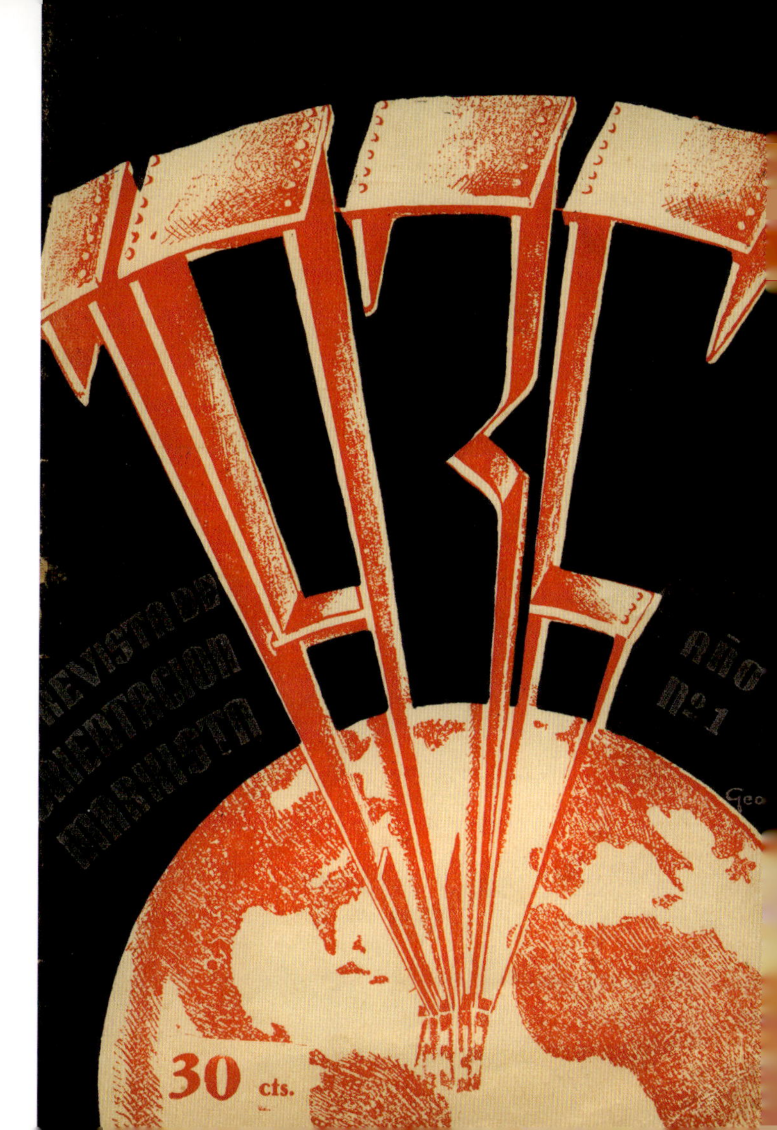
LIBRE
REVISTA DE
ORIENTACION
MARXISTA
AÑO
Nº 1
Geo
30 cts.

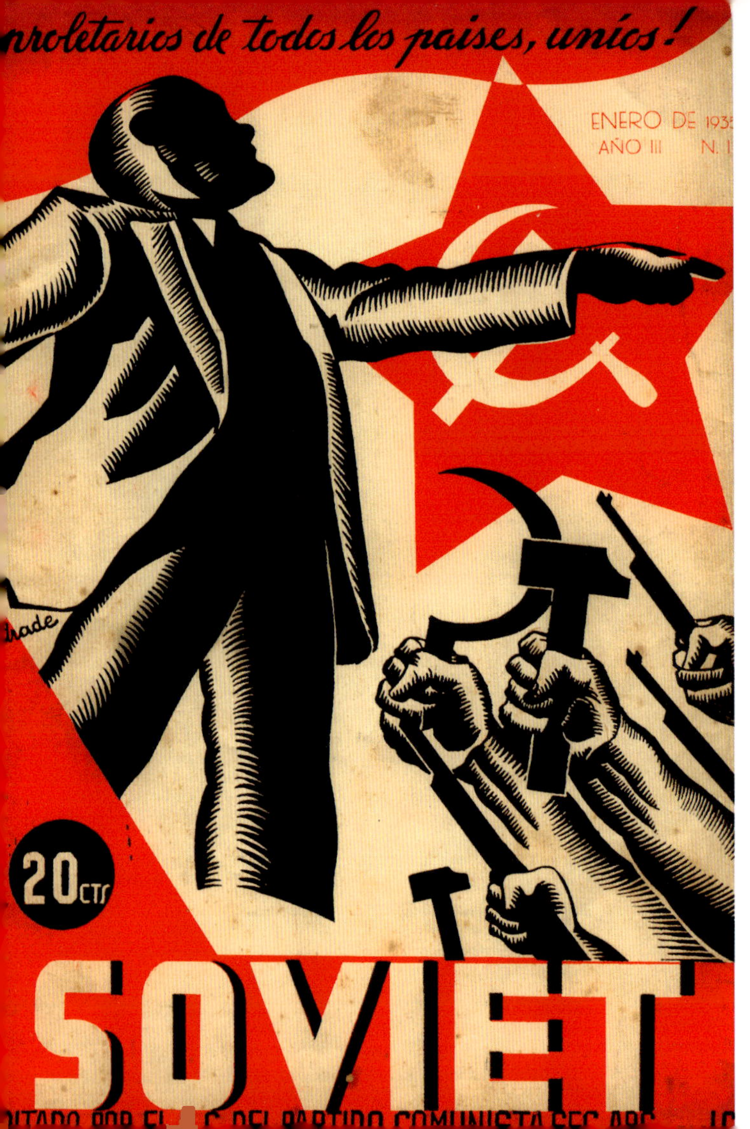
nroletarios de todos los paises, uníos!
ENERO DE 1935
AÑO III   N. 1
trade
20 cts
SOVIET

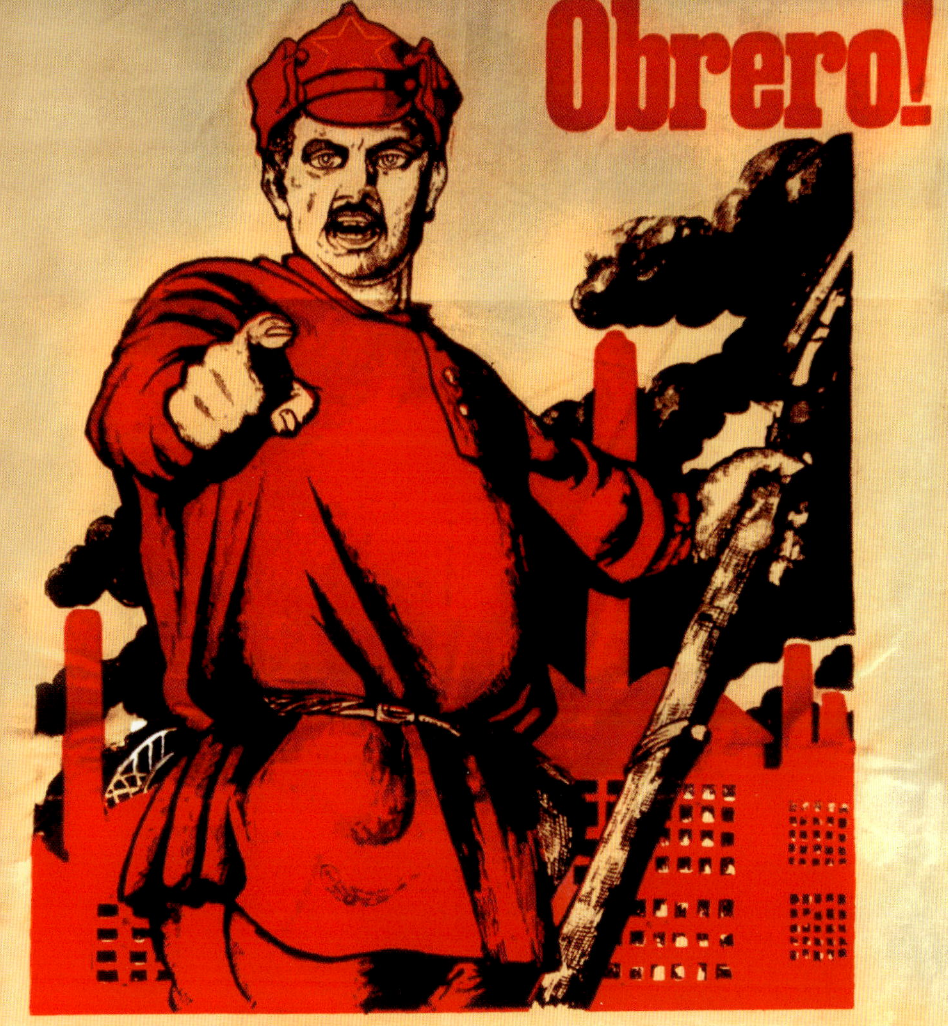

Obrero!
Contribuye en pro de tus hermanos de Rusia

PROPORCION ENTRE EUROPA Y LOS PAISES REVOLU=
CIONARIOS DE ASIA

361,3 millones de habitantes

575 millones de habitantes

EUROPA

CHINA Y RUSIA

5,5 millones de Km²

32 millones de Km²

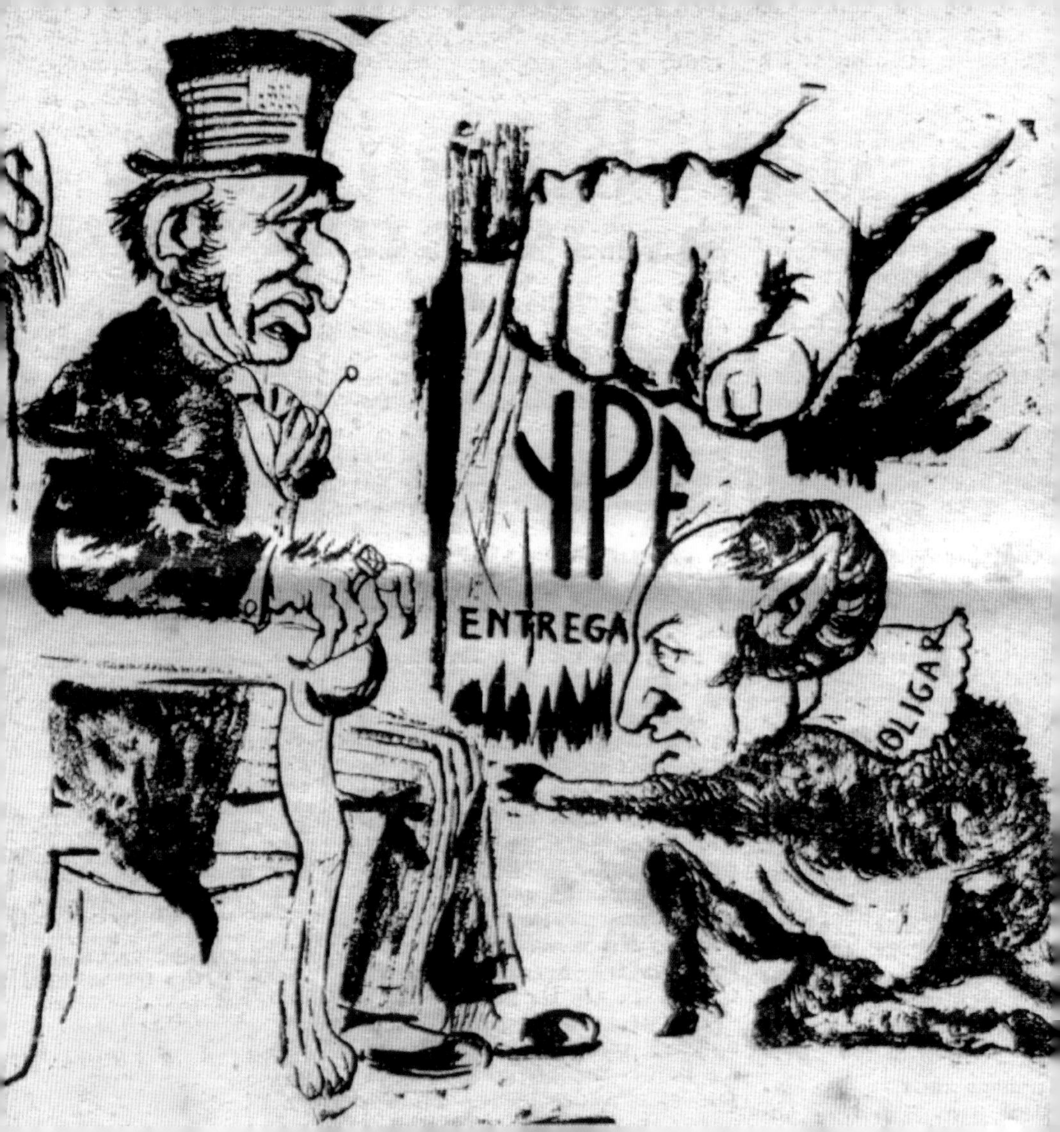
$
YPF
ENTREGA
OLIGAR

EL PROBLEMA NACIONAL

ANALISIS MARXISTA

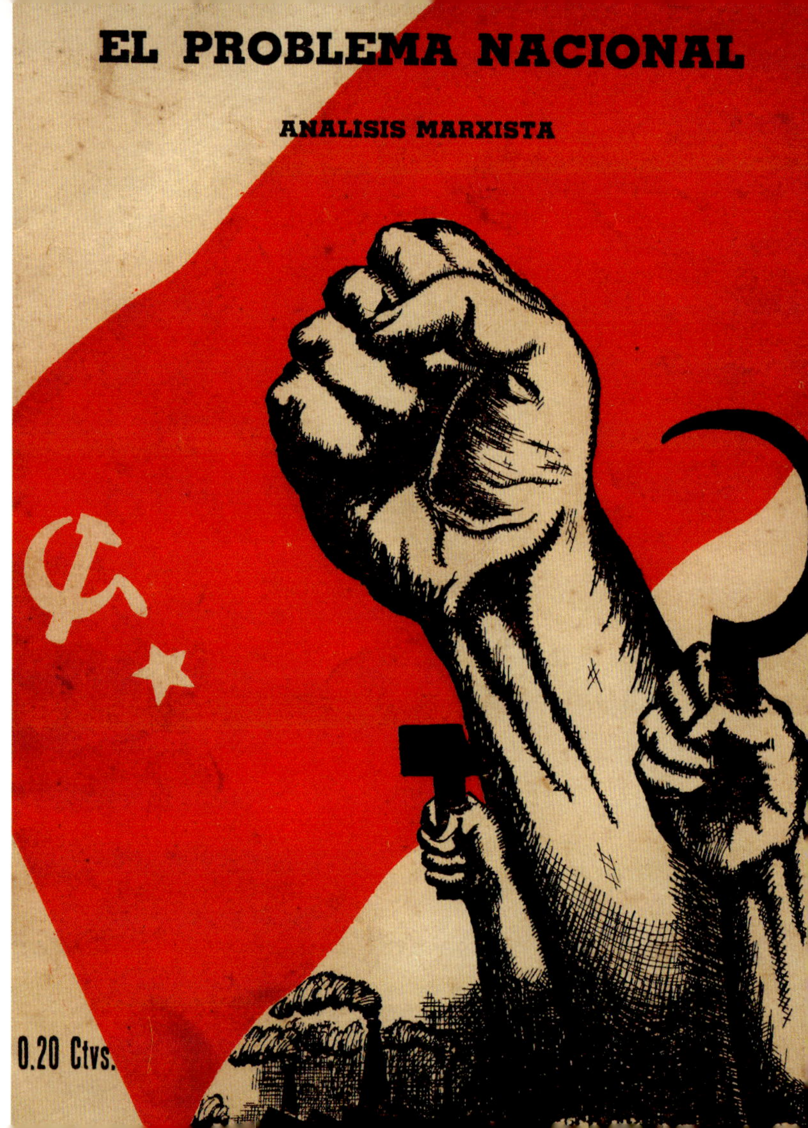

0.20 Ctvs.

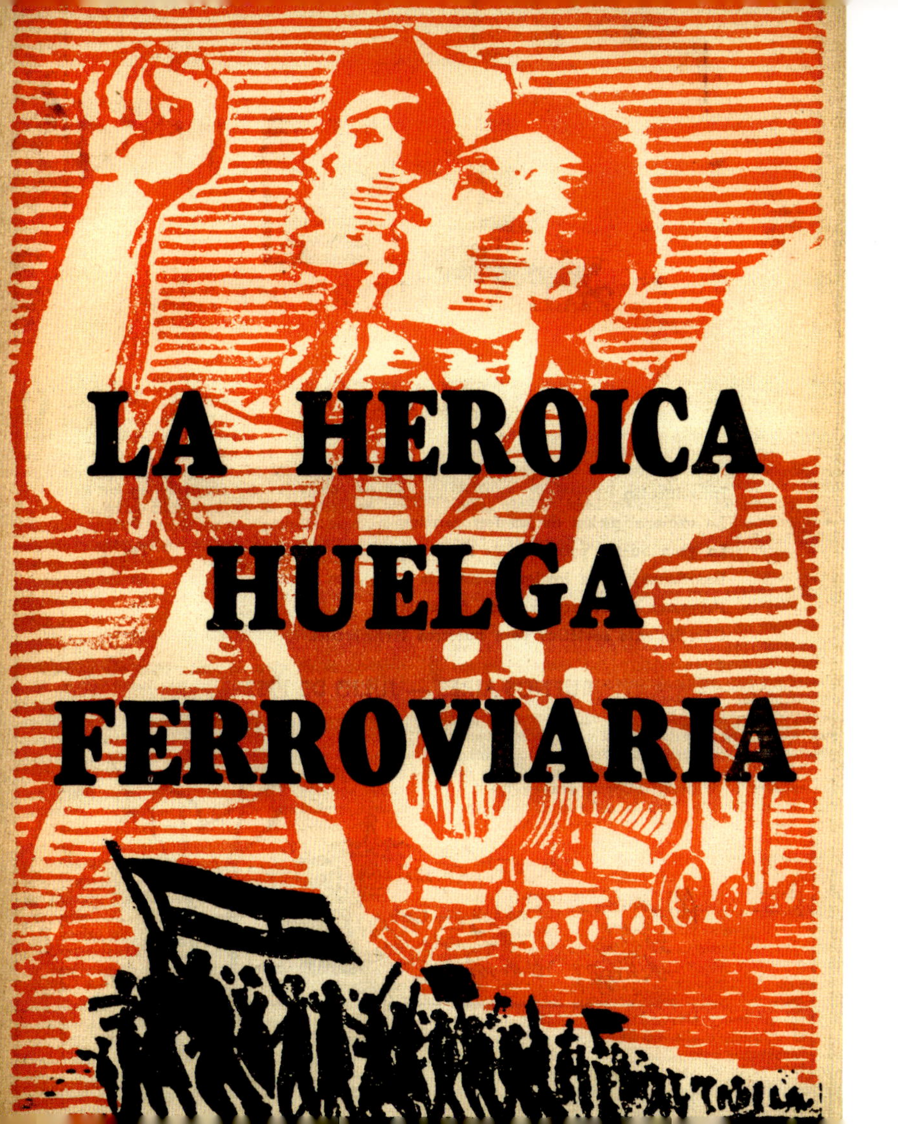

LA HEROICA
HUELGA
FERROVIARIA

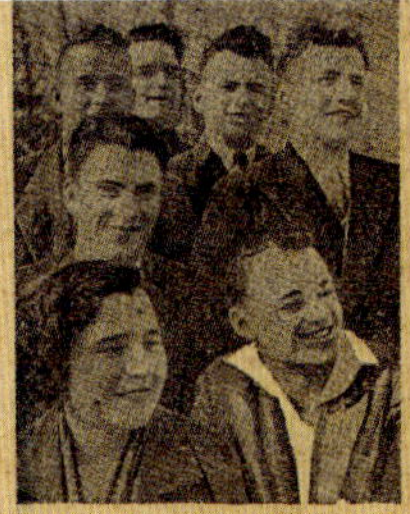

LOS ESTUDIANTES
SOVIETICOS

Por S. KAFTANOV

EDITORIAL PROBLEMAS
BUENOS AIRES
1941

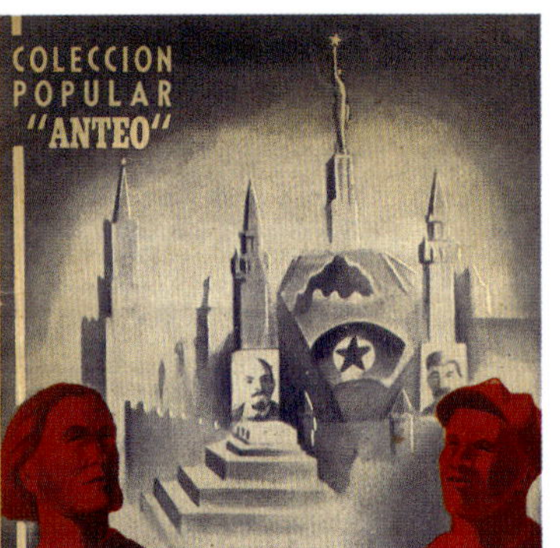

EL
TRABAJO
Y LOS
SALARIOS
EN LA
U. R. S. S.

Por I. GUDOV

EDITORIAL PROBLEMAS
BUENOS AIRES
1941

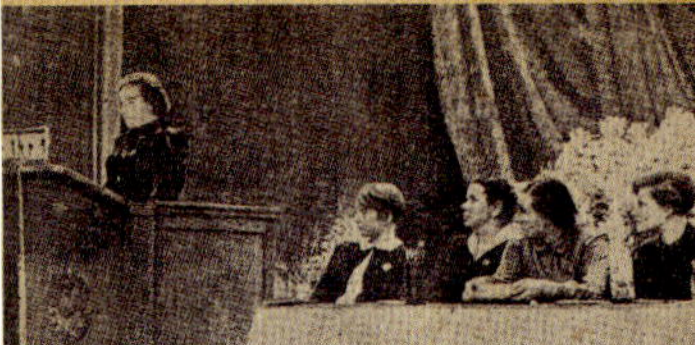

LA MUJER
en la
U. R. S. S.

Por M. PICHUGINA

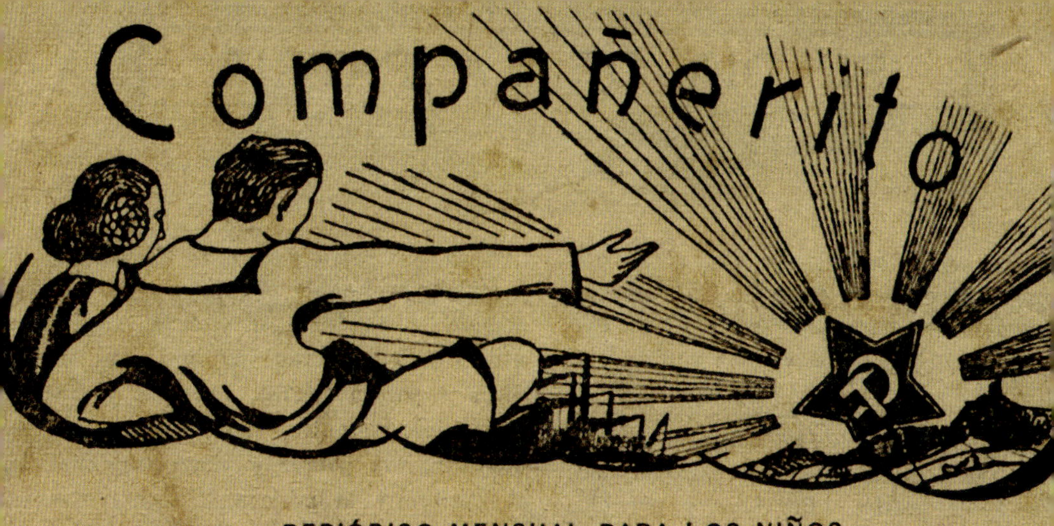

El Popular

TO GIUDICI   29 DE ABRIL DE 1964   Nro. 23 • DIEZ

DOCUMENTOS DEL PROGRESO

APARECE EL 1º Y 15 DE CADA MES

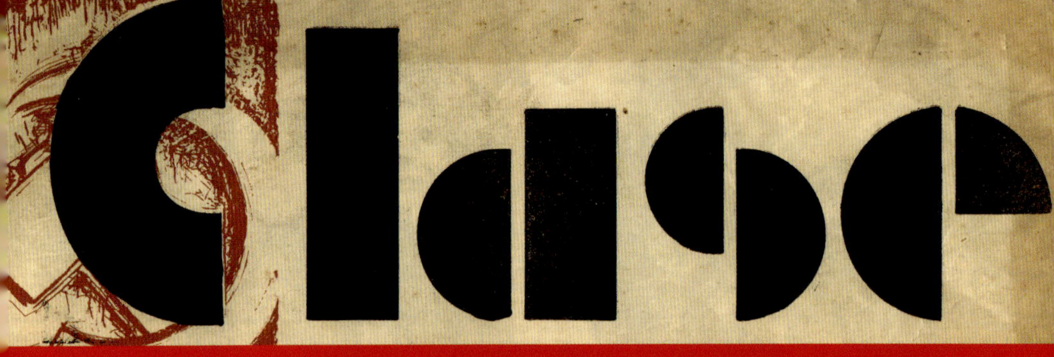
Clara
Año II   Nº 38
VI
Buenos Aires
FEBRERO 1º DE 1948
10 ctvs.
VOCERO COMUNISTA PARA TODAS LAS MUJERES
MUJERES argentinas
Propósitos
Las culpas más graves son la servidumbre y la cobardía. — INGENIEROS

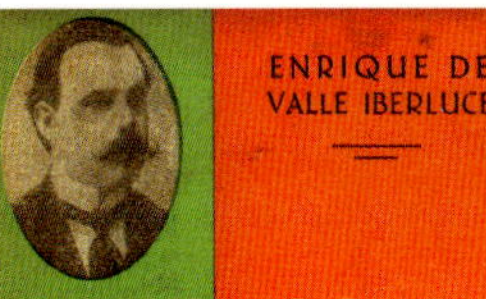

ENRIQUE DEL
VALLE IBERLUCEA

LA REVOLUCION RUSA

OBRA INEDITA

PRÓLOGO DE

C. SANCHEZ VIAMONTE

CONTIENE ESTA OBRA LOS SIGUIENTES TRABAJOS:

CANTO A LA REVOLUCION RUSA. — LA REVOLUCION DE RUSIA. — ¿QUÉ PASA EN RUSIA? — LA DECLARACION DE DERECHOS DE LA REPUBLICA RUSA. — LA DOCTRINA SOCIALISTA Y LOS CONSEJOS DE OBREROS. — LA REVOLUCION TRIUNFARA. — EL SEGURO CONTRA LA DESOCUPACION EN LA RUSIA SOVIETICA. — EL PARTIDO SOCIALISTA Y LA TERCERA INTERNACIONAL. — UNA ENTREVISTA. — EL CONGRESO DE BAHIA BLANCA. — UN PROCESO INICUO. — LA LIBERTAD DE PENSAR. — EL ULTIMO DISCURSO.

COLECCION CLARIDAD
"MANUALES DE CULTURA MARXISTA"
BUENOS AIRES

Cuadernos de Cultura

Democrática y Popular

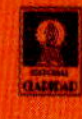

Cuaderno Nº 1

Buenos Aires AGOSTO Rep. Argentina

Año del Libertador General San Martín

ANATOL GORELIK

La Revolución Rusa y el Anarquismo

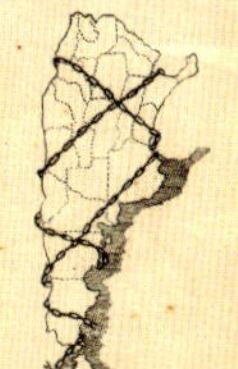

BUENOS AIRES
— 1933 —

Incorporáos al

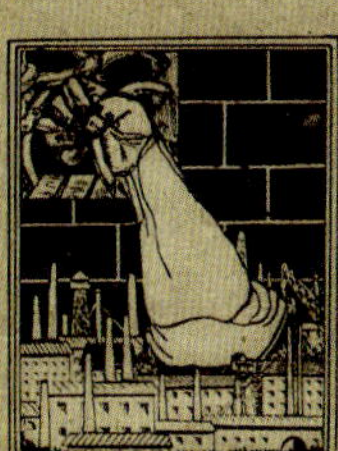

Socorro Rojo Internacional

Rumbo

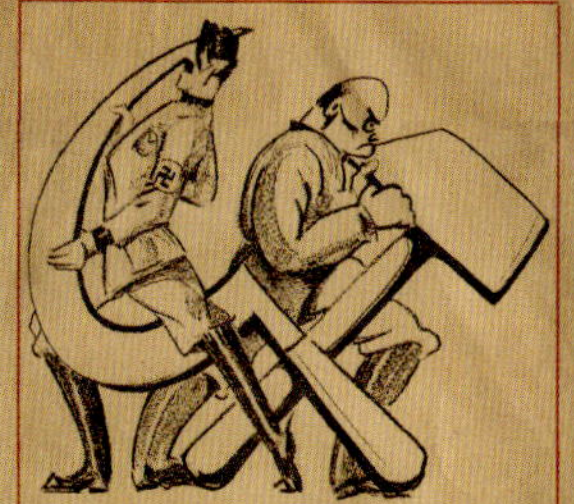

No. 3 — Siete de Noviembre — 1917-1935 — 10 CTVS.

Concejal José F. Penelón

Cómo se Hipoteca la Independencia Nacional

DISCURSO PRONUNCIADO AL COMBATIR EL EMPRESTITO PARA EXPROPIACIONES, EN EL CONCEJO DELIBERANTE EL 16 DE ENERO DE 1933

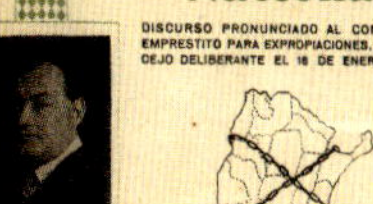

EDITADO POR EL
PARTIDO CONCENTRACION OBRERA
1933

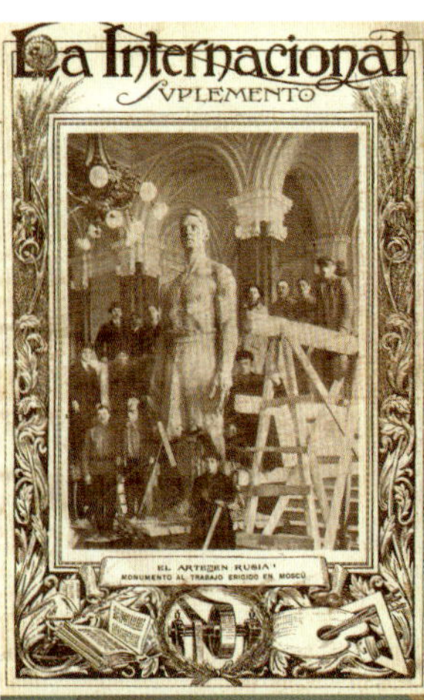

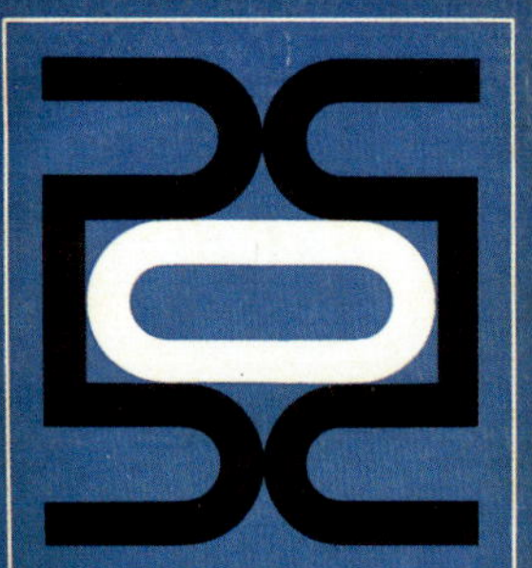

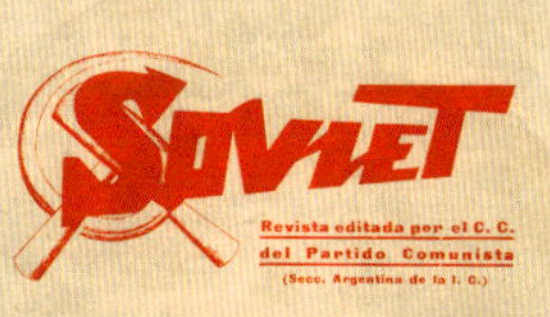

SUMARIO

1.—"Soviet" ... pág. 1
2.—Qué significa el Pacto Roca. (Rodolfo Ghioldi) ... 2
3.—Qué ha dado el Plan Quinquenal. (Stalin) ... 17
4.—La situación en Alemania ... 18
5.—El movimiento juvenil y las tareas del P. C. (César) ... 23
6.—Vida de Partido: Vistazo a los volantes y periódicos del Partido ... 28

Año I.   No. 1

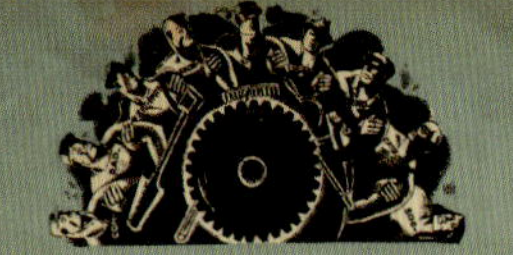

DIALÉCTICA

Revista mensual dirigida por
ANIBAL PONCE

•

MARX - Simón Bolívar.

PLEJANOV - Dialéctica y Lógica.

LUNATCHARSKY - Fantasía sobre Rimsky - Korsakov.

LUKACS - Zola y el realismo.

•

Año I - N: 1 - BUENOS AIRES - Maipú 220

MARZO 1936   Precio 0.50 cts.

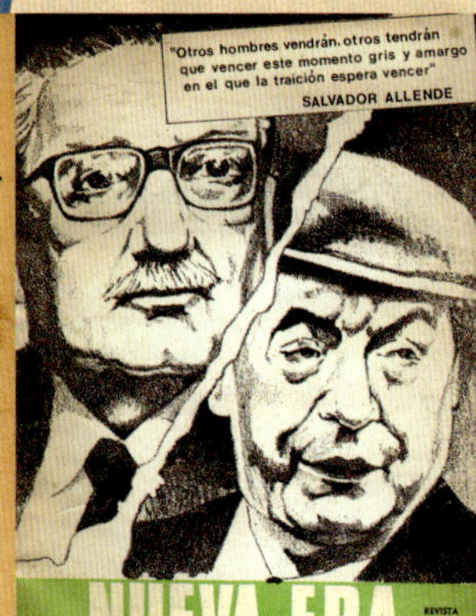

El Soldado Rojo

La Barricada

PERIODICO REVOLUCIONARIO GRATUITO

EL MARINO ROJO

Organo de la Agrupación Comunista Marítima

BANDERA ROJA

DIARIO DE LA MAÑANA

AÑO I   Buenos Aires, Noviembre de 1919   SUPLEMENTO N· 3

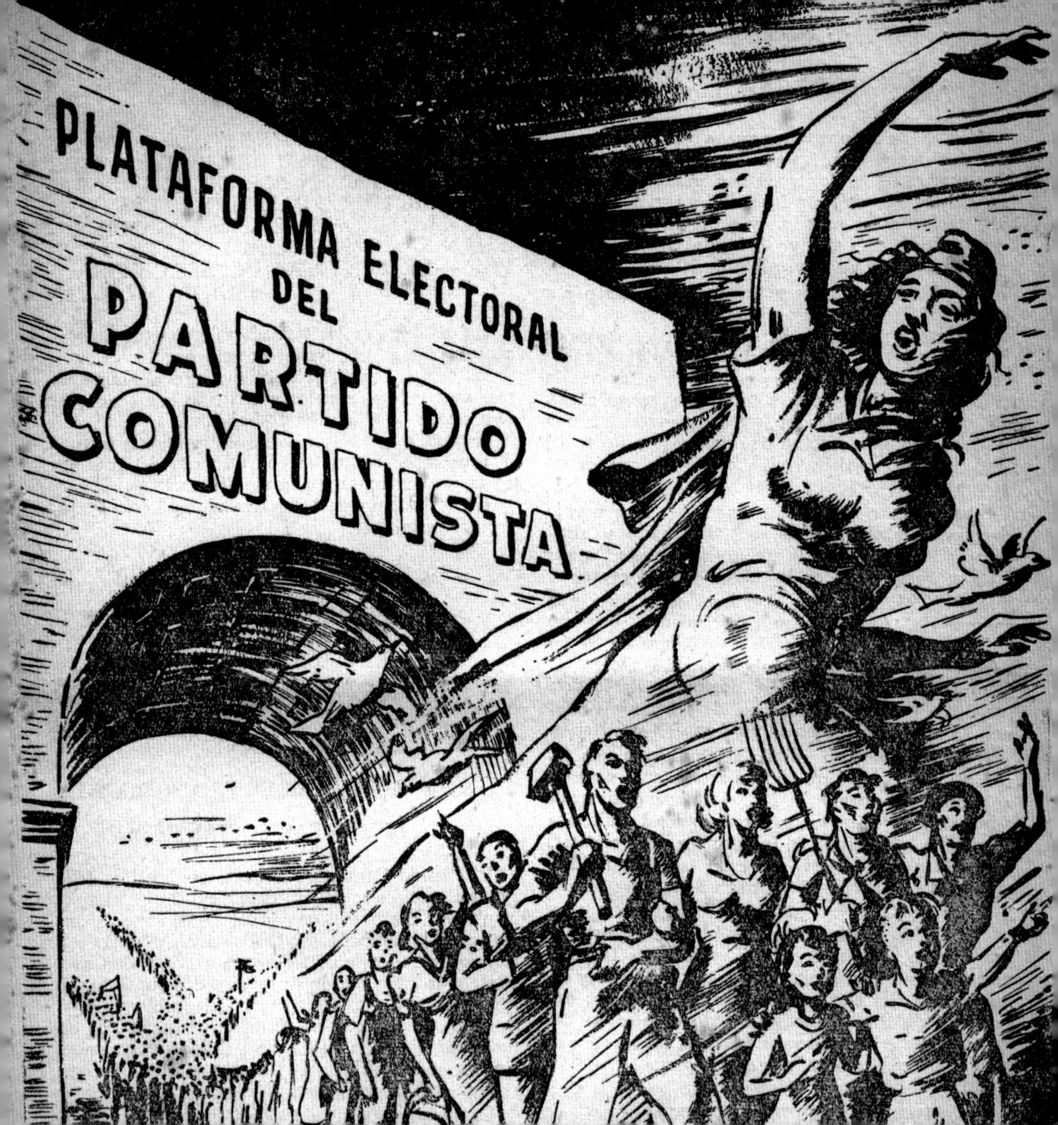

PLATAFORMA ELECTORAL
DEL
PARTIDO
COMUNISTA

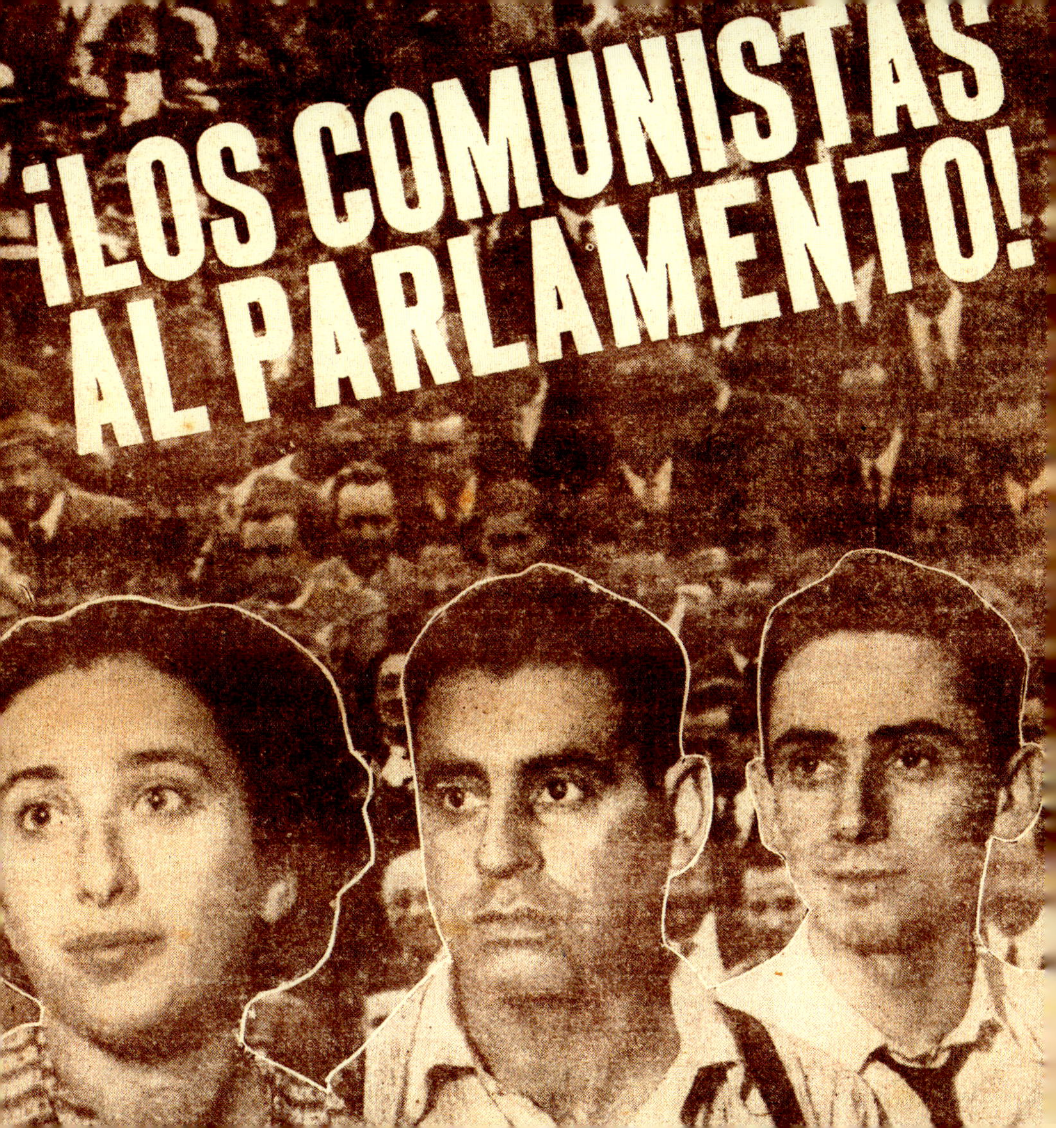

¡LOS COMUNISTAS
AL PARLAMENTO!

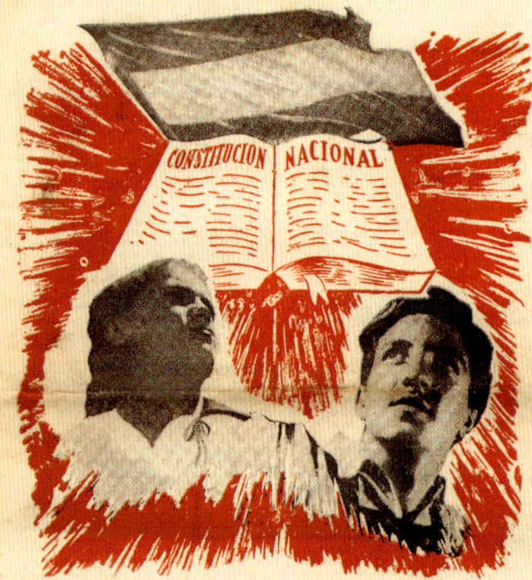

LA JUVENTUD ARGENTINA
CONSTITUCION NACIONAL
SE PRONUNCIARA POR UNA
REFORMA
CONSTITUCIONAL
ANTIOLIGARQUICA Y ANTIIMPERIALISTA

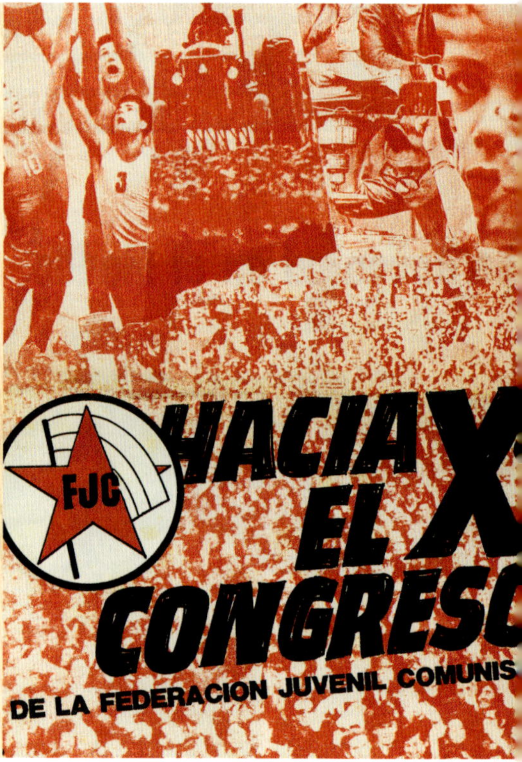

FJC
HACIA EL X CONGRESO
DE LA FEDERACION JUVENIL COMUNIS

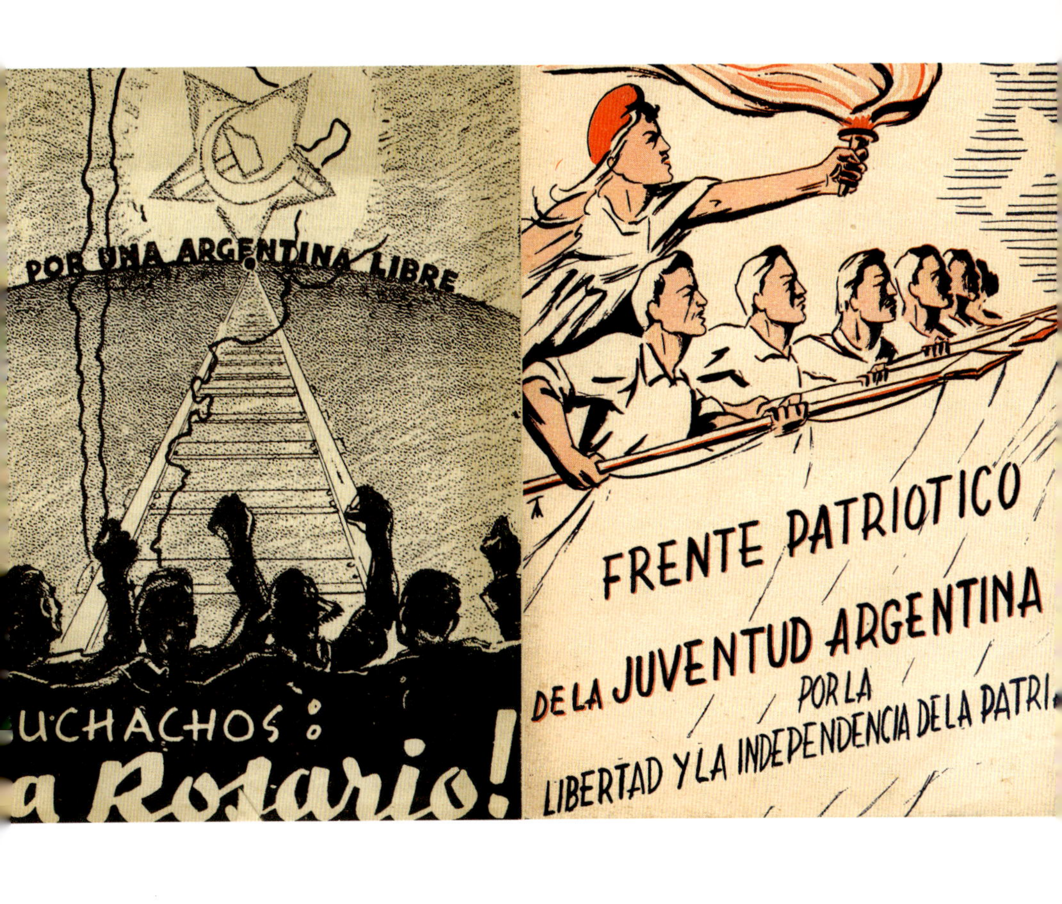
POR UNA ARGENTINA LIBRE
UCHACHOS:
a Rosario!
FRENTE PATRIOTICO
DE LA JUVENTUD ARGENTINA
POR LA
LIBERTAD Y LA INDEPENDENCIA DE LA PATRI.

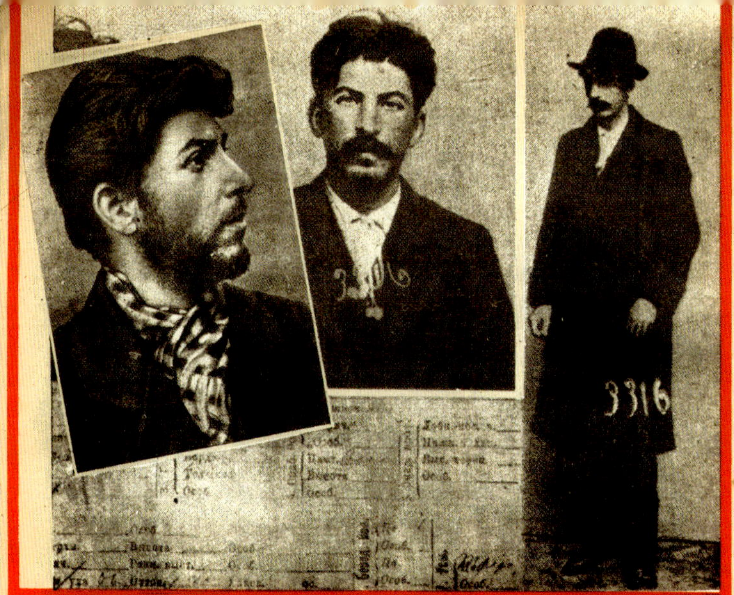

Stalin, foto tomada en 1900. Ficha de Stalin en el Departamento de Gendarmería de Bakú - 1910.

FEBRERO

DOMINGO	LUNES	MARTES	MIERCOLES	JUEVES	VIERNES	SABADO
			1	2	3	4
5	6	7	8	9	10	11
12	13	14	15	16	17	18
19	20	21	22	23	24	25
26	27	28				

- 2 de febrero de 1943: *Victoria de Stalingrado.*
- 20 de febrero de 1851: *Derrota de Rosas en Caseros.*

Josế Stalin ingresó formalmente al Partido Obrero Socialdemócrata de Rusia (P. O. S. D. R.) más tarde bolchevique, en agosto de 1898. "Recuerdo el año 1898 —dice— cuando por primera vez me enviaron a dirigir un círculo obrero de los talleres ferroviarios.

...Aquí, en medio de esos camaradas recibí entonces mi primer bautismo de fuego revolucionario.

...Mis primeros maestros, fueron los obreros de Tiflis".

En el transcurso de pocos años, durante los cuales defiende consecuentemente el leninismo, organiza incansablemente el Partido de la clase obrera y se encuentra invariablemente, pese a numerosos encarcelamientos, torturas y deportaciones, al frente de las luchas reivindicativas de los obreros de Transcaucasia, llega a ser miembro dirigente de la Unión del Cáucaso del P. O. S. D. R. y en tal calidad, dirige en Transcaucasia las acciones revolucionarias de 1905.

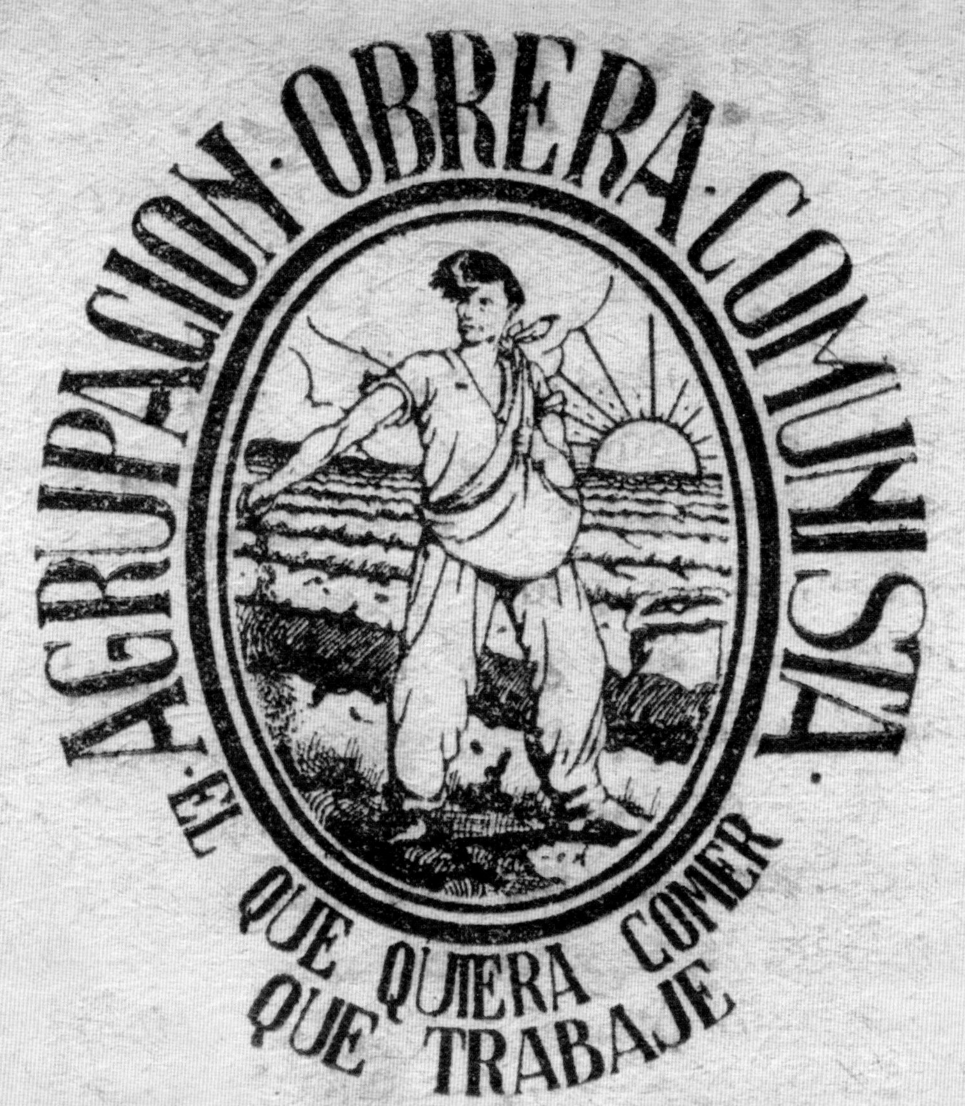
AGRUPACION · OBRERA · COMUNISTA
· EL QUE QUIERA COMER QUE TRABAJE ·

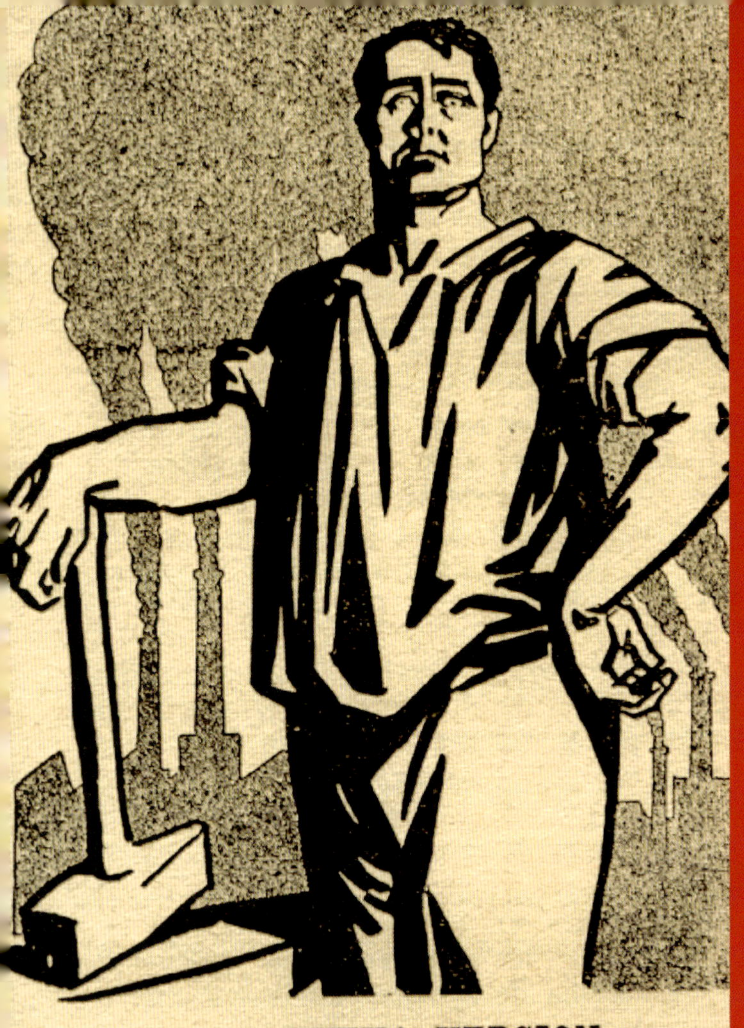

NUEVA VERSION

El obrero: El Estado soy yo

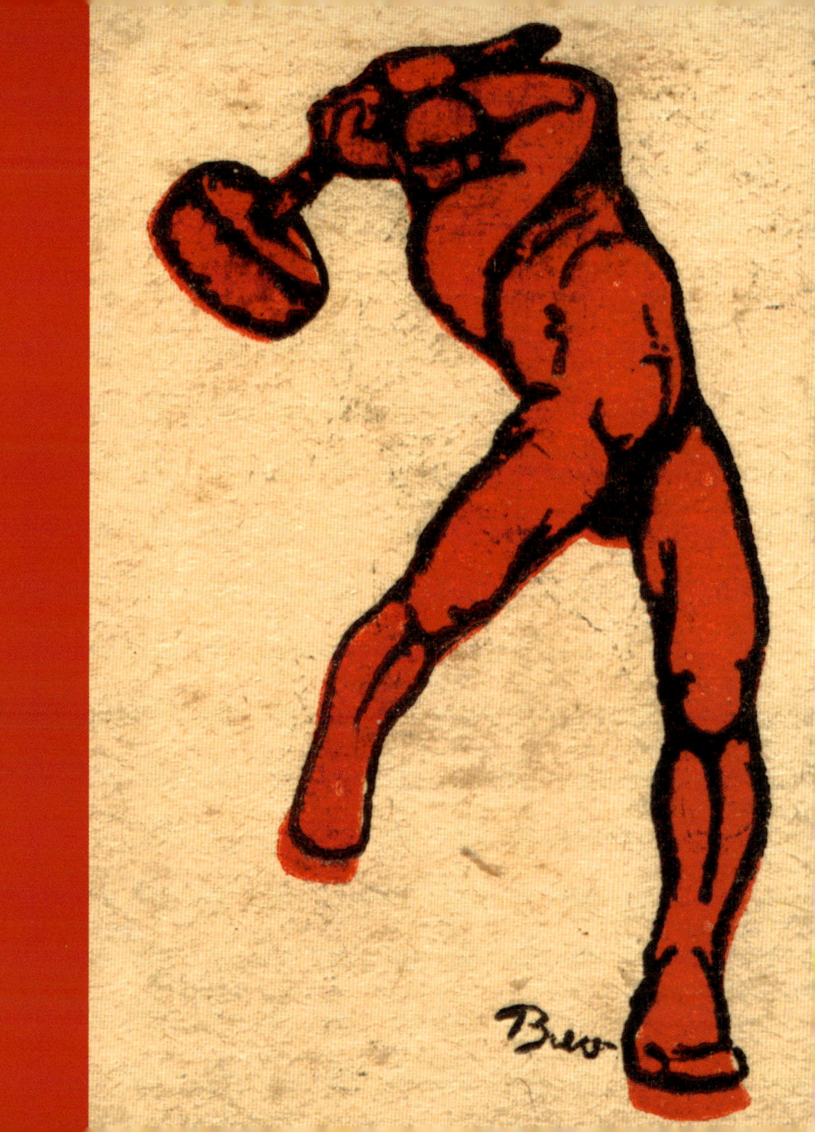

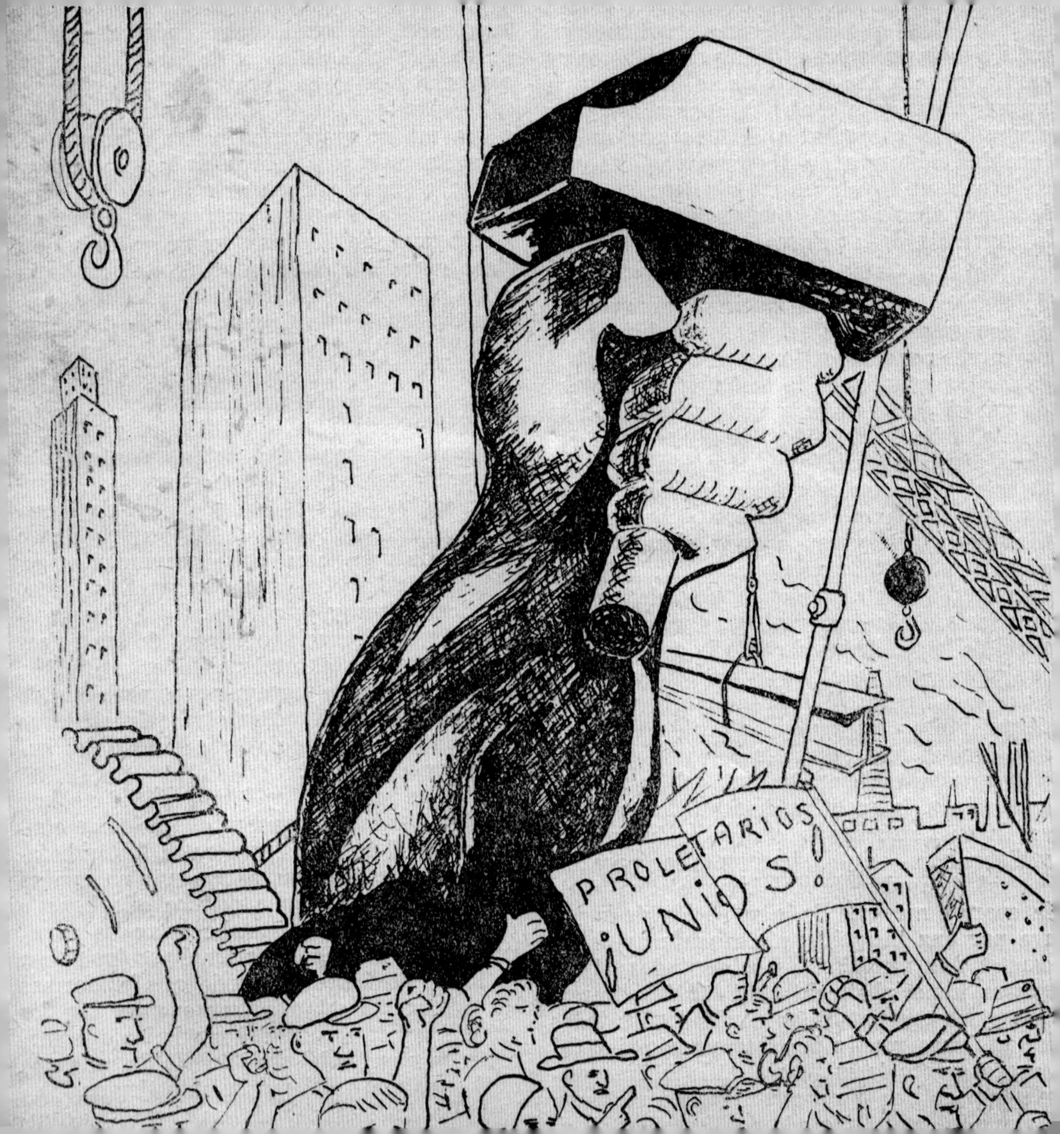
PROLETARIOS
¡UNIDOS!

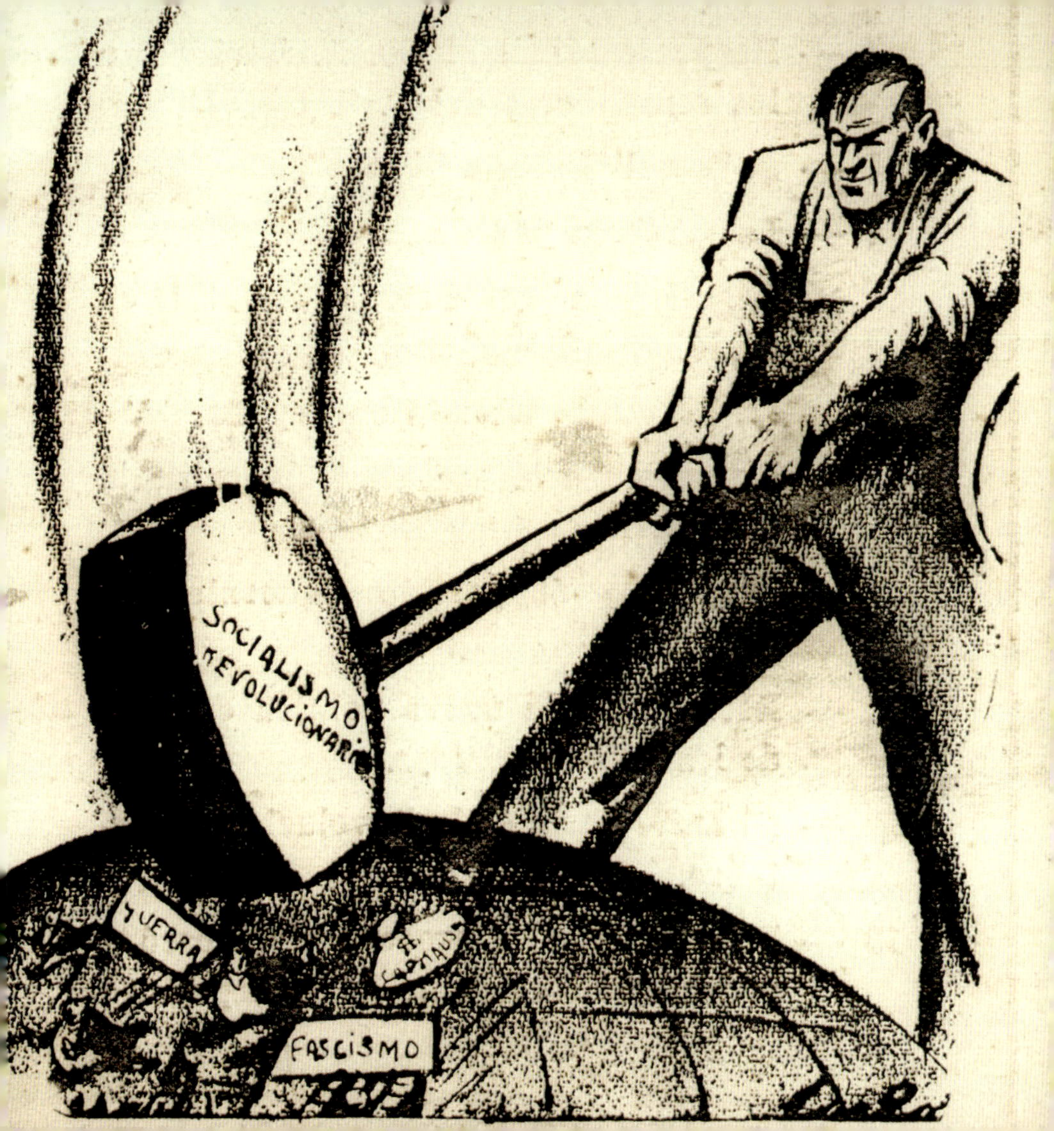

SOCIALISMO REVOLUCIONARIO
GUERRA
FASCISMO

MIENTRAS JUEGAN A LA OPOSICION AL GOBIERNO LOS LACAYOS HACEN LA POLITICA DEL IMPERIALISMO

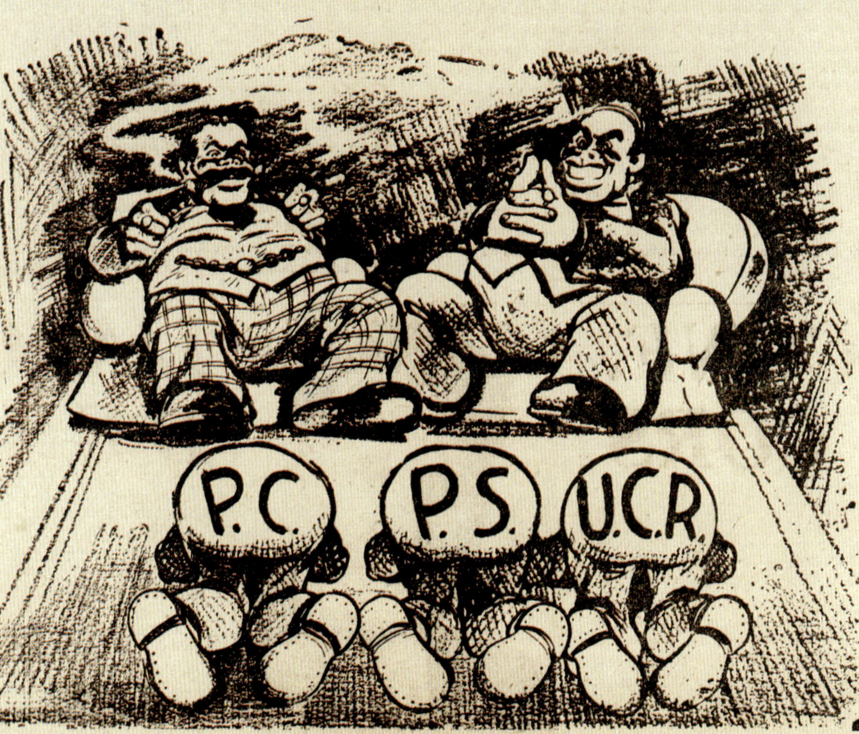

LOS TRES LACAYOS DEL IMPERIALISMO ANGLOYANQUI

De la Concordancia mejor es no hablar. Hasta que cualquiera de los dos bandos imperialistas acceda a las exigencias de las burguesía vacuna que la Concordancia representa, seguirá con la pantomima de la política "neutralista".

"Defender a la URSS como primera fortaleza del proletariado
internacional, contra todos los
asaltos del imperialismo mundial
y de la contrarrevolución interna.
es el deber más importante de todo
obrero con conciencia de clase".

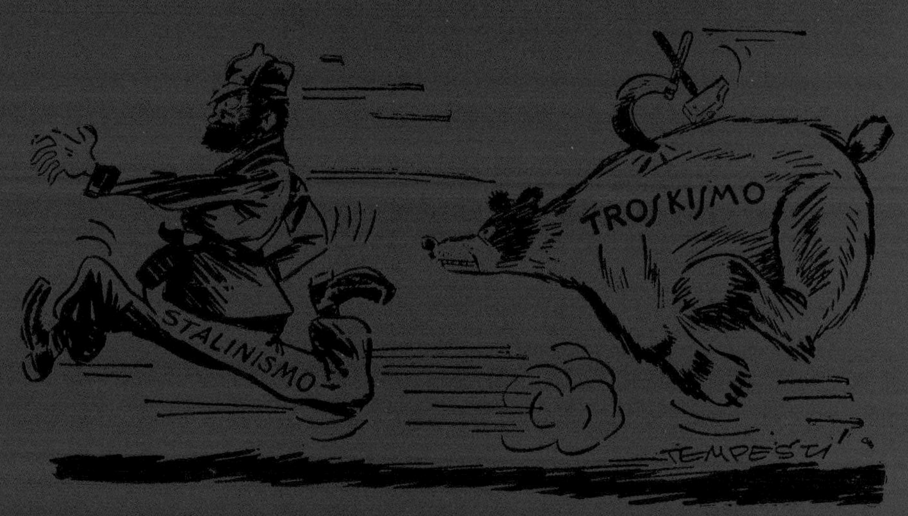

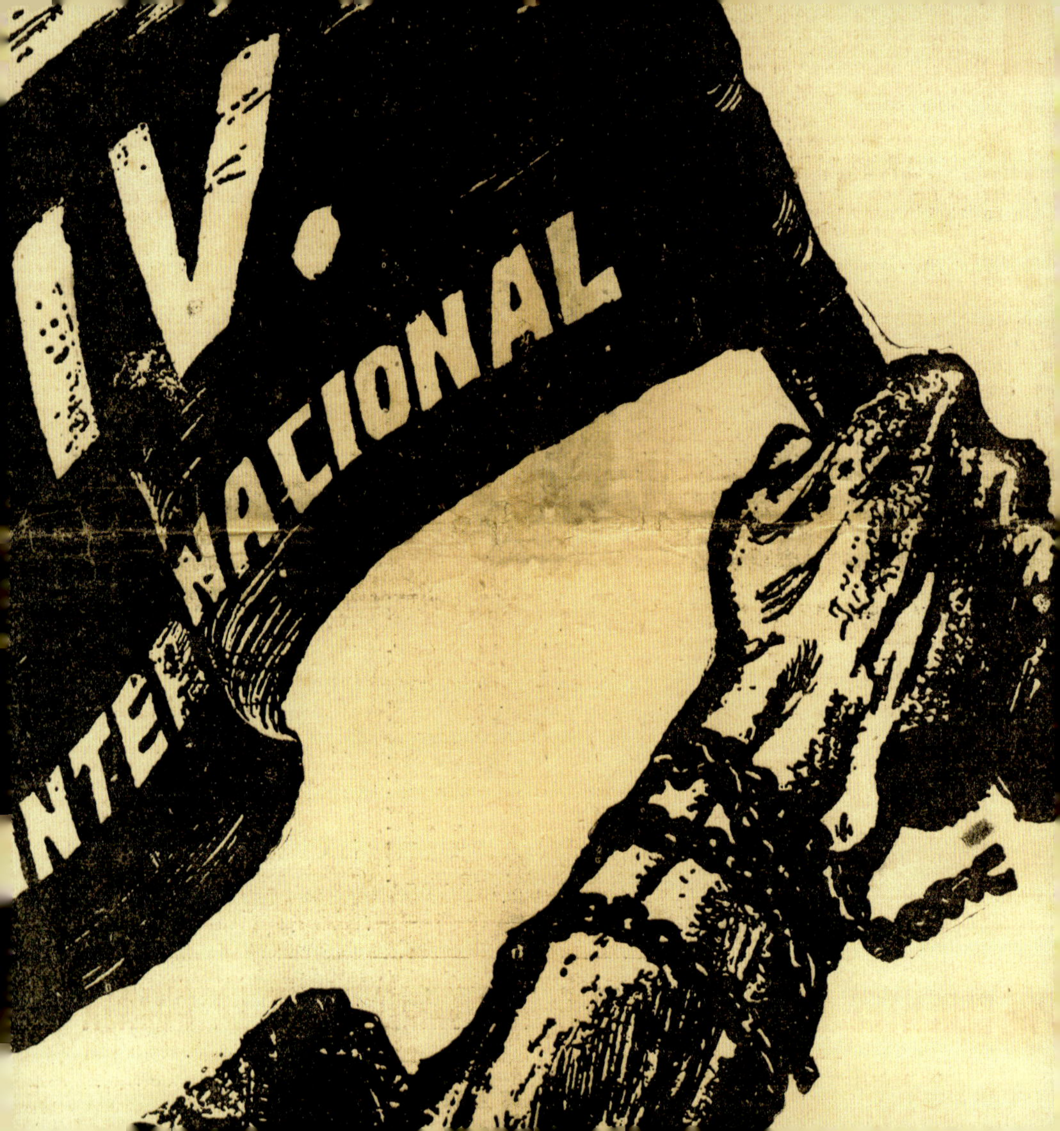
IV.
INTERNACIONAL

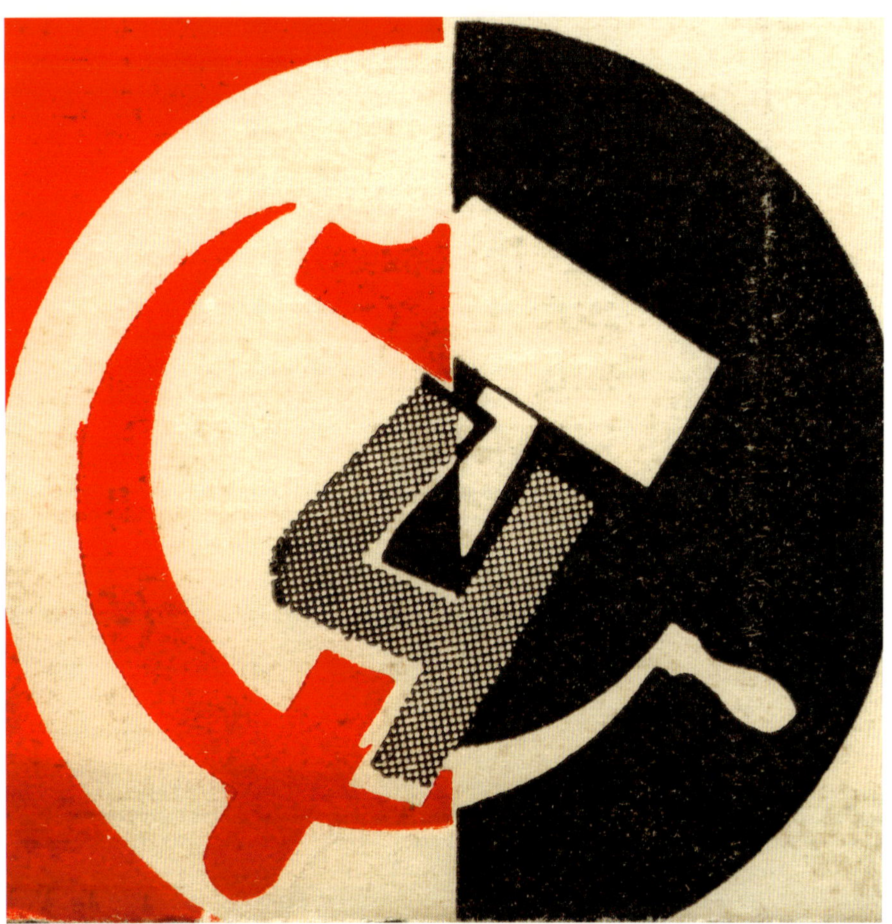

EL MILITANTE

Nº. 4 - 2a. Epoca   •   18 DE ABRIL DE 1956   •   Organo Oficial de la U.O.R. (Unión Obrera Revolucionaria) Trotskista

CONVENIOS sin representación obrera (ver pág. 4)

LOS TROTSKISTAS
Ante la "Liquidación" de Stalin

Ya no queda ninguna duda de que el curso "antistalinista" realizado por la buro- nistas, los que flexibilizan su táctica, dejan de lado por completo su antigua posición

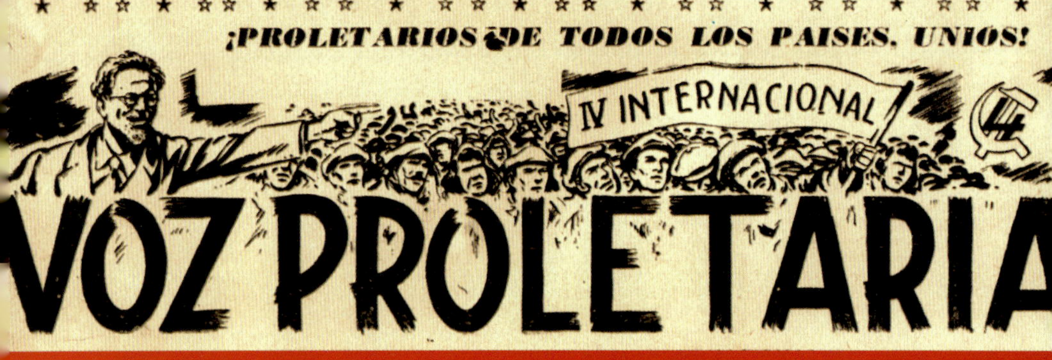

L FUSIL EN EL HOMBRO DEL BRERO ES LA UNICA GARANTIA E LA DEMOCRACIA. - LENIN.

FRENTE OBRERO

LUCHA OBRERA

ANTES "LA NUEVA INTERNACIONAL"

ORGANO DE LA LIGA OBRERA REVOLUCIONARIA (4.a Internacional)

BUENOS AIRES, Mayo de 1941

El Proletario

I - N° 9   Buenos Aires, 26 de Julio de 1958

INICIAL

PIQUETE

POR UN PARTIDO OBRERO MARXISTA Y POR LA CUARTA INTERNACIONAL

Buenos Aires, Noviembre de 1937

COMPAÑE

Lea y haga circ
esta hoja

PRECIO: 0.05

OCTUBRE

¡PROLETARIOS DE TODOS LOS PAISES, UNÍOS!

LA NUEVA INTERNACIONAL

Organo del Grupo Obrero Revolucionario. — 4ª. Internacional — (Partido Mundial de la Revolución Socialista)

AÑO II — No. 8   BUENOS AIRES, JUNIO DE 1940   0,10

Nuevo Curso

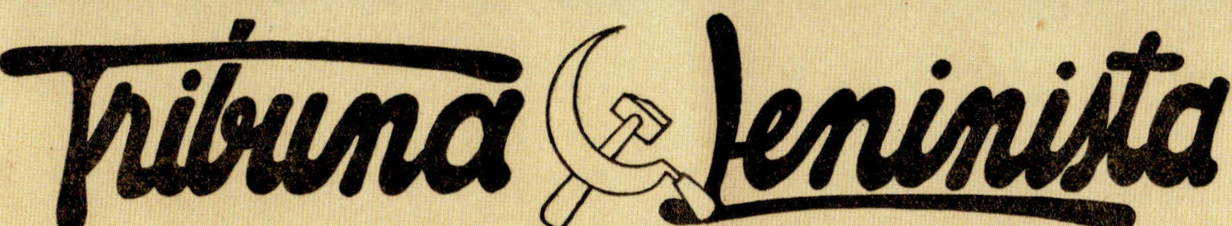

DICIEMBRE 1.º DE 1938
0.10
Tribuna Leninista
ÓRGANO OFICIAL DE LA LIGA COMUNISTA INTERNACIONALISTA - BOLCHEVIQUE - LENINIST

...nario del
...TIDO SOCIALISTA
...ENTINO (Secretaría Coral)
...CCIÓN:
...ermo Daza
...es Alfredo Méndez
... Aníbal Tesoro
...mayo 366 – Capital Federal
...22-7609
... I – Nº 1
...coles 1º de marzo de 1972
...0 – m/n 50

avanzada socialista

ZQUIERDA
Organo de Afiliados, para Afiliados del Partido Socialista Obrero
Año I   Buenos Aires, AGOSTO de 1938   No.

nueva etapa
Organo de la Liga Comunista (Oposición de izquierda internacional)

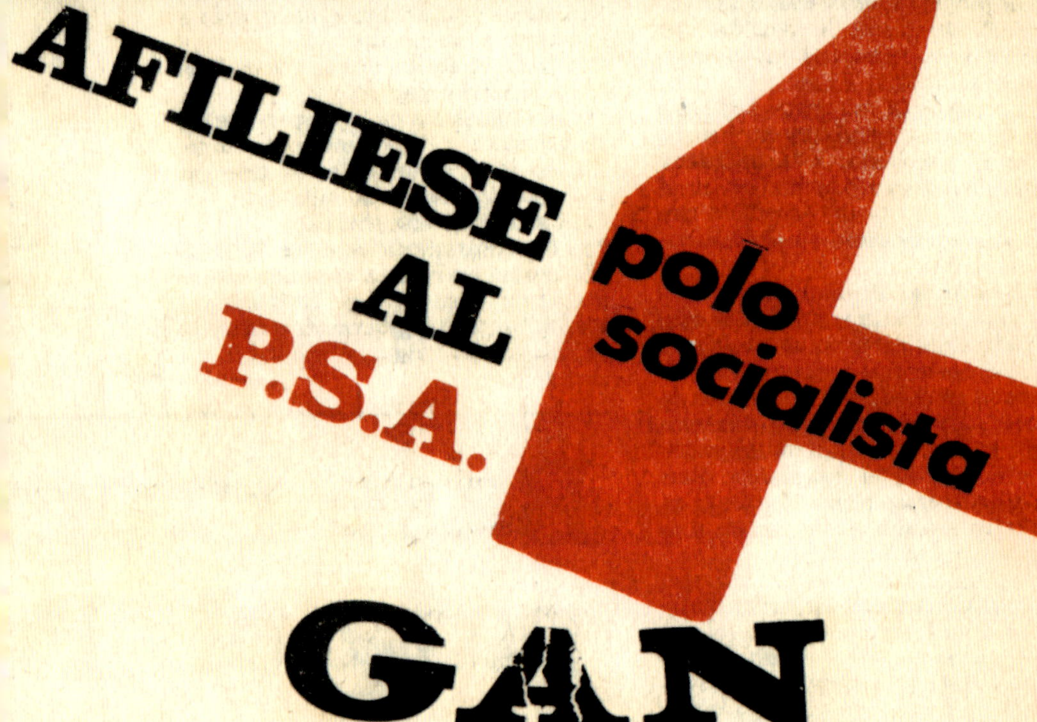

AFILIESE
AL
P.S.A.
polo
socialista
GAN

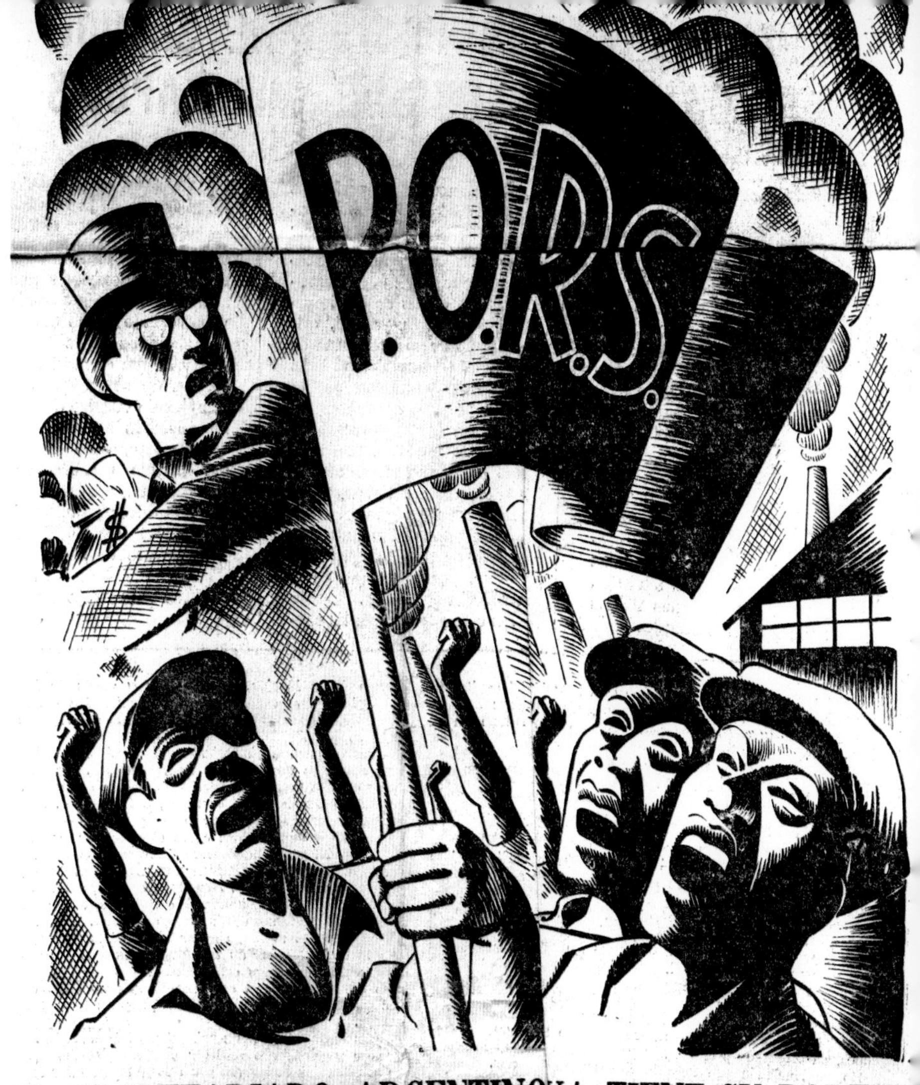

P.O.R.S.
EL PROLETARIADO ARGENTINO YA TIENE SU PARTIDO

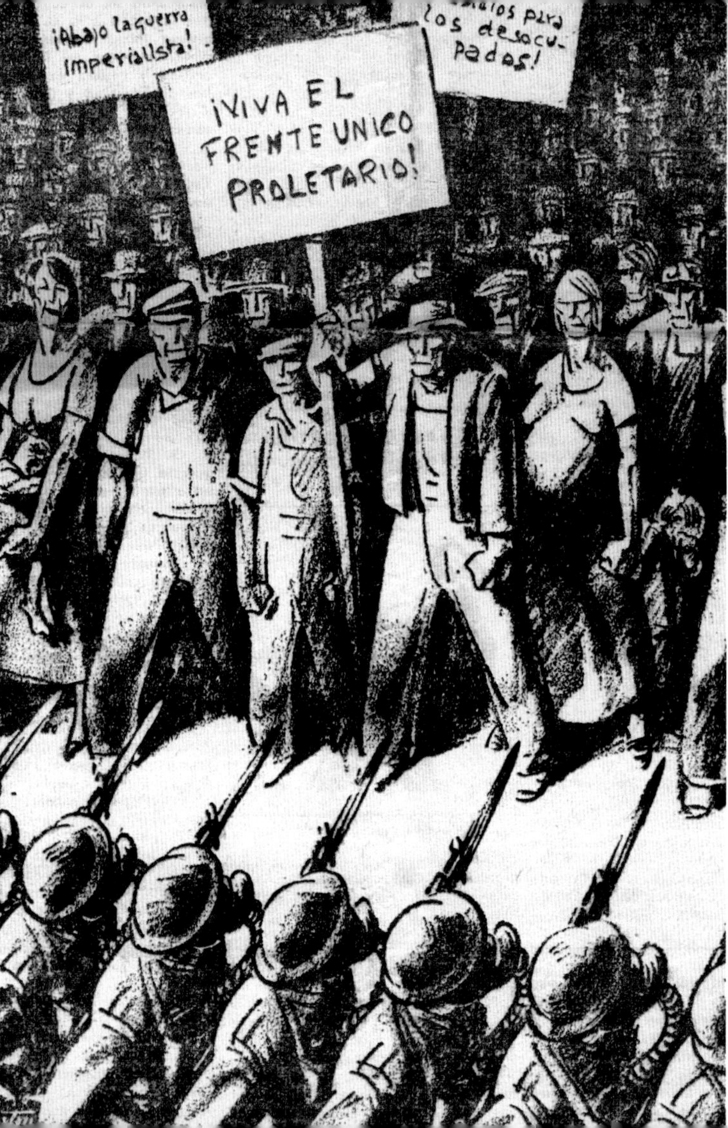

¡Abajo la guerra imperialista!
¡Viva el frente único proletario!
...los para los desocupados!

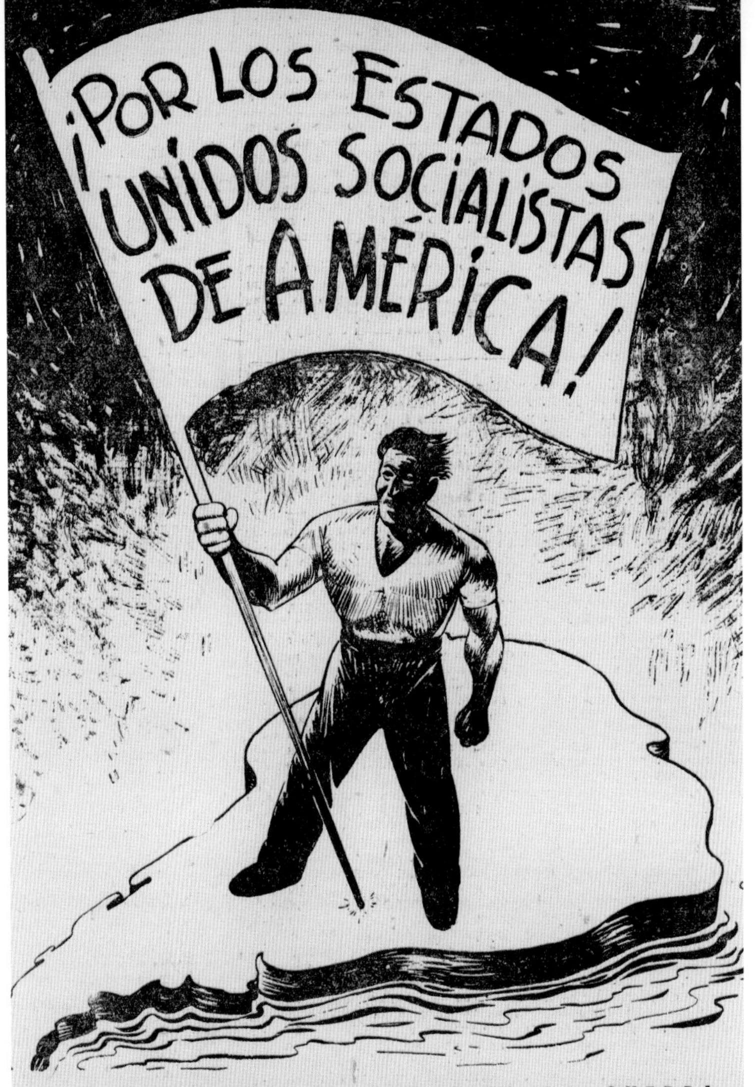

¡POR LOS ESTADOS UNIDOS SOCIALISTAS DE AMÉRICA!
EL UNICO CAMINO QUE IMPEDIRA LA GUERRA

Izquierda

REVOLUCION
y Contrarrevolución en la Argentina
por JORGE ABELARDO RAMOS

El Vaticano, Aliado del Imperialismo
por ALBERTO CONVERTI

El Social-Imperialista Juan B. Justo y sus Discípulos
por JUAN CARLOS TREJO

La Crisis Histórica del Radicalismo
por J. E. SPILIMBERGO

América Latina es Una Nación
por ERNESTO B. PACHECO

AGOSTO DE 1955
Año 1 — Buenos Aires
1
Redacción y Administración:
AUSTRIA 2156

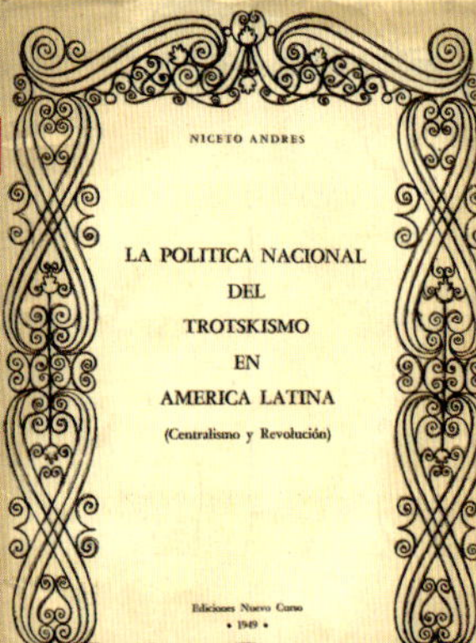

NICETO ANDRES

LA POLITICA NACIONAL

DEL

TROTSKISMO

EN

AMERICA LATINA

(Centralismo y Revolución)

Ediciones Nuevo Curso
• 1949 •

Política

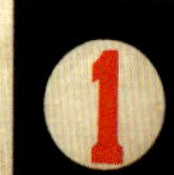

Frondizi: Las Contradicciones de un Pequeño Burgués en la Política Burguesa
por Jorge Enea Spilimbergo

CLERICALISMO, SIONISMO Y ENSEÑANZA LIBRE
por Ernesto B. Pacheco

De Stalin a Kruschev
por Niceto Andrés

LA HISTORIA POLITICA DEL EJERCITO
por JORGE ABELARDO RAMOS

TRES REVOLUCIONES
1930, 1943, 1955

Nueva Unión Democrática contra el Movimiento Obrero

Revista de la Prensa

AÑO 1 - Nº 1 - MIERCOLES 5 DE OCTUBRE DE 1955
APARECE EL 1° Y 3° MIERCOLES DE CADA MES
1

CUADERNOS DEL SOCIALISMO NACIONAL LATINOAMERICANO REVOLUCIONARIO

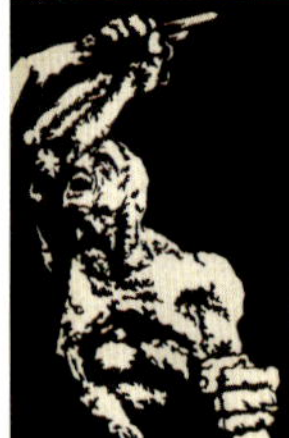
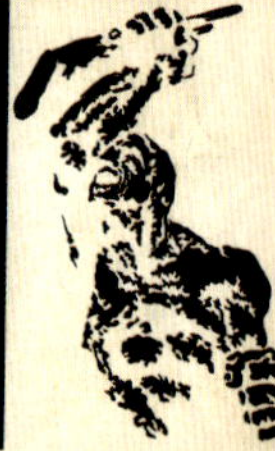

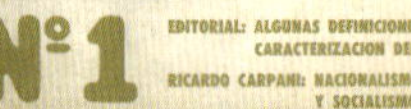

Nº 1

EDITORIAL: ALGUNAS DEFINICIONES PARA UNA CARACTERIZACION DEL PERONISMO.

RICARDO CARPANI: NACIONALISMO, PERONISMO Y SOCIALISMO NACIONAL

Buenos Aires / Año XIV / Nº 43 / Febrero 1976 / 60 pesos

izquierda nacional
revista mensual
director: jorge abelardo ramos
tribuna del socialismo revolucionario

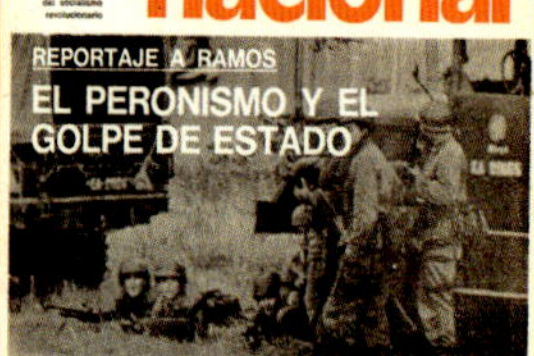

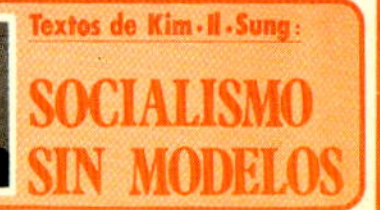

POLÍTICA OBRERA

POR LA REVOLUCION NACIONAL — POR LA UNIDAD DE AMERICA LATINA

Enrique Rivera

Por qué cayó Perón?

En el sumario:

★ EL MOVIMIENTO OBRERO. BALANCE Y PERSPECTIVAS

★ BASES NACIONALES PARA NUESTRO DESARROLLO INDUSTRIAL

OCTUBRE - NOVIEMBRE 1957
3
Director: JOSE I. GORRIZO
Independencia 251 - Bs. Aires

Izquierda Nacional

Izquierda REVOLUCION

RGANO ARGENTINO DE ESCLARECIMIENTO POLITIC

DICIEMBRE 1955

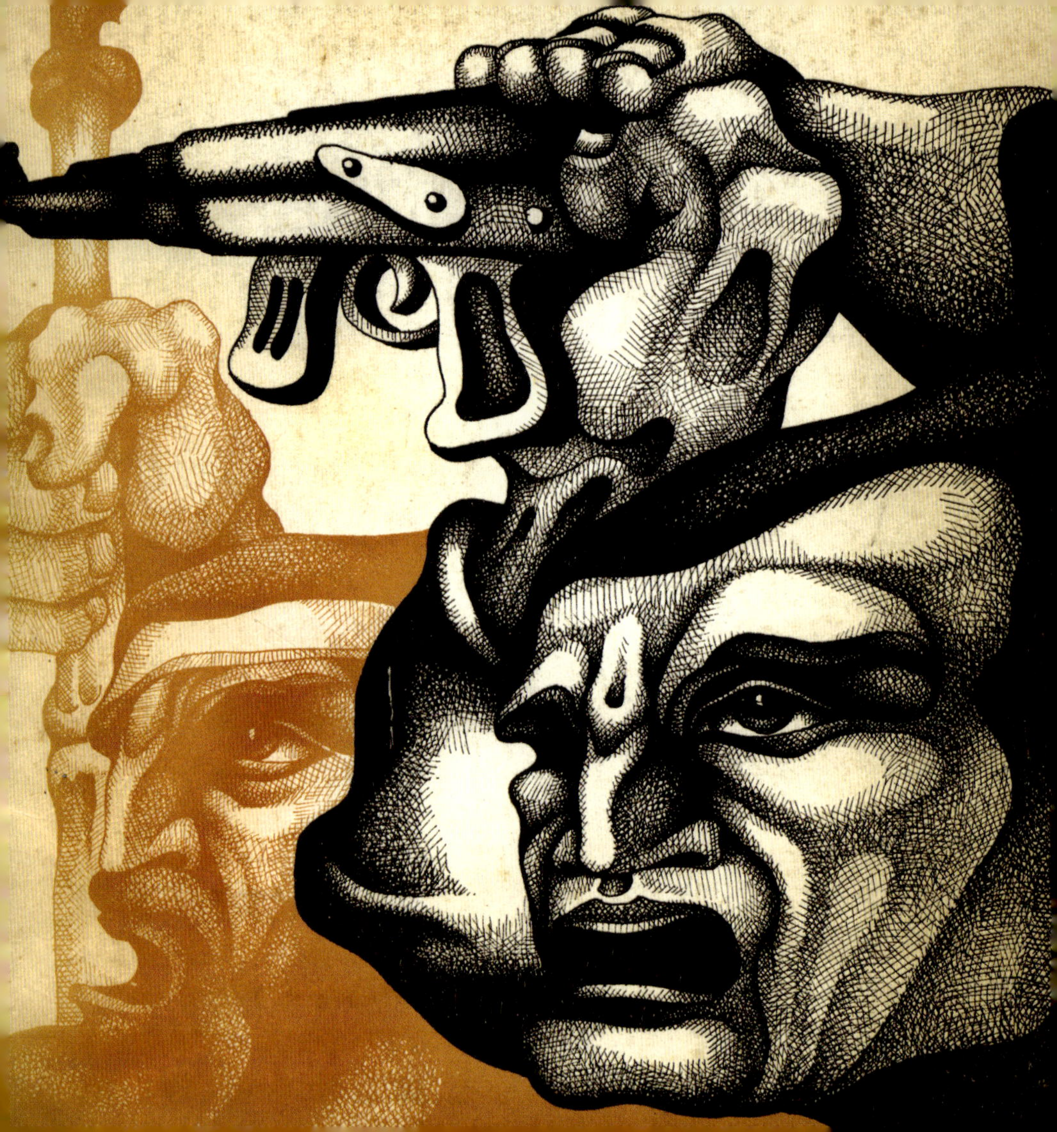

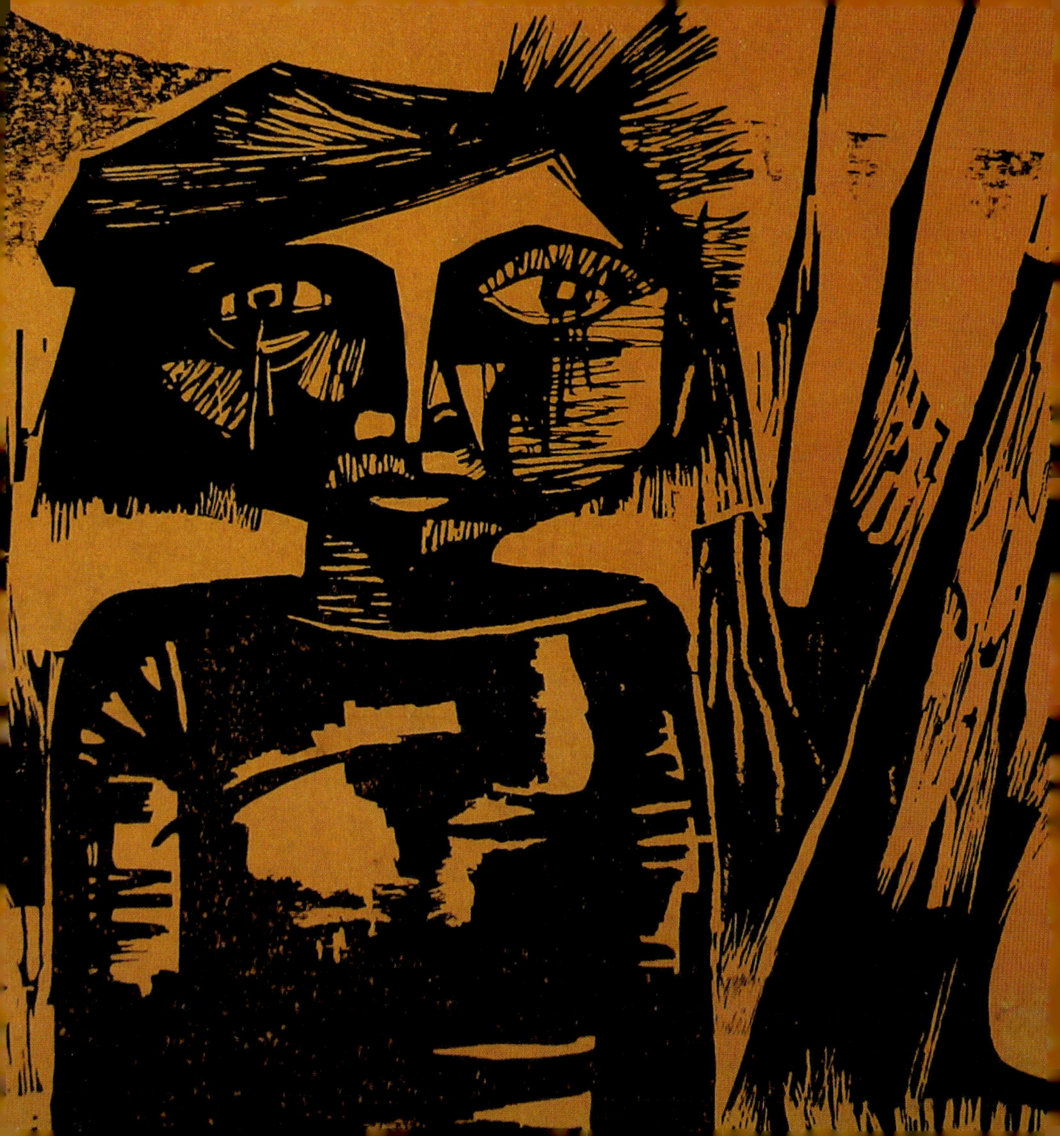

CULTURA CHINA

AÑO I — 1954 — Nº 1

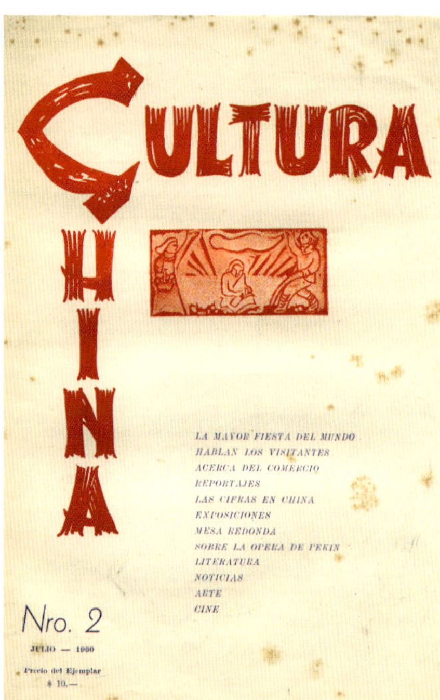

CULTURA CHINA

Nro. 2

JULIO — 1960

Precio del Ejemplar
$ 10.—

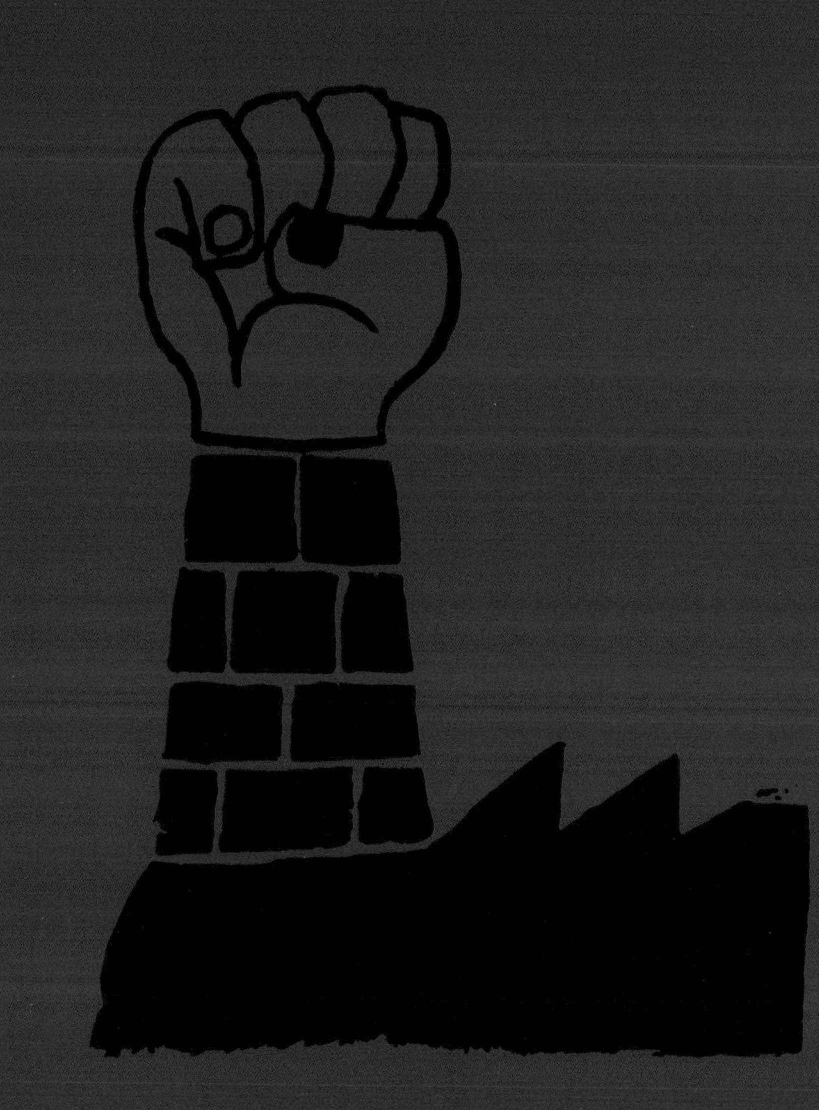

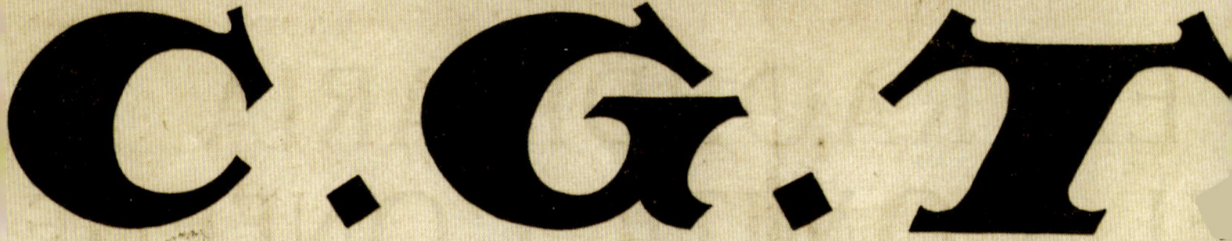

ACION

UNION SINDICAL

PERIODICO QUINCENAL DE LA UNION SINDICAL ARGENTINA

Año I   BUENOS AIRES, Septiembre 23 de 1938   No.

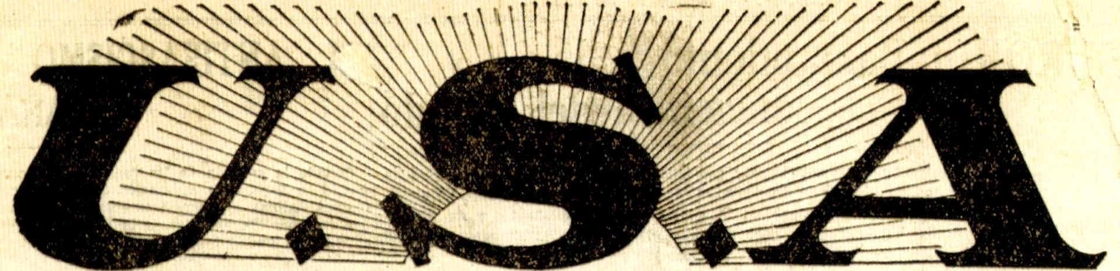

N A | EDITORIAL

CGT DE LOS ARGENTINOS

a rosa blindada

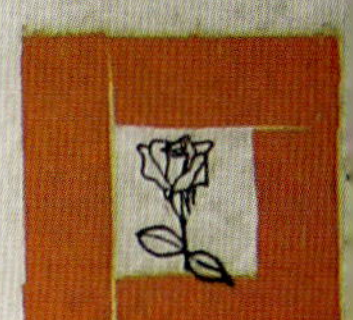

POSICION

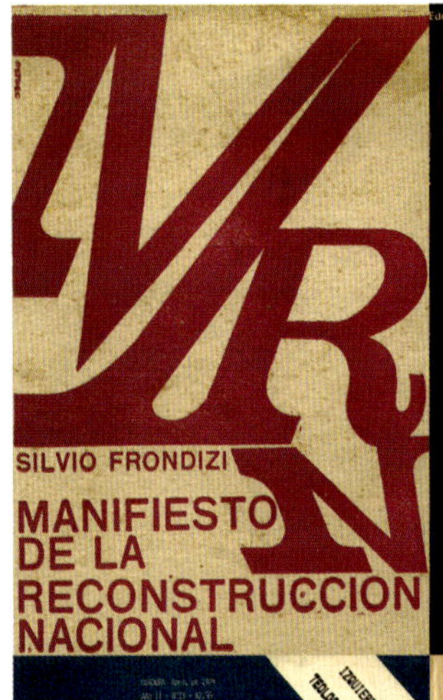

MVR
SILVIO FRONDIZI
MANIFIESTO DE LA RECONSTRUCCION NACIONAL

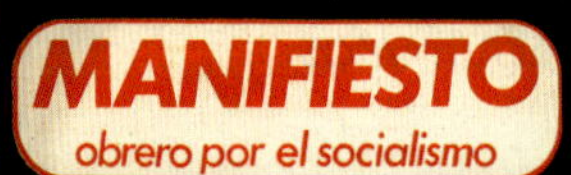

Editado por ORIENTACION SOCIALISTA, M.A.S. 29 y ESPARTACO
$15
MANIFIESTO
obrero por el socialismo
SUBA QUIEN SUBA
CONTINUA
LA LUCHA

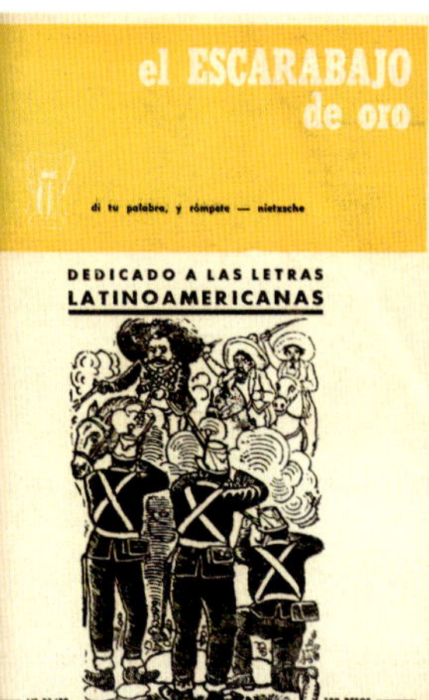

el ESCARABAJO
de oro
di tu palabra, y rómpete — nietzsche
DEDICADO A LAS LETRAS LATINOAMERICANAS
Nº 31/32
100 PESOS

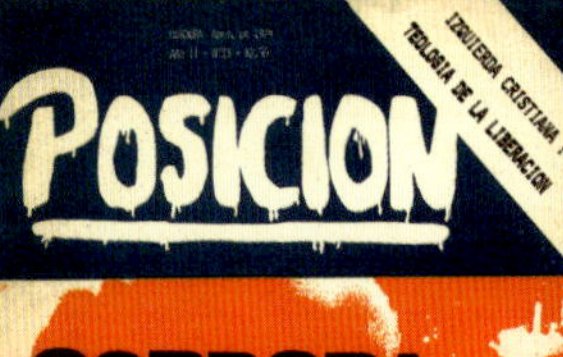

POSICION
IZQUIERDA CRISTIANA
TEOLOGIA DE LA LIBERACION
CORDOBA EN GUERRA CONTRA EL FASCISMO
CARTA DEL VIEJO PEDRO A LAS BASES PERONISTAS
suplemento

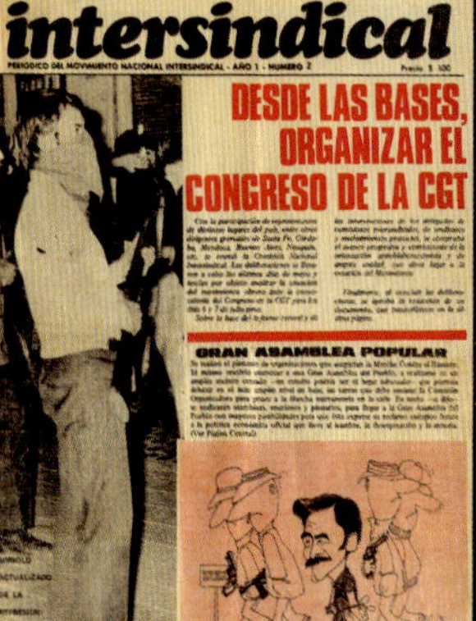

intersindical
PERIODICO DEL MOVIMIENTO NACIONAL INTERSINDICAL · AÑO 1 · NUMERO 2
DESDE LAS BASES, ORGANIZAR EL CONGRESO DE LA CGT
GRAN ASAMBLEA POPULAR

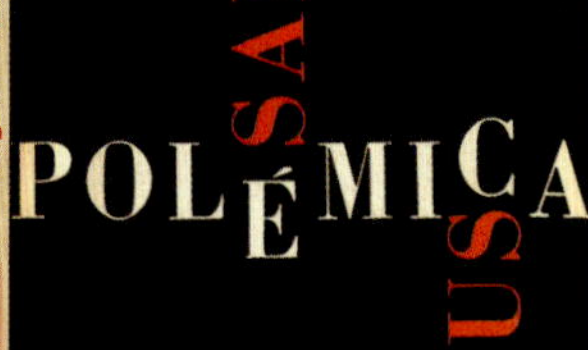

POLÉMICA SARTRE CAMUS
revista EL ESCARABAJO DE ORO

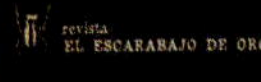

SV

socialismo de vanguardia

revista de tesis
política del partido
socialista argentino
de vanguardia

1

setiembre de 1963

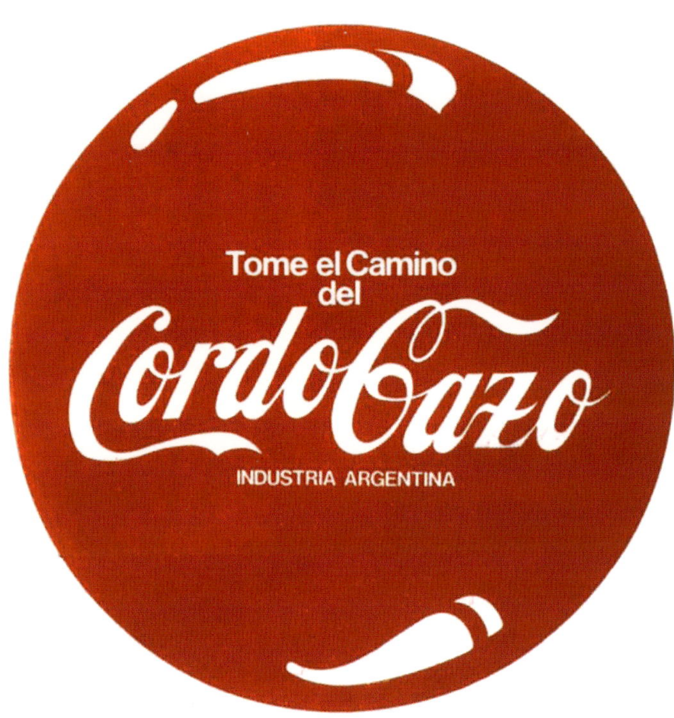

Tome el Camino
del
CordoCazo
INDUSTRIA ARGENTINA

El Escarabajo de Oro

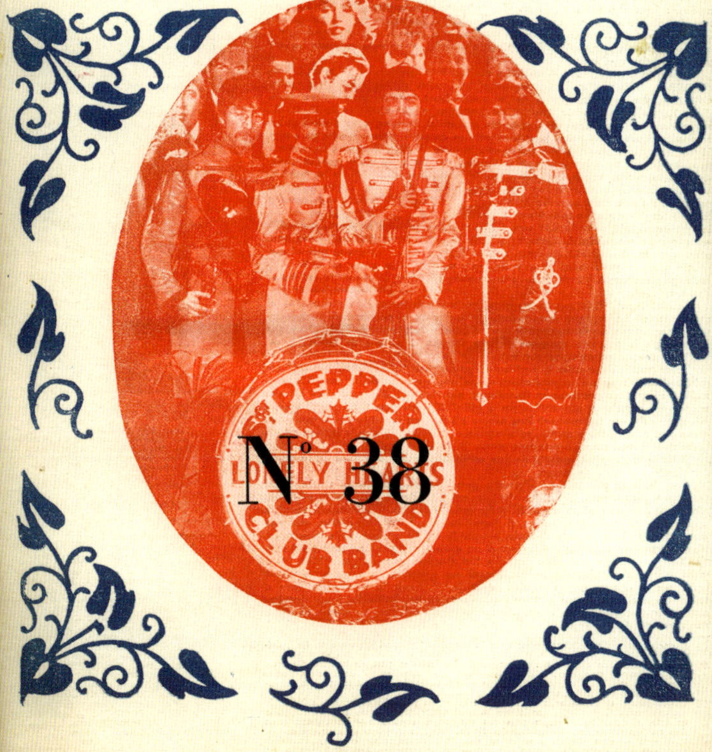

Nº 38

Di tu palabra y rómpete

sacco y vanzetti

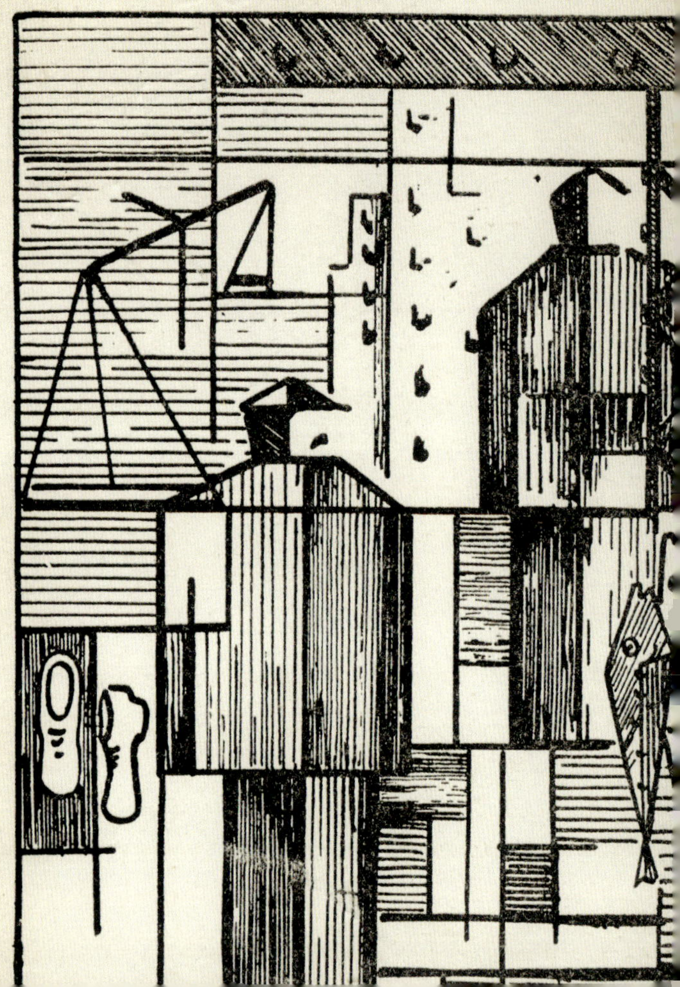

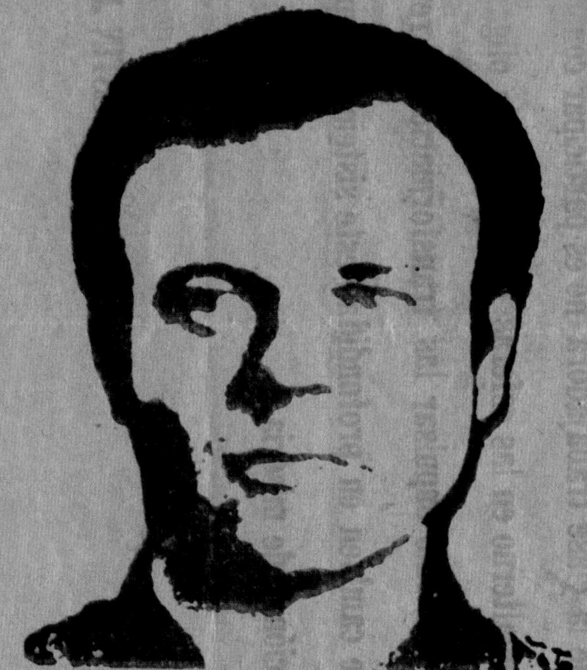

LIBERTAD
TOSCO
Y DEMAS PRESOS SOCIALES

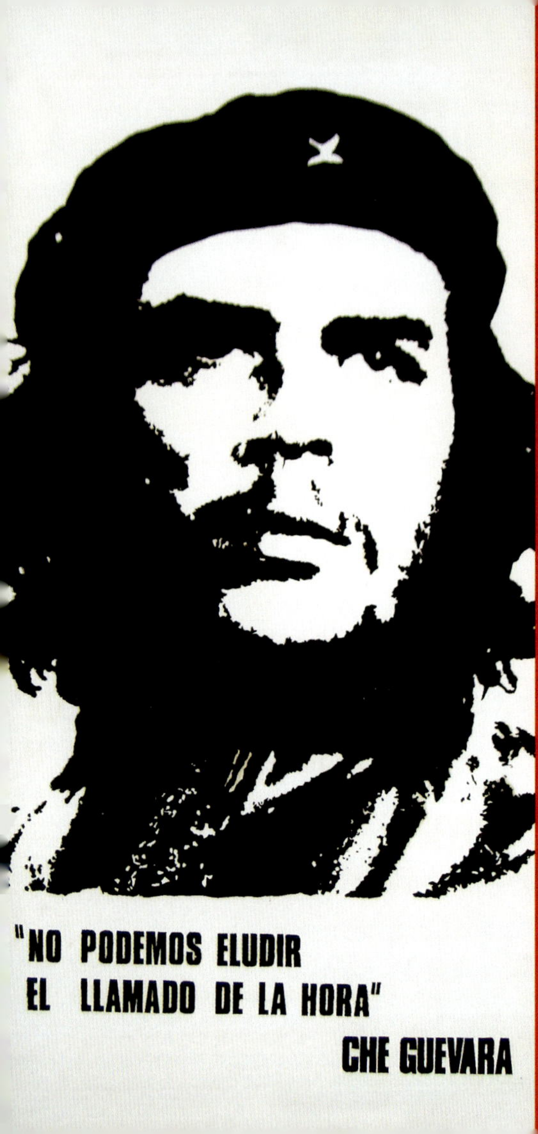

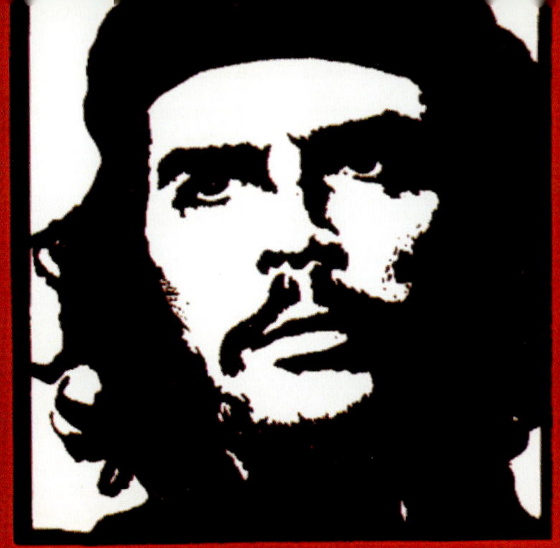

"NO PODEMOS ELUDIR
EL LLAMADO DE LA HORA"
CHE GUEVARA
UN GUERRILLERO NO 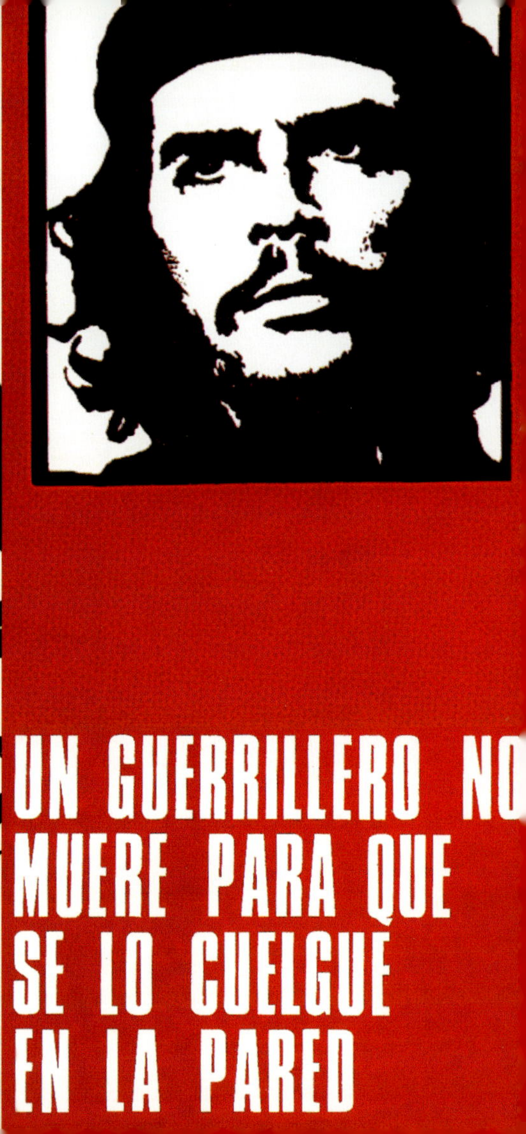
MUERE PARA QUE
SE LO CUELGUE
EN LA PARED

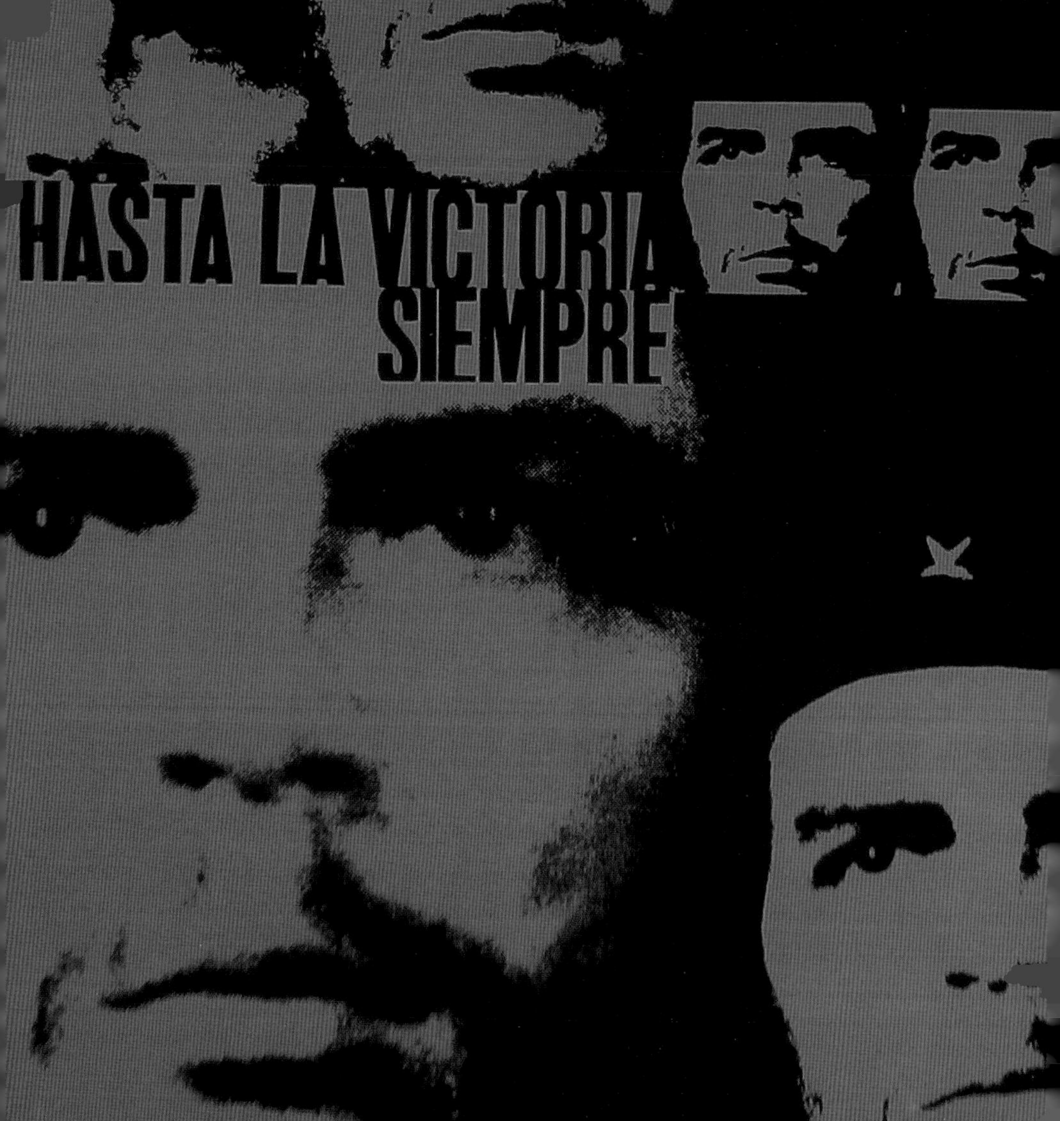

HASTA LA VICTORIA
SIEMPRE

CHE

EL PERONISMO POR DENTRO.
habla el Padre Hernán Benítez

Frente a frente: Isabel Sarli y Beatriz Guido

LA UNIVERSIDAD CON
DOLOR DE MUELAS

CHE

PRIMICIA EN BUENOS AIR
el artículo que prohibió De Ga
"MATO PORQUE SOY COBAR

¿PORQUE RENGUEA EL CINE NACION.
reportaje a Fernand

EL GOLPE NUESTRO DE CADA

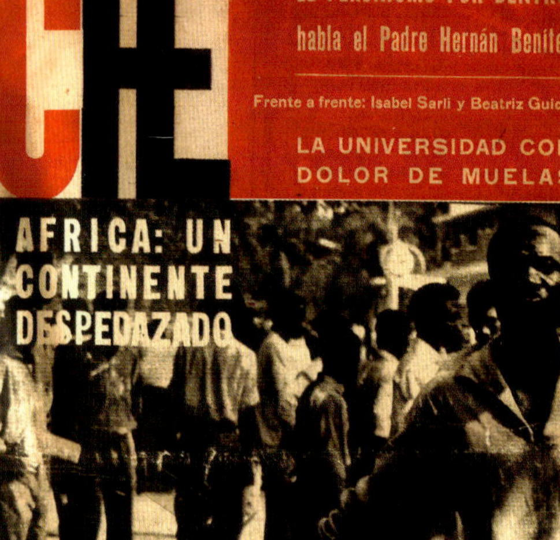

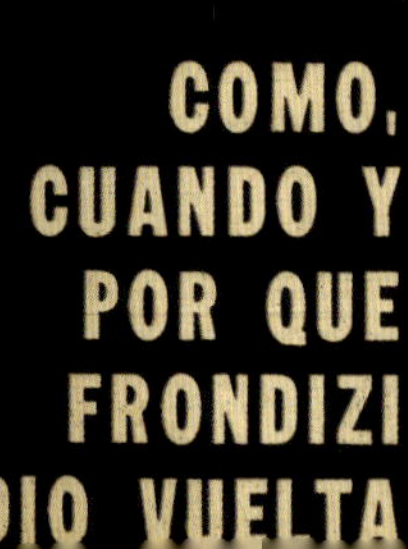

CHE

EN ESTE NUMERO:
¿DERROTAN A CARDOSO LOS OBREROS DE LA CARNE?
LA VERDAD SOBRE LA SITUACION DE BERLIN
UNA VILLA MISERIA A DOS MINUTOS DE LA CASA ROSADA

CUANDO FRONDIZI VA A MIS...
FRENTE A FRENTE
SILVINA BULLRICH
Y TITA MERELLO
HOY, DE GAULLE ES EL PASAD...

Gobierno Pruebas del Complot
LA PRENSA
dióse Más Documentación
ada de la Embajada de Cuba
se pormenores de los planes castristas
gentina, denunciados anteayer en Miami
FALSOS!
Complot Castrista: Pide
EL MU...
CONSIDERA EL P.E.
AS NOTAS CUBANAS
UACION DE
UPA MUCHO"

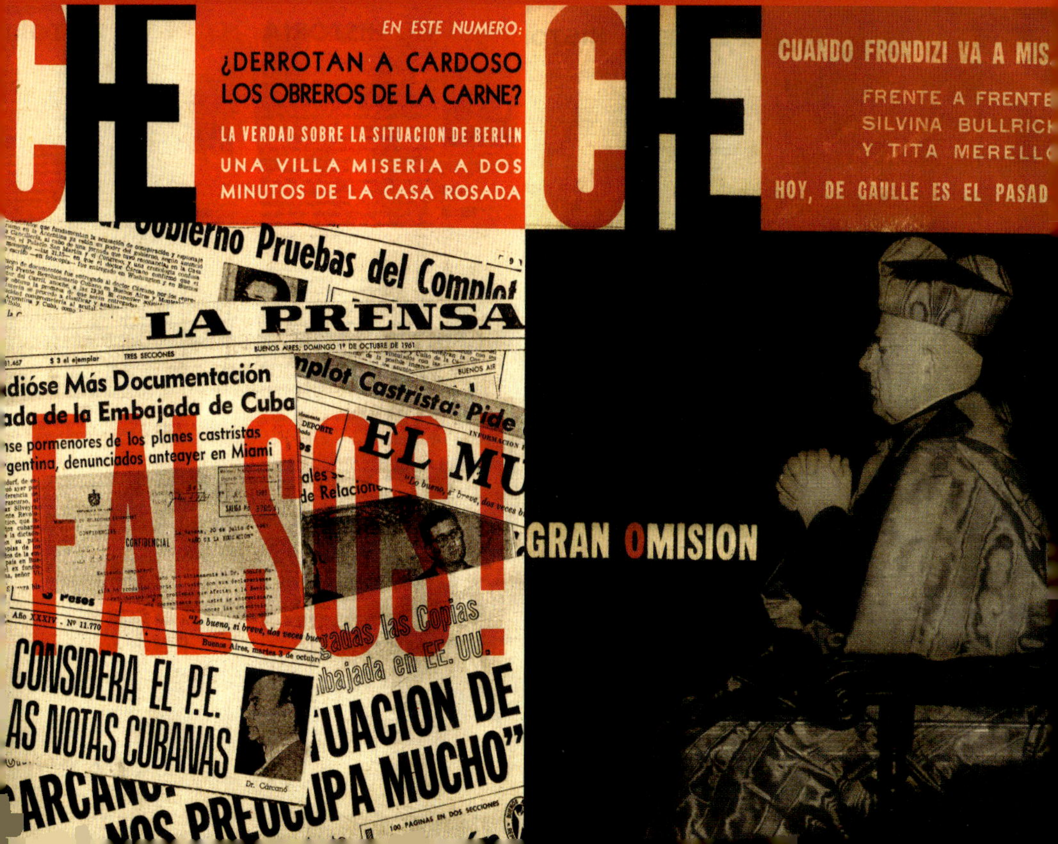

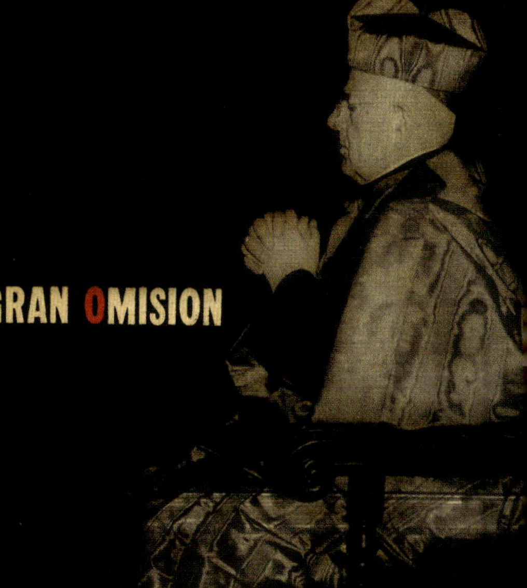

GRAN OMISION

LOS SINDICATOS

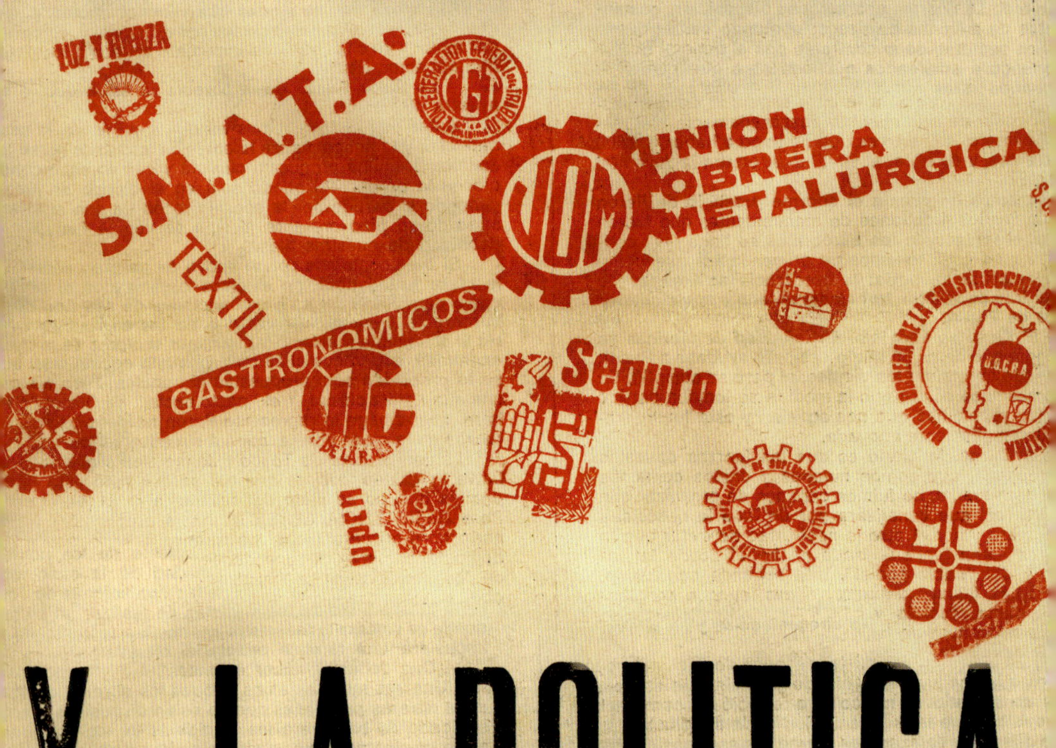

Y LA POLITICA

nueva izquierda

actuar para conocer, conocer para actuar

COMBATE SOCIALISTA

...PO OBRERO REVOLUCIONARIO ▓ ORGANIZACION SIMPATIZANTE DE LA IV I...

LA VERDAD OBRERA

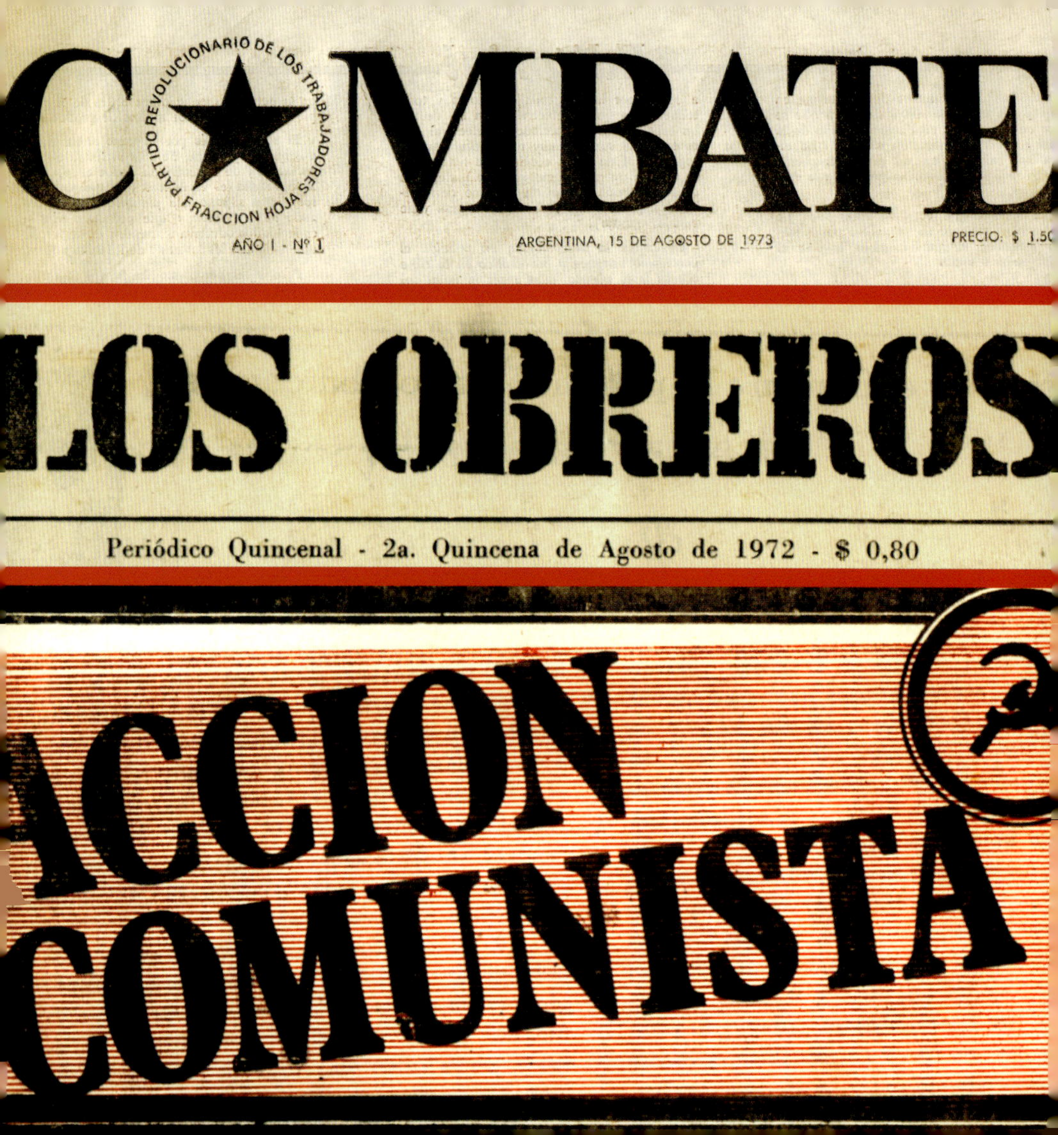

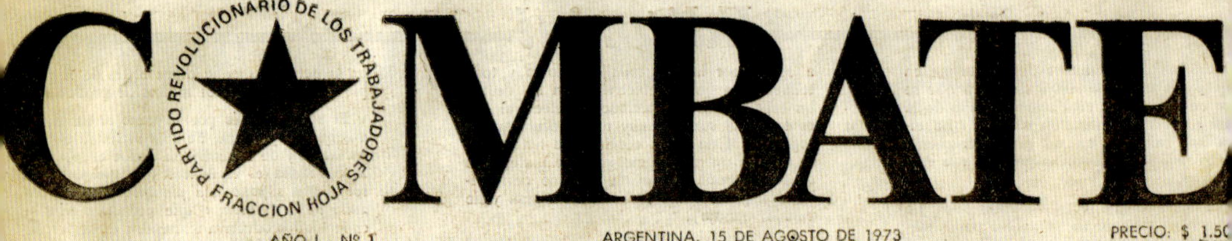
C★MBATE
PARTIDO REVOLUCIONARIO DE LOS TRABAJADORES
FRACCION HOJA
AÑO I - Nº 1
ARGENTINA, 15 DE AGOSTO DE 1973
PRECIO: $ 1,50
LOS OBREROS
Periódico Quincenal - 2a. Quincena de Agosto de 1972 - $ 0,80
ACCION COMUNISTA

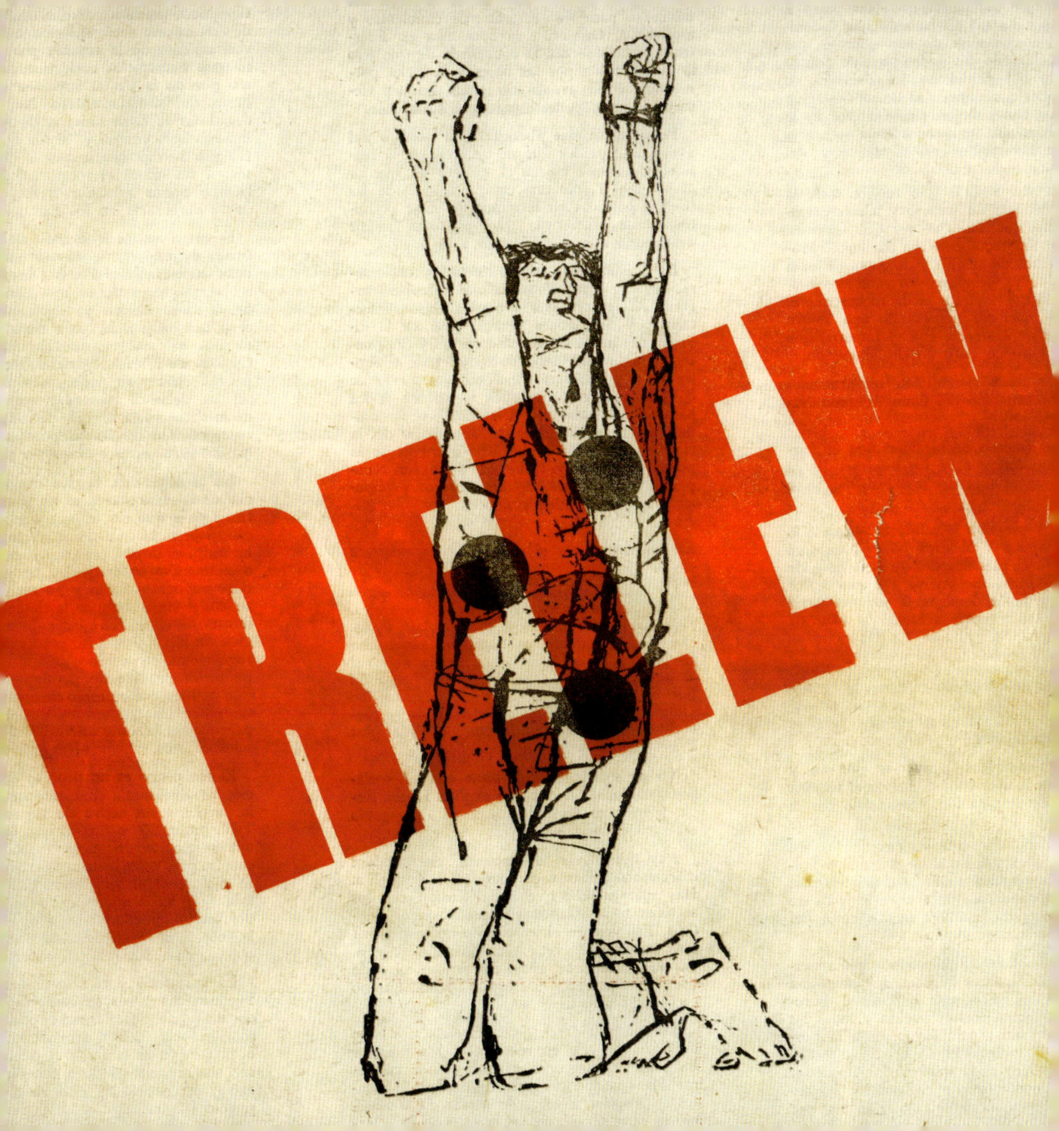

TRELEW

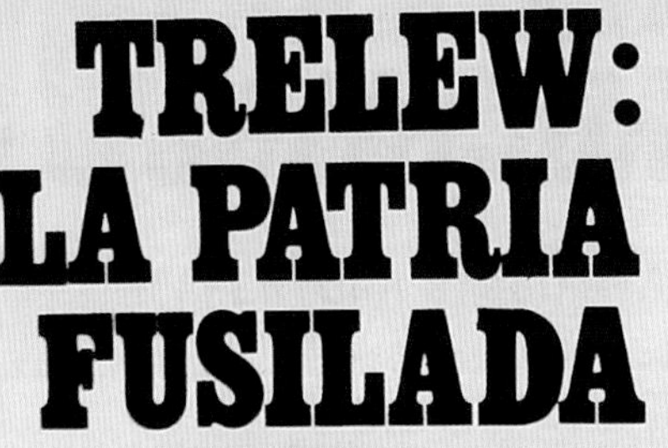

TRELEW:
LA PATRIA
FUSILADA
22 DE AGOSTO DE 1972

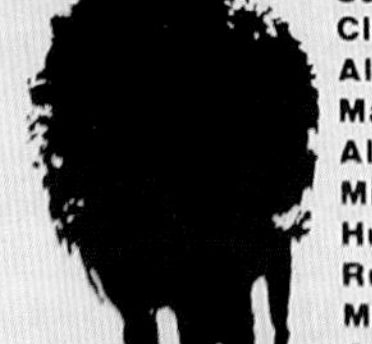

Susana Lesgart
Clarisa Lea Place
Alfredo Kohon
Mario Delfino
Alberto Del Rey
Miguel Angel Polti
Humberto Toschi
Ruben Pedro Bonet
María Angelica Sabelli
Ana María de Santucho
Alejandro J. Ulla
Humberto Suarez
José Ricardo Mena
Mariano Pujadas
Carlos Astudillo
Eduardo Capello

22 DE FEBRERO DE 1973
LA SANGRE DERRAMADA
NO SERA NEGOCIADA

Perdonar es Transar
Olvidar es Traicionar

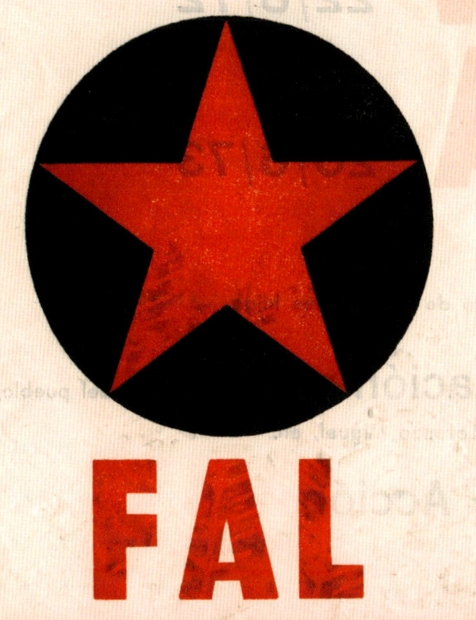

TRELEW
EZEIZA

22/8/72

20/6/73

La Patria Asesinada

y el pueblo herido exigen justicia por el asesinato de sus mejores hijos

Movilización y Organización contra los enemigos del pueblo,

contra los Carcagno, Osinde, López Rega, Rucci, Lorenzo Miguel, etc.

Sólo con la Unidad de Acción

del pueblo y los revolucionarios se ejercerá la

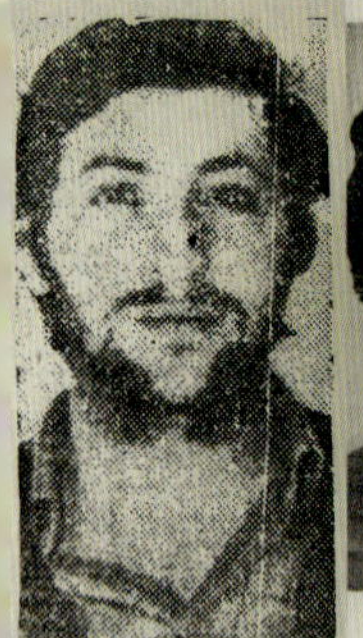

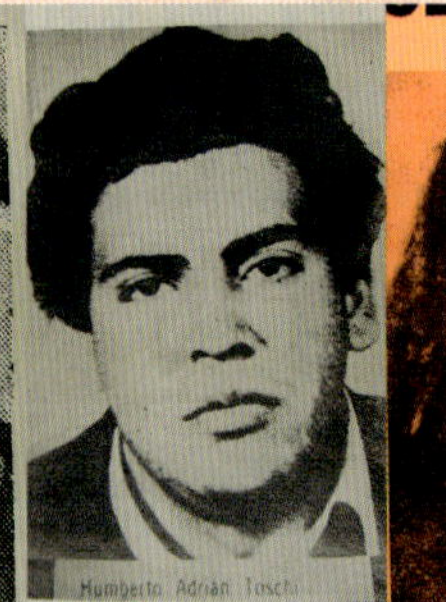

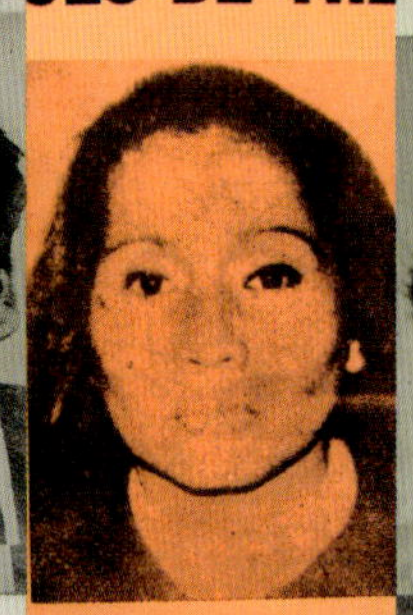

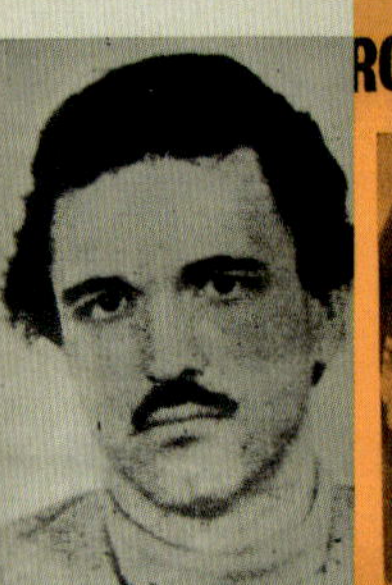

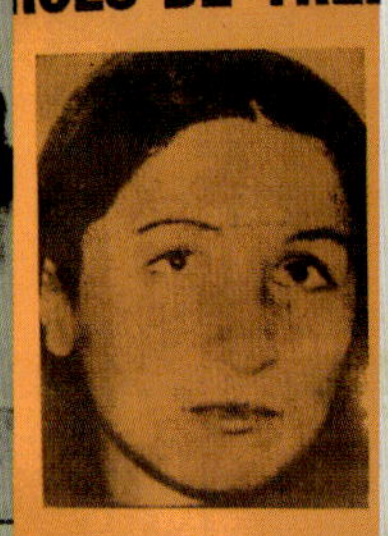

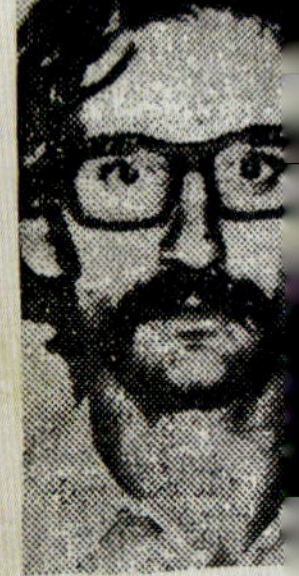

TRELEW - EZEIZA

objetivo fue el mismo: imponer el GRAN ACUERDO
ACIONAL (GAN); proyecto que sigue en plena marcha.

abajo y sacrificio para el pueblo, riqueza y estabilidad
ra los patrones y el imperialismo.

a sangre derramada
stá siendo negociada

UCHA Y ORGANIZACION POPULAR
N EL CAMINO DE LA GUERRA
EVOLUCIONARIA. UNICO POSIBLE
ARA CONQUISTAR LA PATRIA SOCIALISTA

i el pueblo no hace justicia
QUIEN..?

NCENTRACION:
22 DE AGOSTO 19 HS. · PLAZA CONGRESO

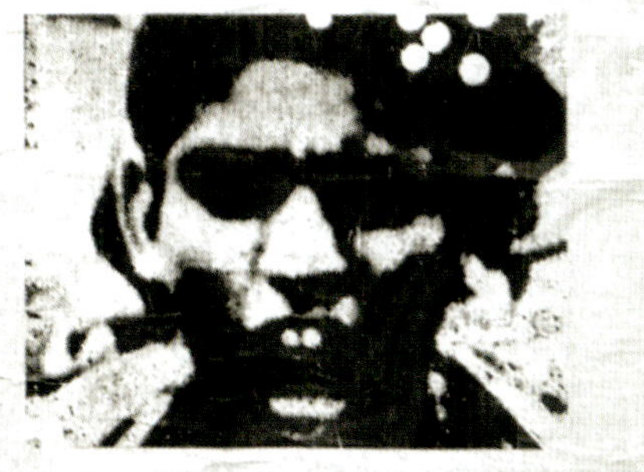

TRELEW
EZEIZA

NI OLVIDO NI PERDON

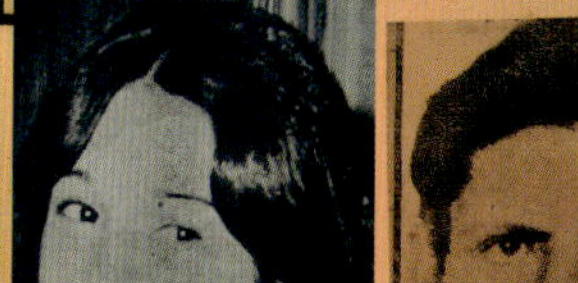

Investigación del crimen de Trelew y los cometidos en los 7 años de dictadu
CASTIGO A LOS RESPONSABLES
Extradición y procesamiento del Capitán de Corbeta Sosa

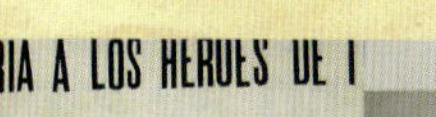

RIA A LOS HEROES DE T
OES DE TREL

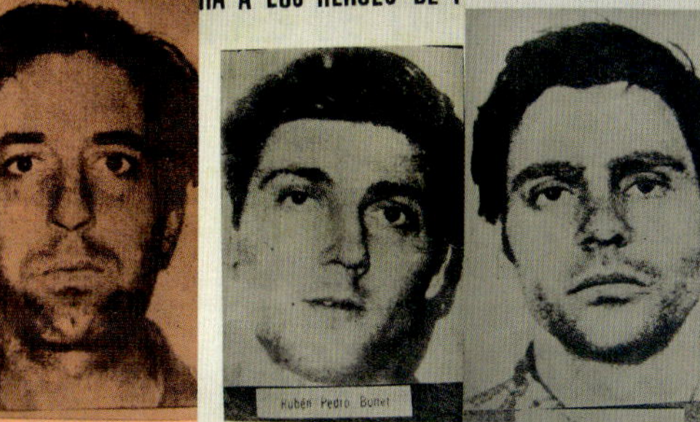

Rubén Pedro Bonet
Rubén P. Bonet
Alejandro Ulla
ASTIGO A SUS AS ASTIGO A LOS ASES
TIGO A LOS

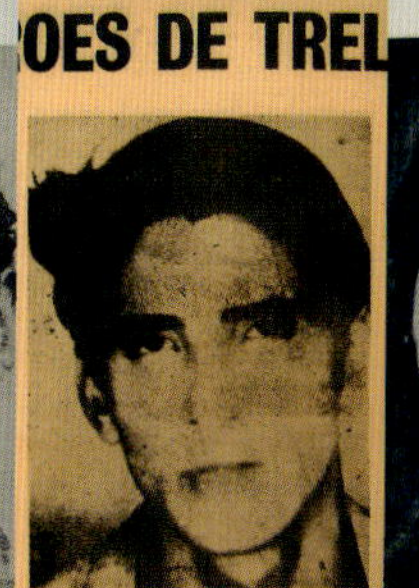

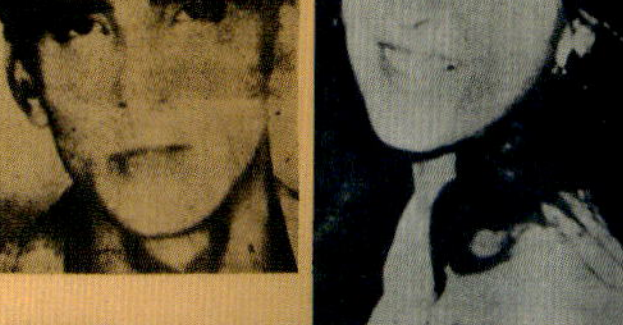

R EL CASTIGO A SUS ASESIN
ILICEMONOS EN SU HOME
Maria A. Sabelli
R EL CASTIGO A SUS AS

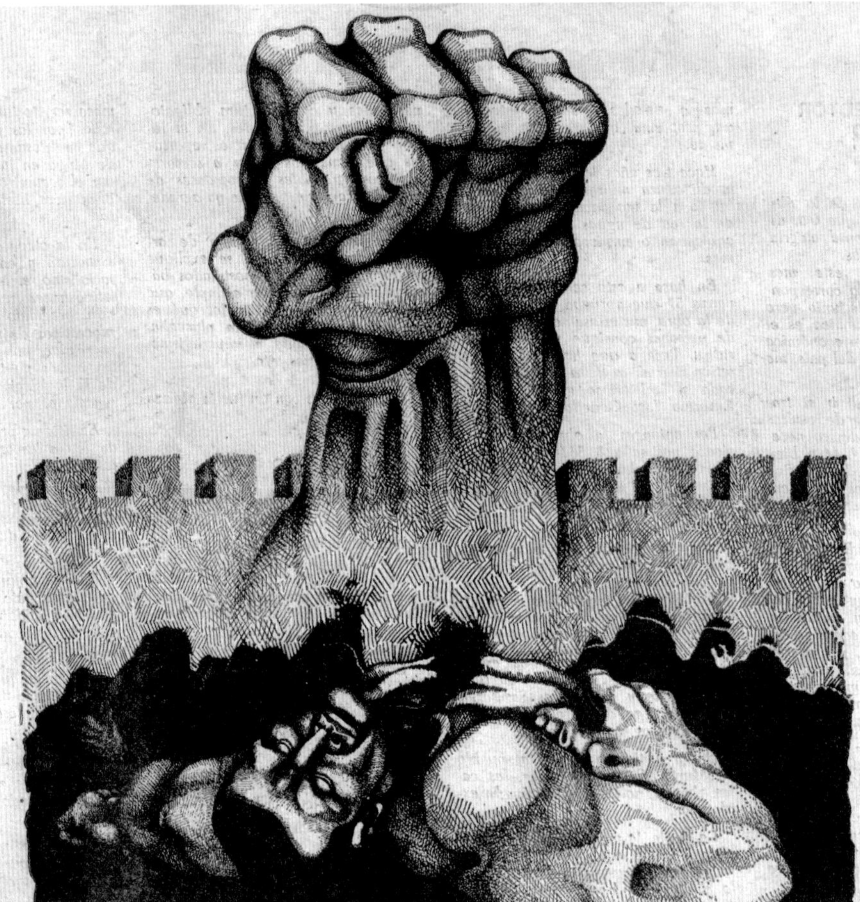

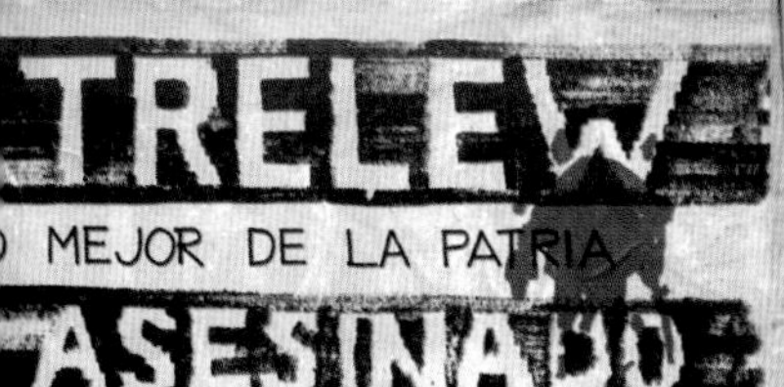

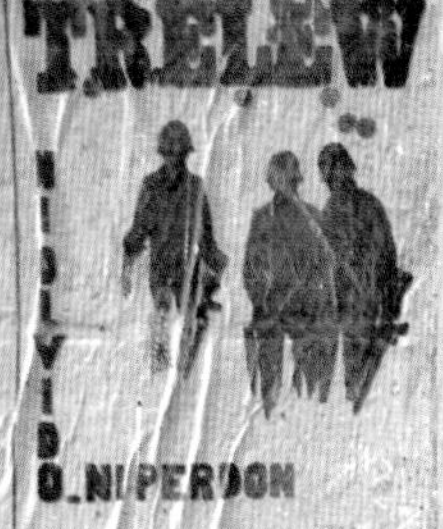

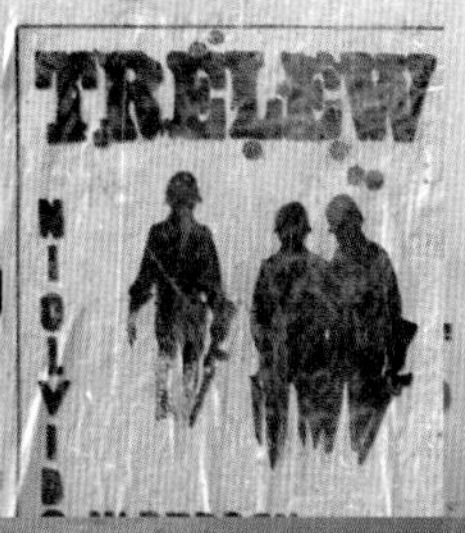

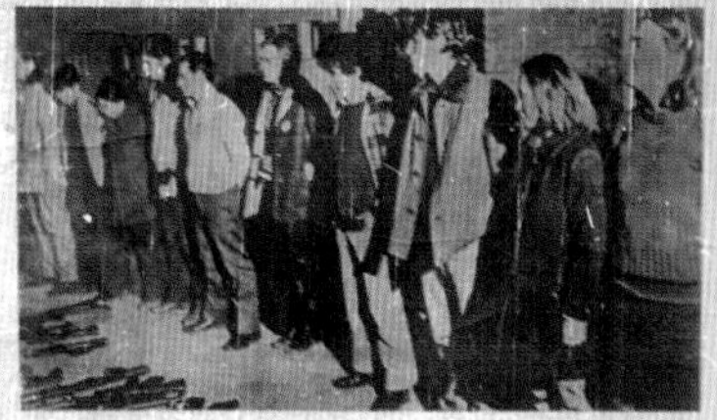

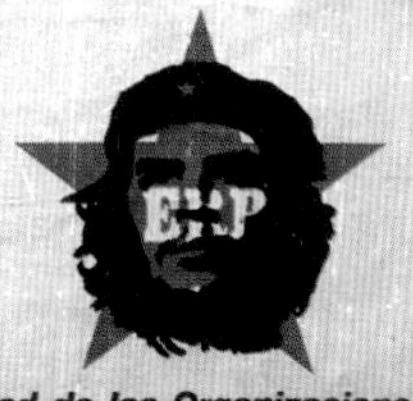

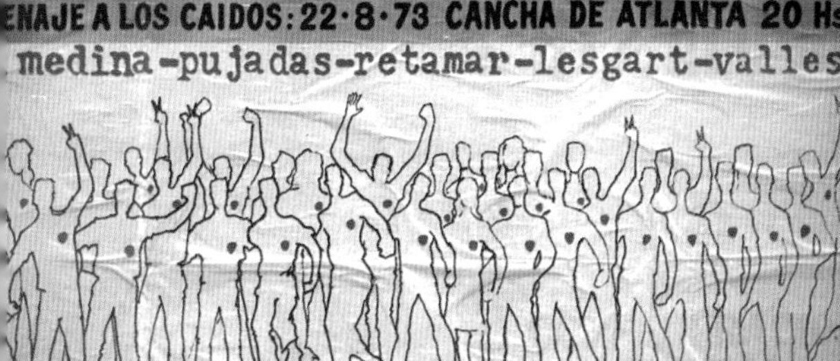

TRELEW
NI OLVIDO NI PERDON JUSTICIA POPULAR

GLORIA A LOS CAIDOS EN LA LUCHA POR LA
PATRIA SOCIALISTA

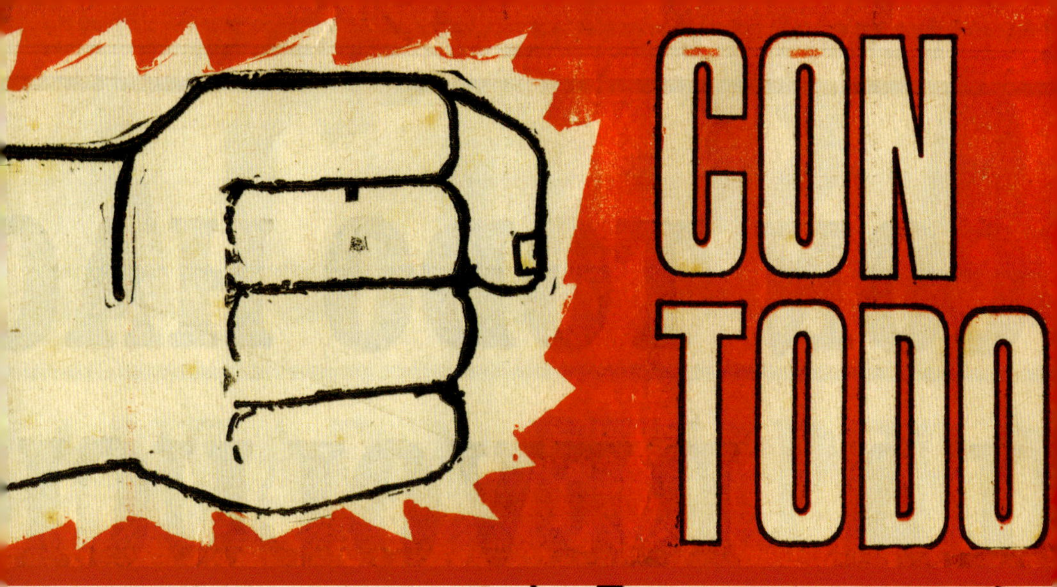

CON
TODO

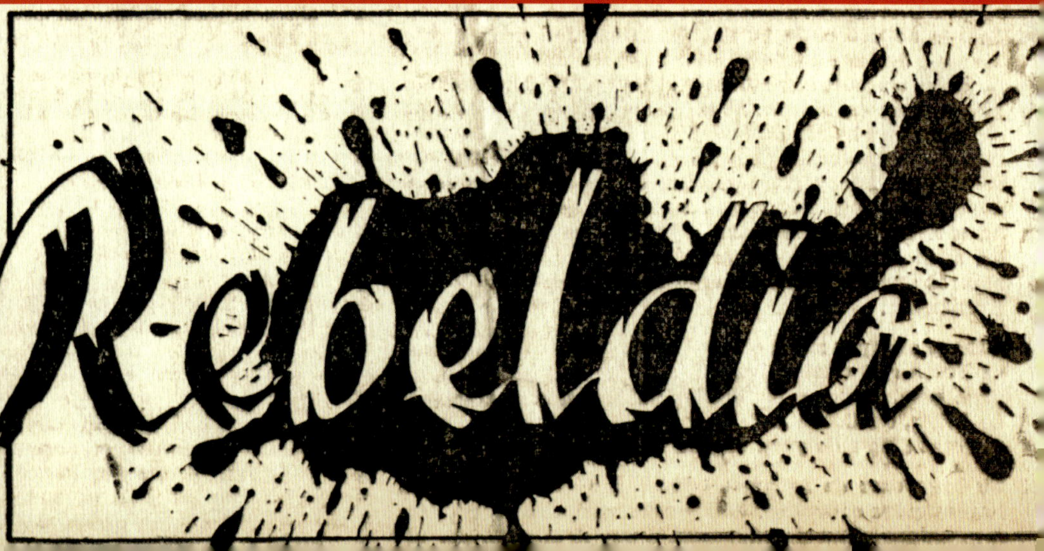

Rebeldía

ORGANIZAR LA GUERRA TOTAL AL SISTEMA

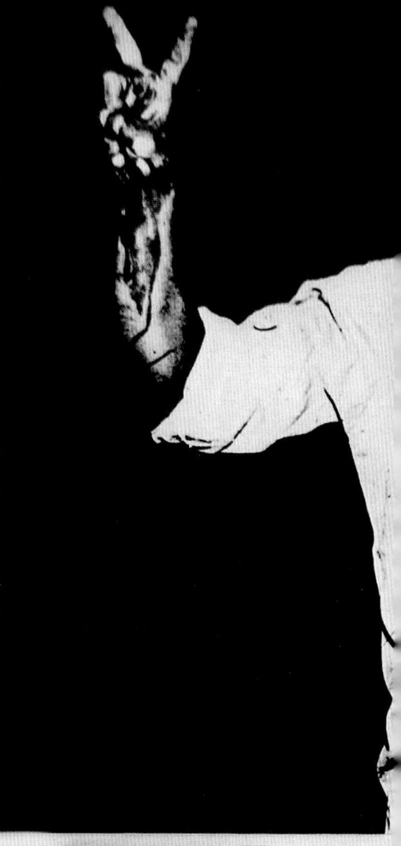

VOTO POR
LA DEMOCRACIA
Y EL SOCIALISMO
LOS PATRIOTAS
ASESINADOS EN TRELEW
A VENCER O MORIR
POR LA ARGENTINA
EJERCITO REVOLUCIONARIO
DEL PUEBLO
ERP

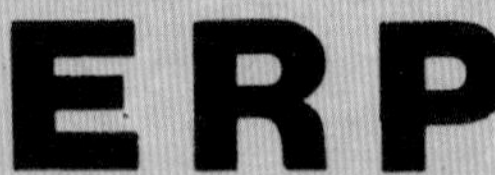

ERP

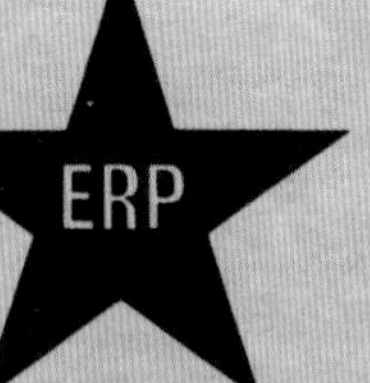
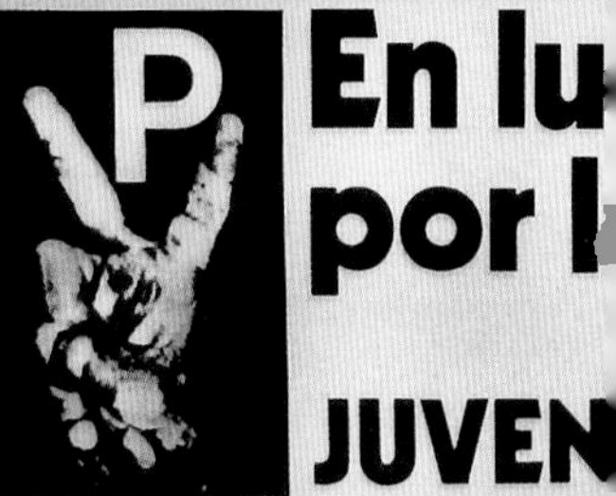

P
En lu
por l
JUVEN

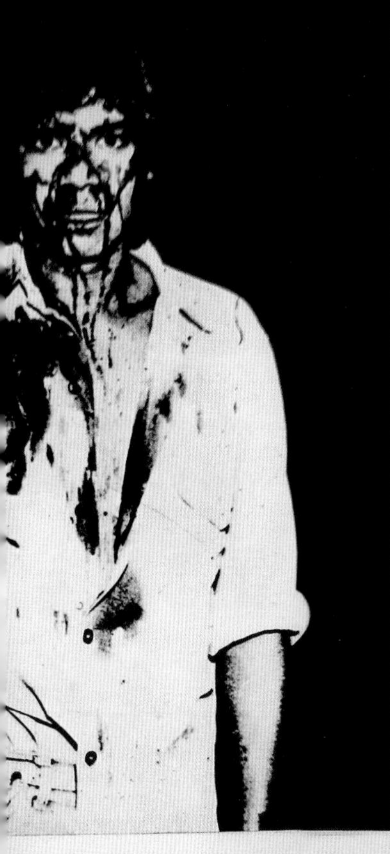

1962 - 23 AGOSTO - 1973
FELIPE VALLESE
¡PRESENTE!

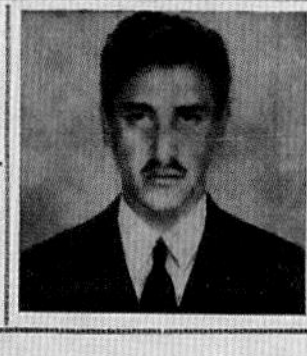

ACTO EN SU HOMENAJE

Misa en Gavilán y Gaona - 19.30 hs.

Acto en Dto. Alvarez y F. Vallese

(ex. CANALEJAS)

TU PUEBLO - TU GENTE
TUS COMPAÑEROS!

UNIDAD BASICA LOS CAUDILLOS - NEUQUEN 2447

¡CHAU MILICOS

- Torres: Cambio de guardia en Bolivia
- Tanques

ORGANO DEL PERONISMO REVOLUCIONARIO
17

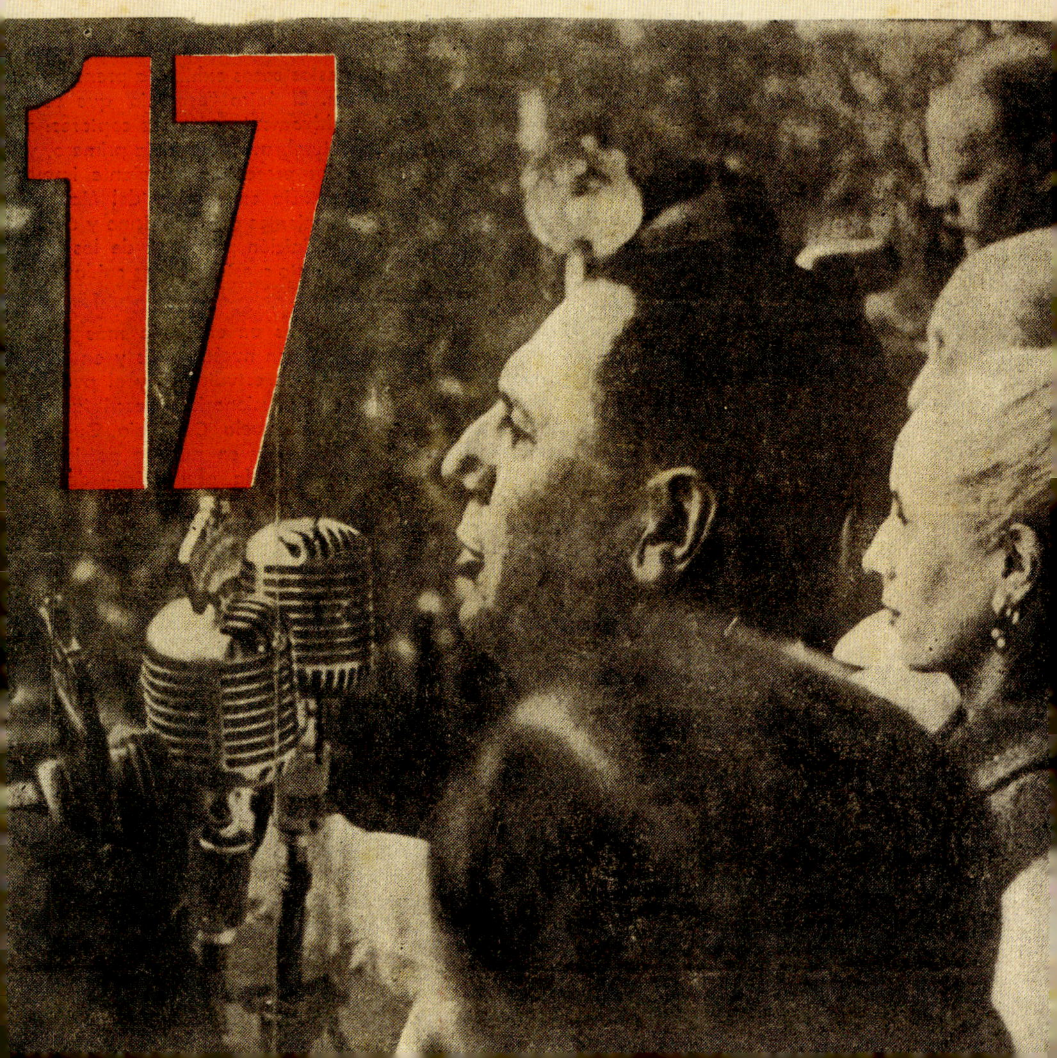

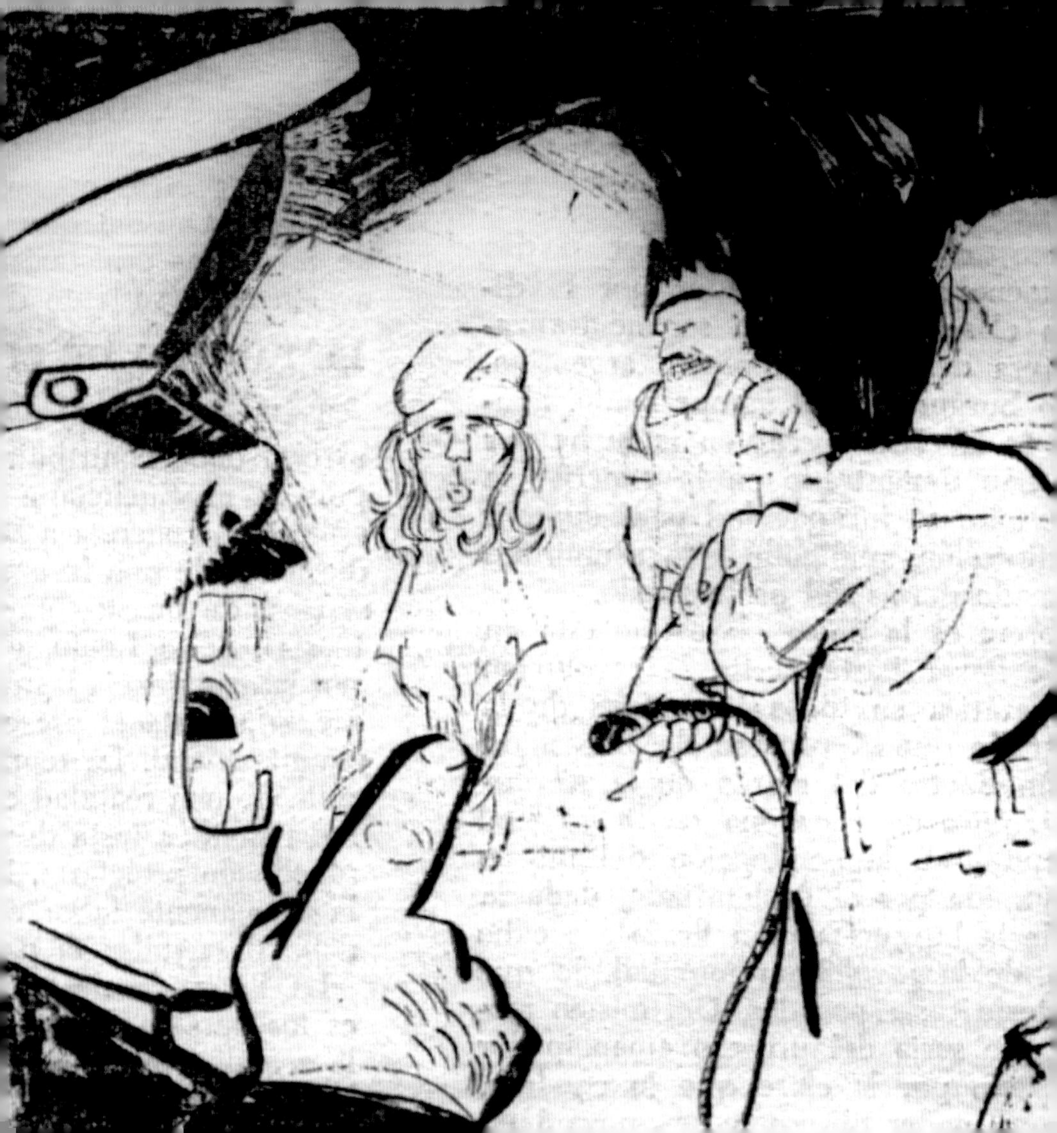

EL DESCAMISADO

AÑO I - Nº 1 - 22 DE MAYO DE 1973

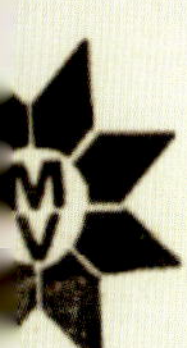

El Montonero

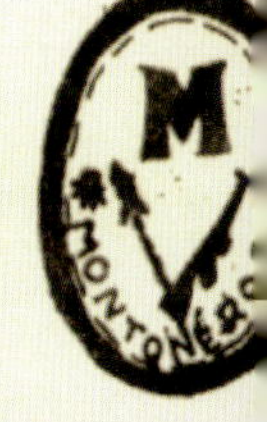

LA CAUSA PERONISTA

ÑO 1 -- Nº 1 • MARTES 9 DE JULIO DE 1974 • $ 300.—

El peronista

LUCHA POR LA LIBERACION

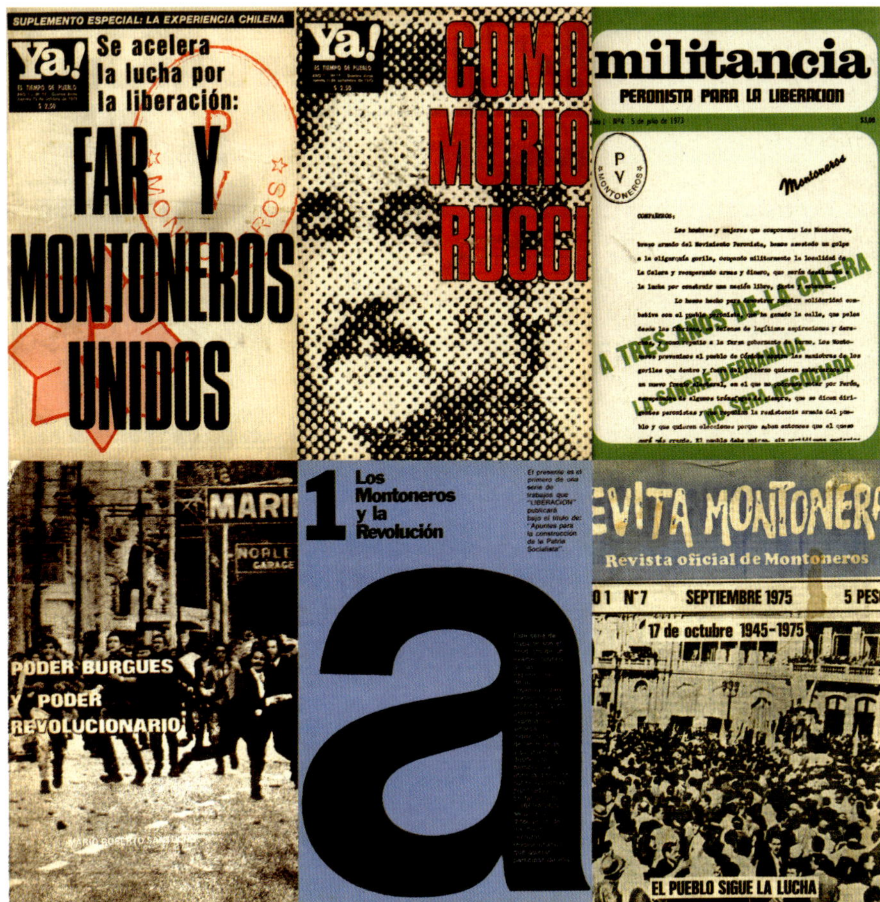
SUPLEMENTO ESPECIAL: LA EXPERIENCIA CHILENA
Ya!
Se acelera
la lucha por
la liberación:
FAR Y
MONTONEROS
UNIDOS
Ya!
COMO
MURIO
RUCCI
militancia
PERONISTA PARA LA LIBERACION
Montoneros
A TRES AÑOS DE LA CALERA
MARIO
NOBLE
GARAGE
PODER BURGUES
Y PODER
REVOLUCIONARIO
MARIO ROBERTO SANTUCHO
1
Los
Montoneros
y la
Revolución
El presente es el
primero de una
serie de
trabajos que
"LIBERACION"
publicará
bajo el título de:
"Apuntes para
la construcción
de la Patria
Socialista".
a
EVITA MONTONERA
Revista oficial de Montoneros
AÑO 1   N°7   SEPTIEMBRE 1975   5 PESOS
17 de octubre 1945-1975
EL PUEBLO SIGUE LA LUCHA

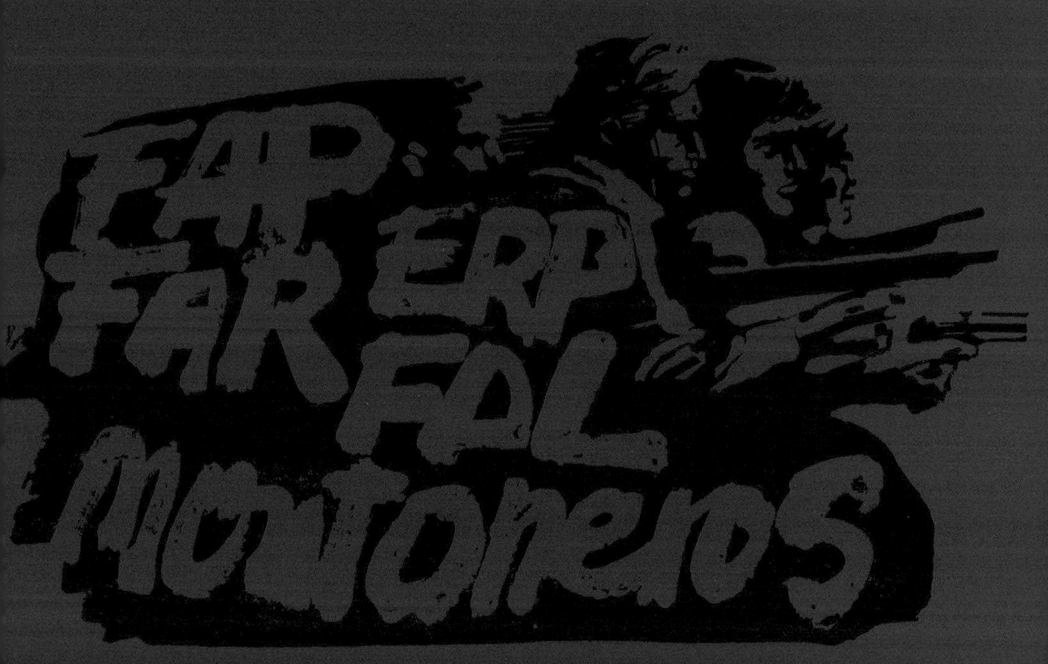

FAP
FAR ERP
FAL
Montoneros

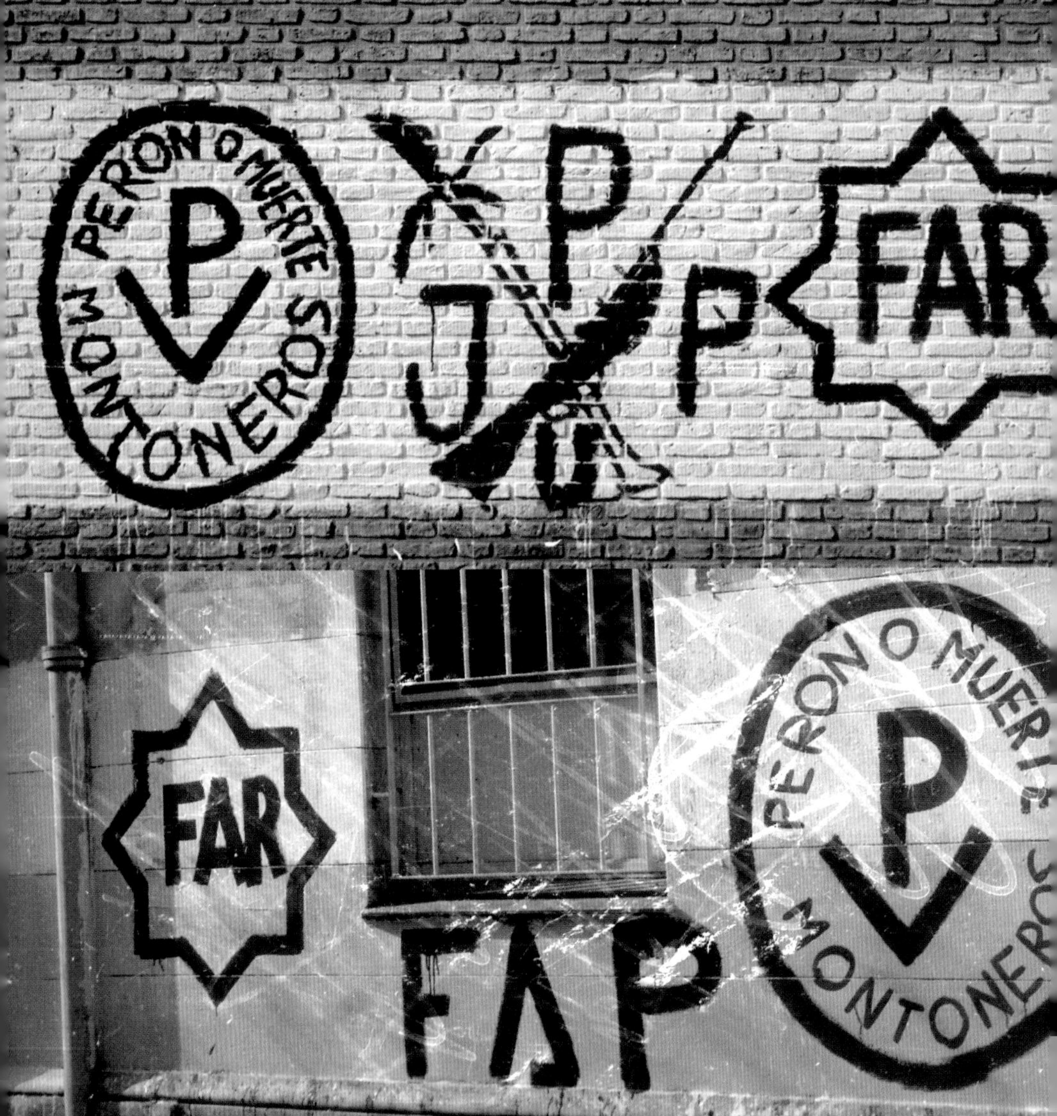

PERON O MUERTE
MONTONEROS
P
V
JP
P
P
FAR
FAR
FAP
PERON O MUERTE
MONTONEROS
P
V

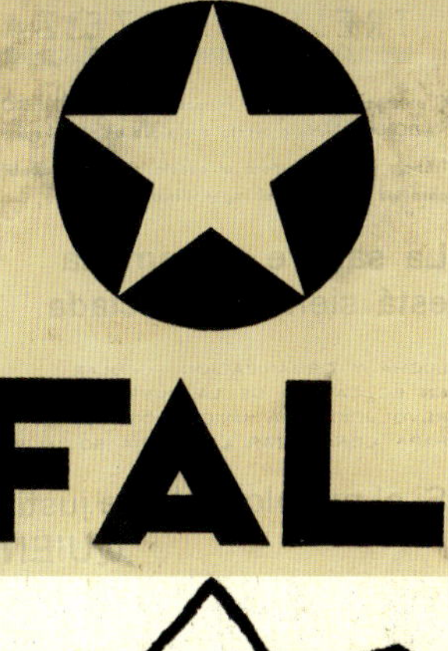
FAL

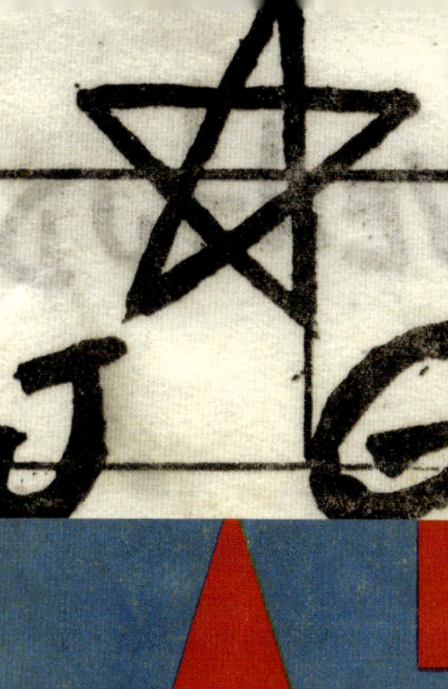
J
G

P
JVP
T

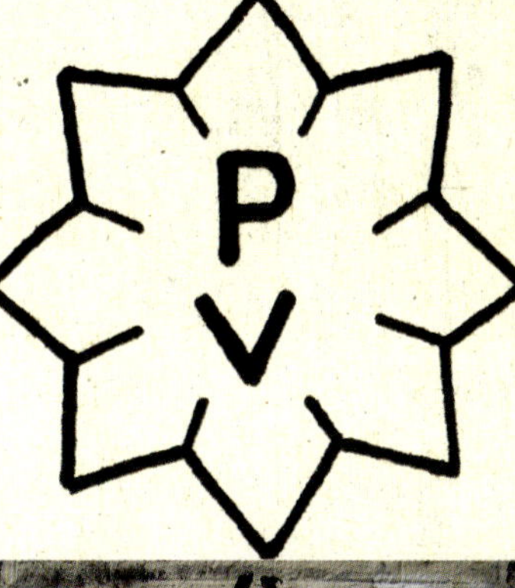
P
V

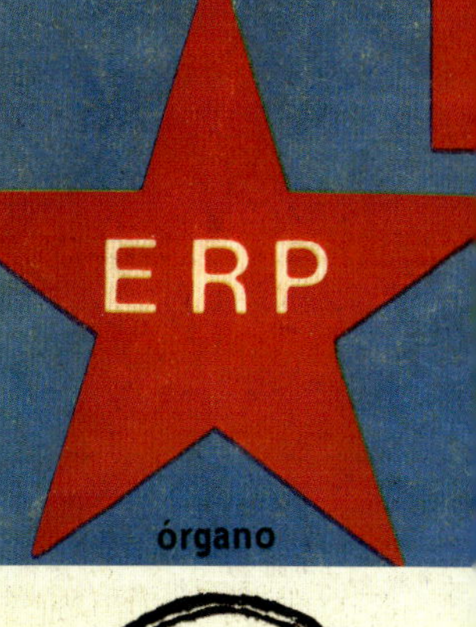
ERP
órgano

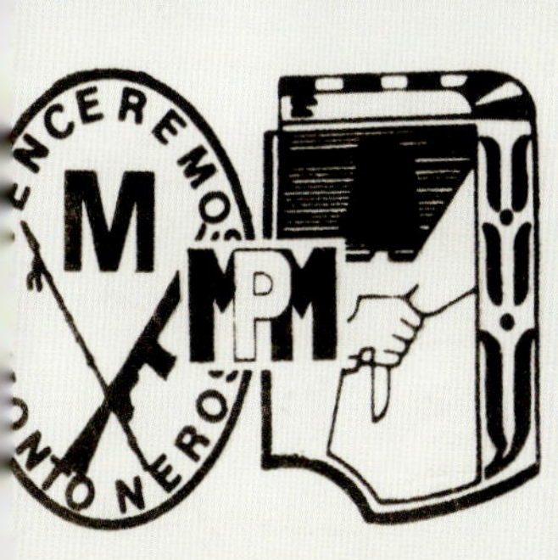
VENCEREMOS
M
MPM
MONTONEROS

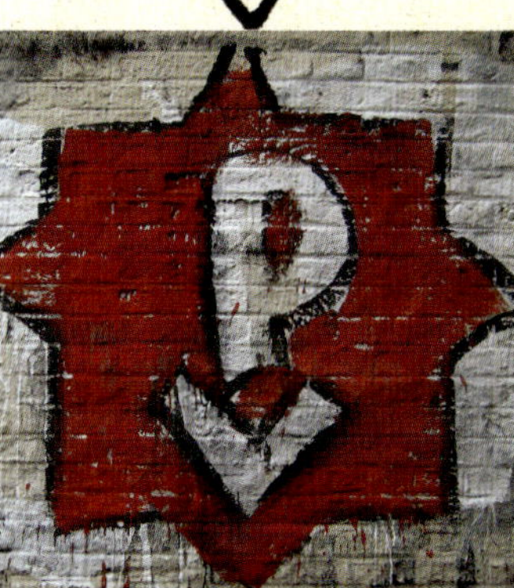
P
V

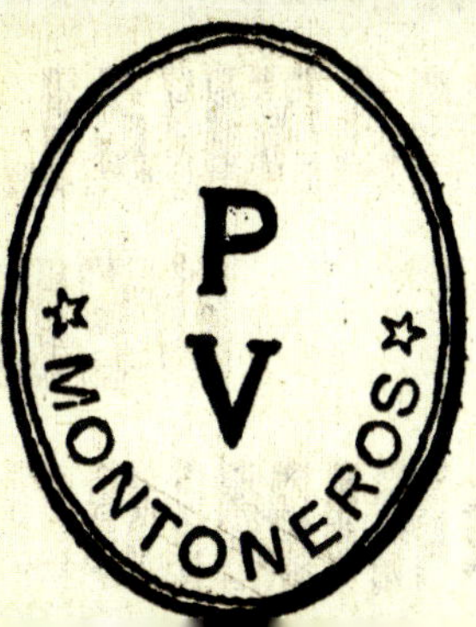
P
V
MONTONEROS

EVITA MONTONERA

Revista oficial de Montoneros

LIBERACION

por la patria socialista

nro. 21 $3.0

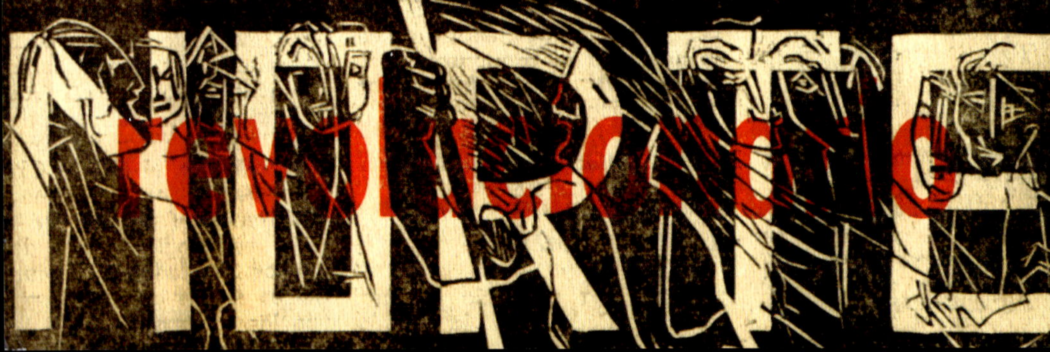

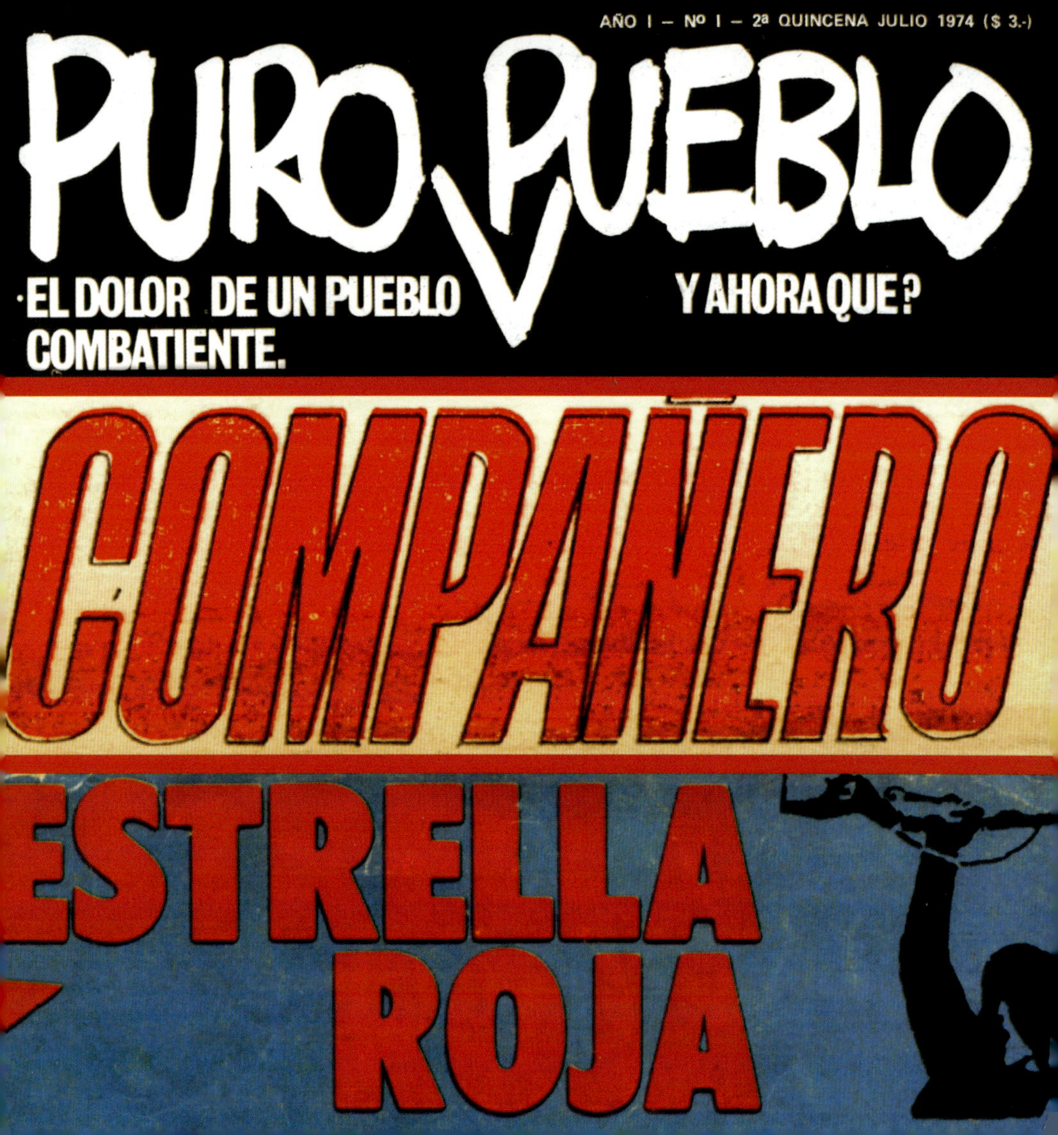

AÑO I — Nº I — 2ª QUINCENA JULIO 1974 ($ 3.-)

PURO PUEBLO

· EL DOLOR DE UN PUEBLO
COMBATIENTE.

Y AHORA QUE?

COMPAÑERO

ESTRELLA ROJA

NUEVO HOMBRE

Año III   Nº 46
Segunda quincena
de Agosto de 1973
(m$n. 300,-) $ 3,-

crisis

NO TRANSAR

Nº 128 (Nº 1 nueva edició
7 de noviembre de 197
aparece el prim
miércoles de cada me
precio: $ 2,0

PUEBLO
EN ARMAS

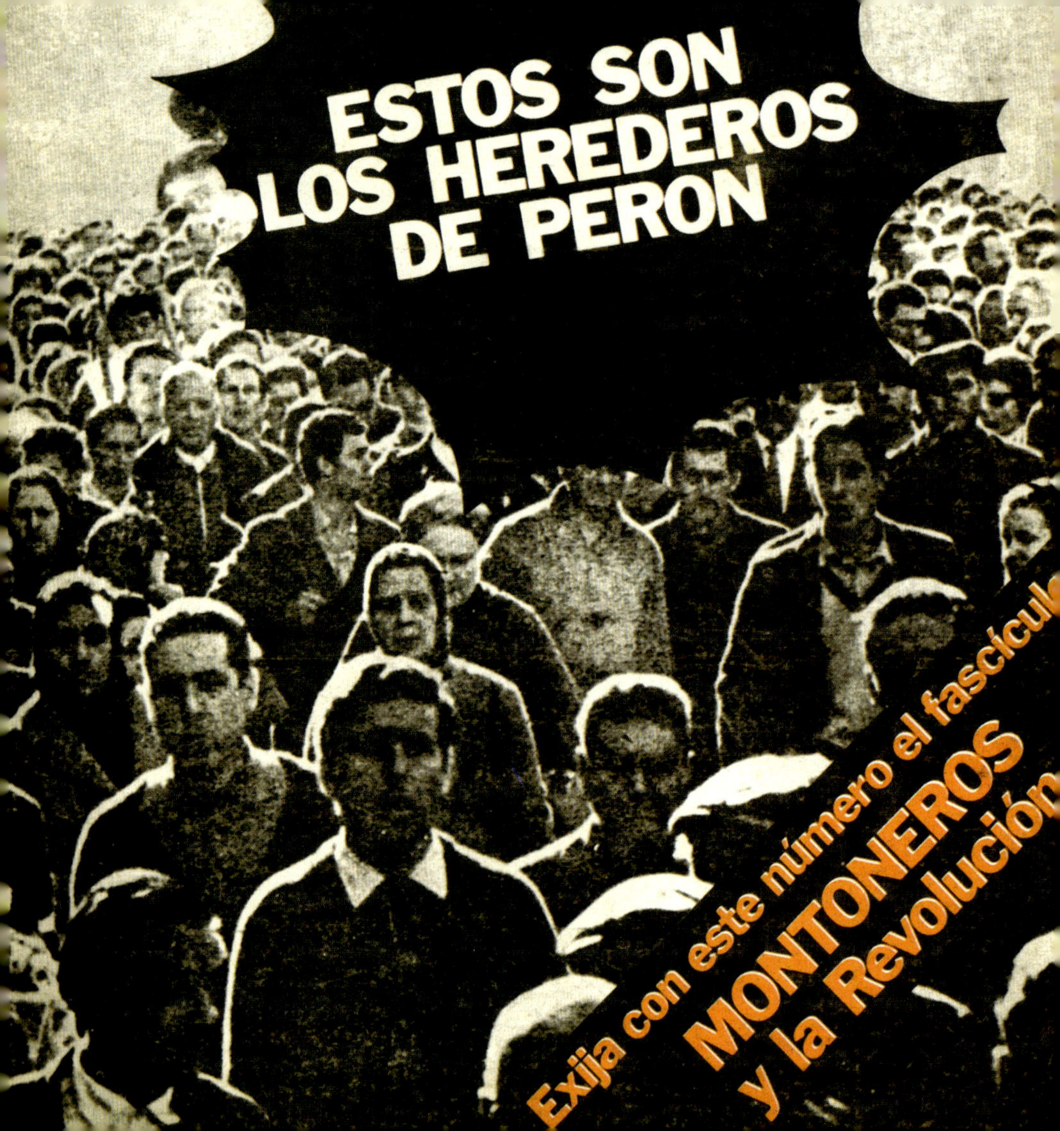

ESTOS SON
LOS HEREDEROS
DE PERON
Exija con este número el fascículo
MONTONEROS
y la Revolución

LIBERACION O DEPENDENCIA

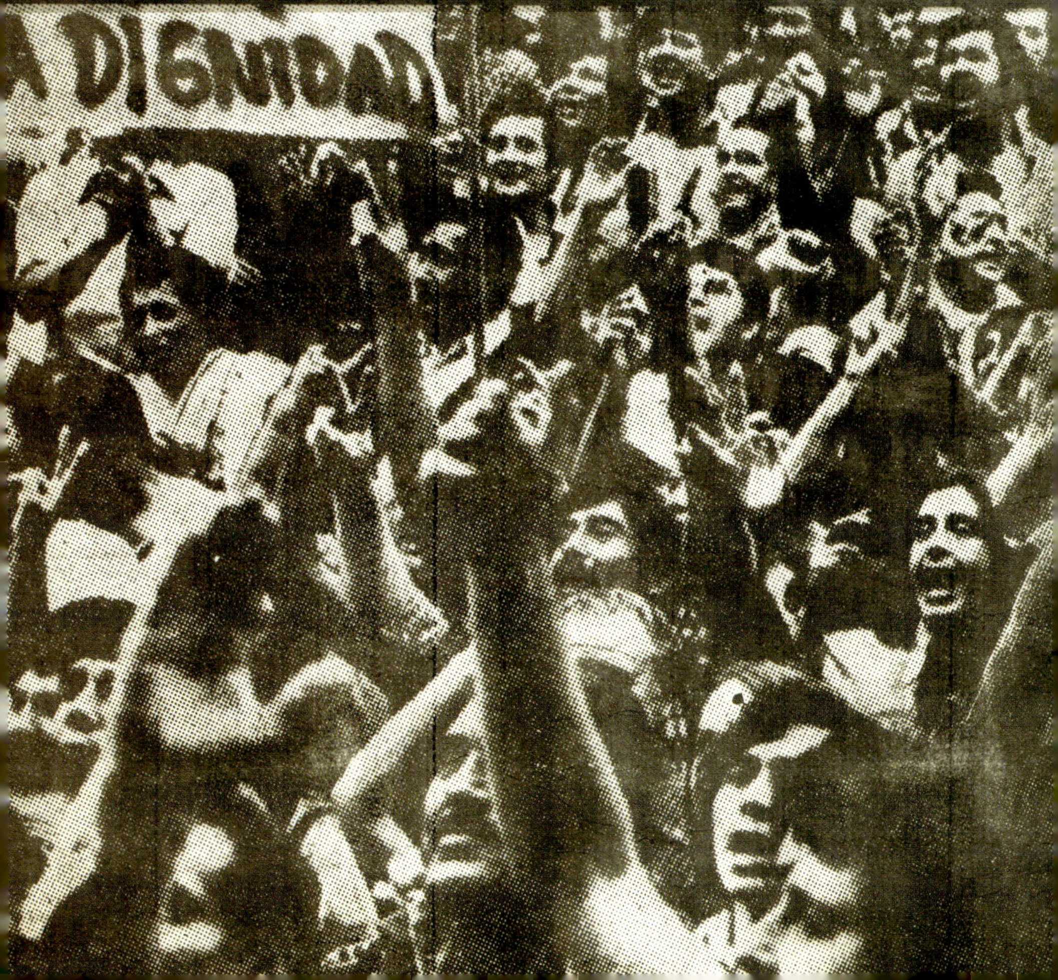

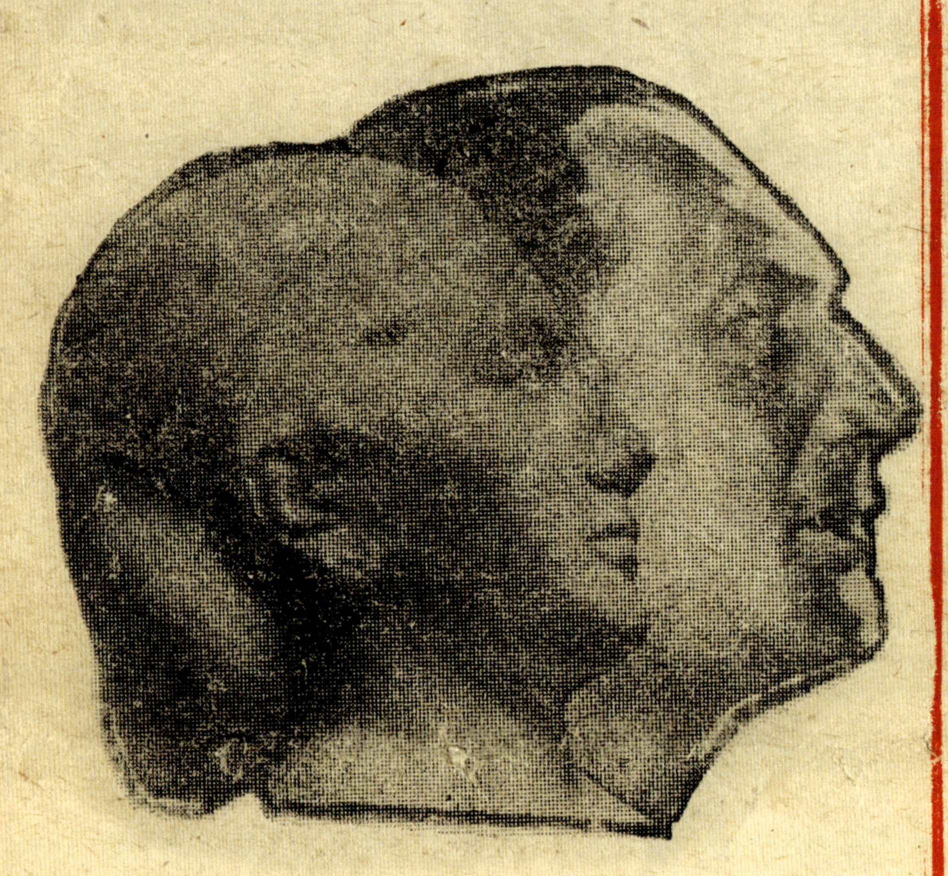
RESPONDER A LA VIOLENCIA DEL REGIMEN
CON LA VIOLENCIA DE LOS PUEBLOS

PV

MONTONEROS

AQUI ESTAN, ESTOS SON
LOS SOLDADOS DE PERON

¡PERON O

MUERTE!

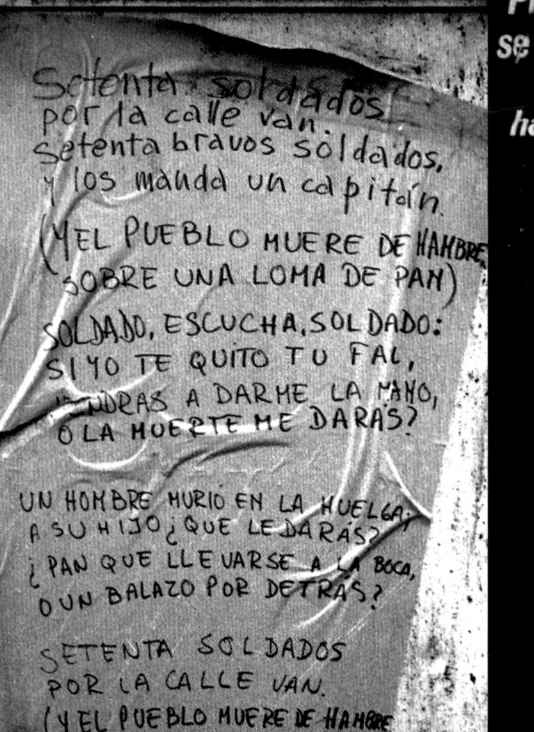

Pido, si, que todos los argentinos se mantengan alertas y vigilantes. El porvenir de la Patria ha costado demasiado caro en la sangre de sus mártires como para dormir en los laureles conquistados.

Gral. JUAN DOMINGO PERON

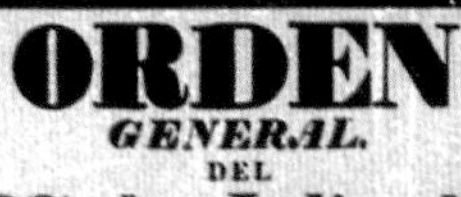

ORDEN GENERAL DEL **27 de Julio de 1819.**

COMPAÑEROS del exército de los Andes:

...La guerra se la tenemos de hacer del modo que podamos; sino tenemos dinero, carne y un pedazo de tabaco no nos tiene de faltar: cuando se acaben los vestuarios, nos vestiremos con la bayetilla que nos trabajen nuestras mugeres, y sino andaremos en pelota como nuestros paisanos los indios: seamos libres, y lo demas no importa nada...

...Compañeros, juremos no dejar las armas de la mano, hasta ver el pais enteramente libre, ó morir con ellas como hombres de curage.

San Martin.

Es copia.

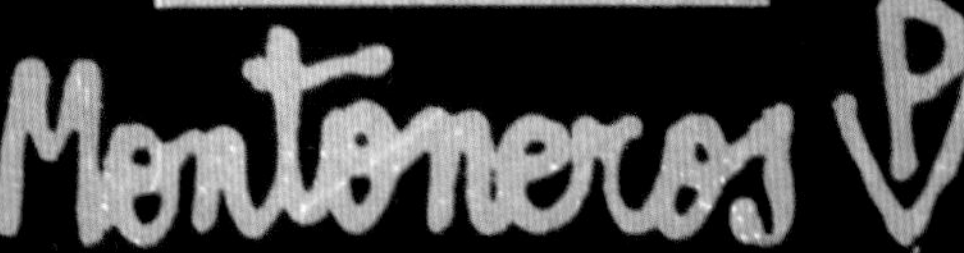

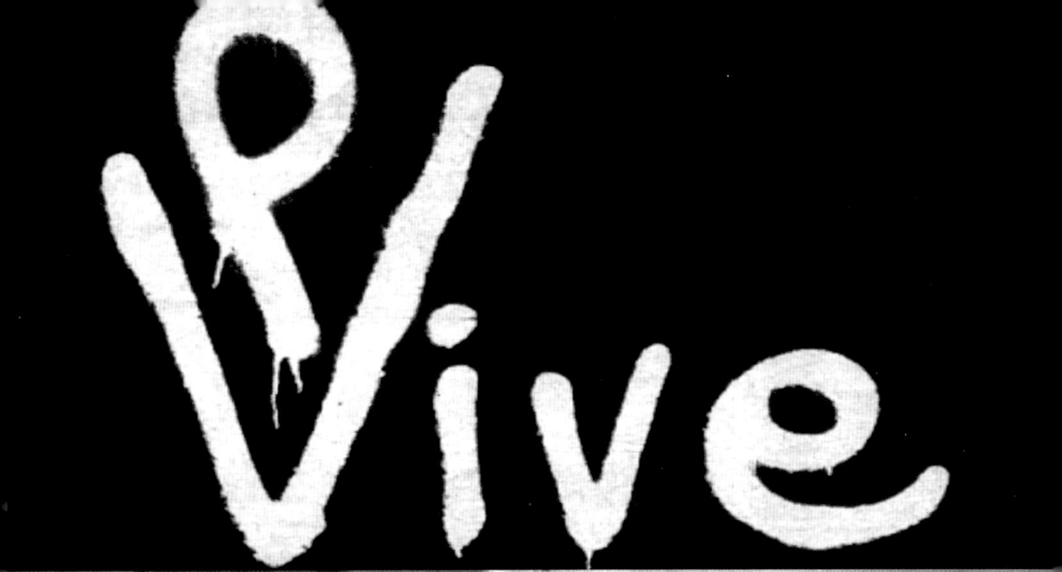

Perón Vive

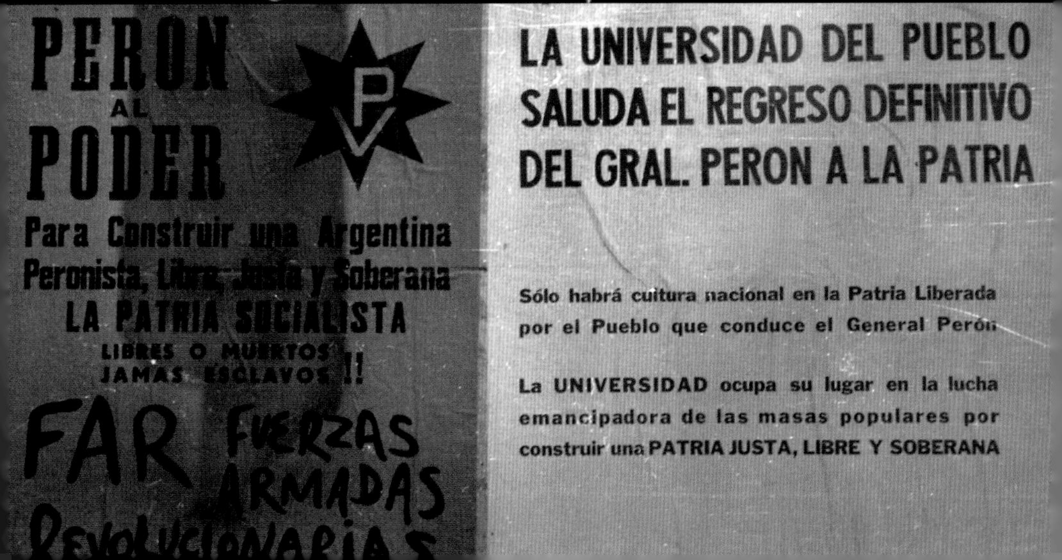

PERON
AL
PODER

Para Construir una Argentina
Peronista, Libre, Justa y Soberana
LA PATRIA SOCIALISTA
LIBRES O MUERTOS
JAMAS ESCLAVOS !!

FAR FUERZAS
ARMADAS
REVOLUCIONARIAS

LA UNIVERSIDAD DEL PUEBLO
SALUDA EL REGRESO DEFINITIVO
DEL GRAL. PERON A LA PATRIA

Sólo habrá cultura nacional en la Patria Liberada
por el Pueblo que conduce el General Perón

La UNIVERSIDAD ocupa su lugar en la lucha
emancipadora de las masas populares por
construir una PATRIA JUSTA, LIBRE Y SOBERANA

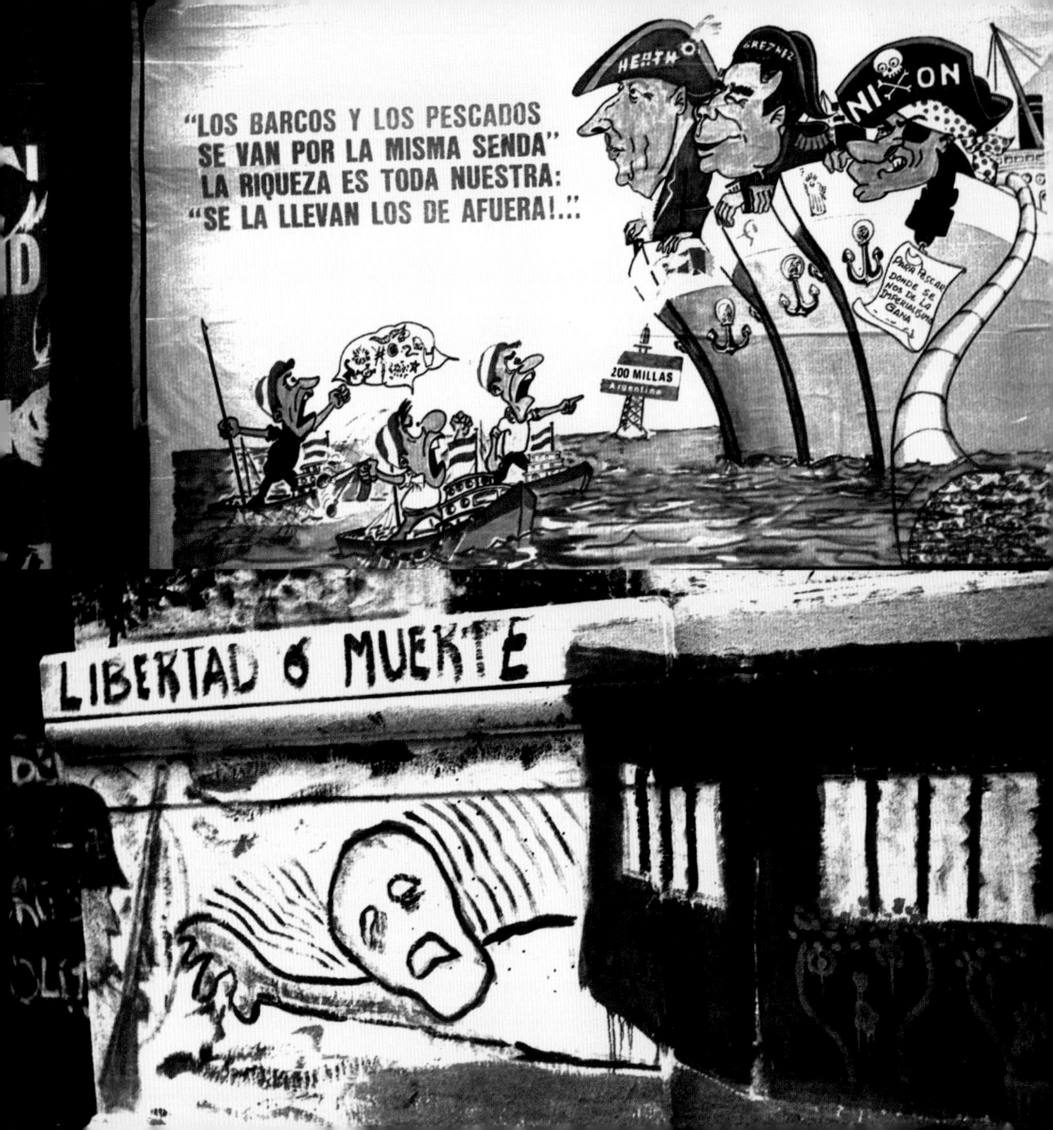

"LOS BARCOS Y LOS PESCADOS
SE VAN POR LA MISMA SENDA"
LA RIQUEZA ES TODA NUESTRA:
"SE LA LLEVAN LOS DE AFUERA!.."
HEATH
NIXON
200 MILLAS
Argentina
PARA PESCAR
DONDE SE
NOS DE LA
IMPERIALISTA
GANA
LIBERTAD 6 MUERTE

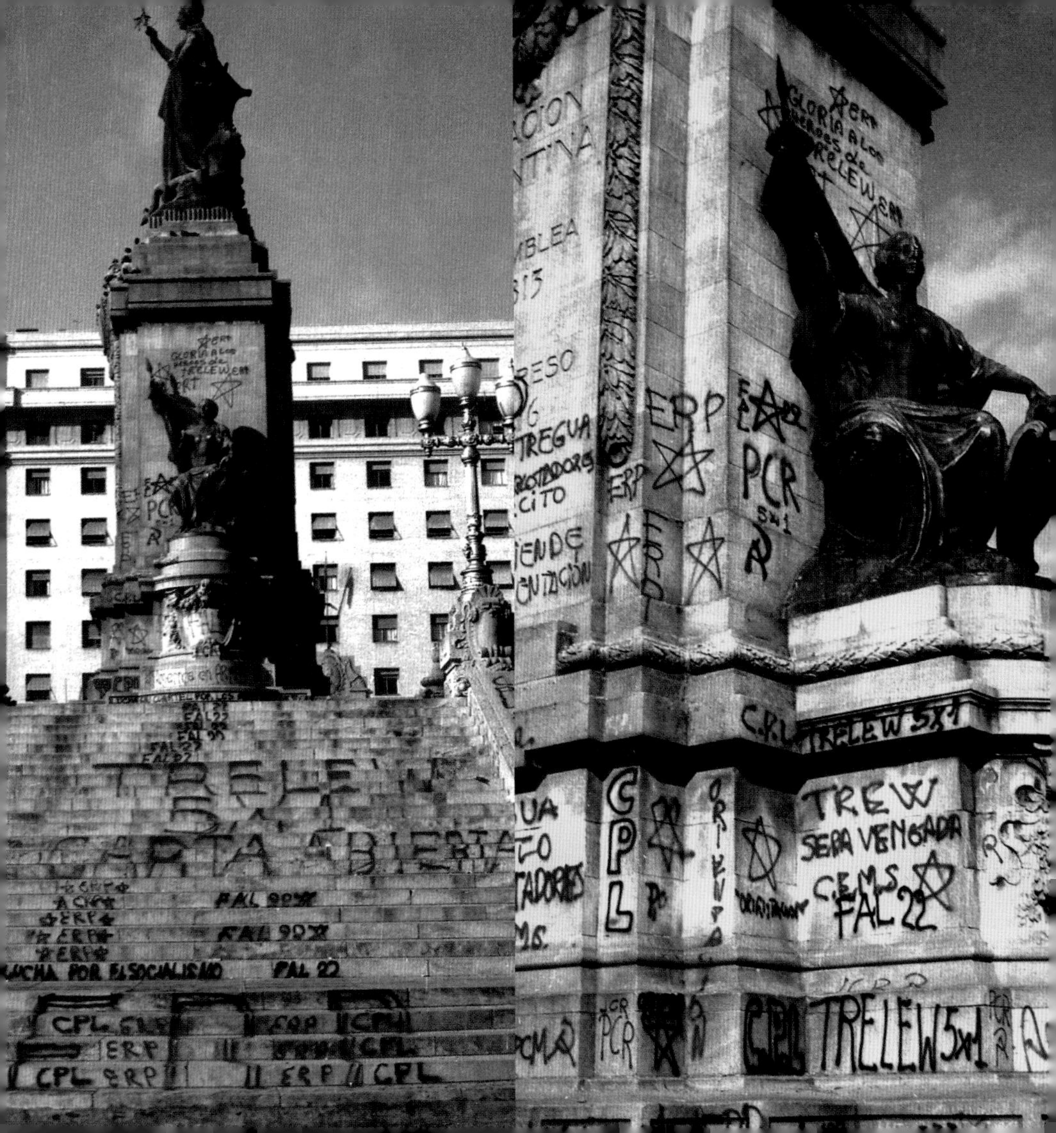
ERP
GLORIA A LOS
HEROES DE
TRELEW
ERP
PCR
ERP
CARTA ABIERTA
ERP
ERP
ERP
LUCHA POR EL SOCIALISMO
FAL 22
FAL 22
CPL ERP ERP CPL
ERP ERP CPL
CPL ERP ERP CPL
ERP GLORIA A LOS HEROES DE TRELEW
ERP
ERP PCR 5x1
PCR
CPL TRELEW 5x1
CPL
CPL
ORIENTADO
TREW SERA VENGADA
C.E.M.S. FAL 22
PCR
PCR
CPL TRELEW 5x1

TEST

por Clusellas

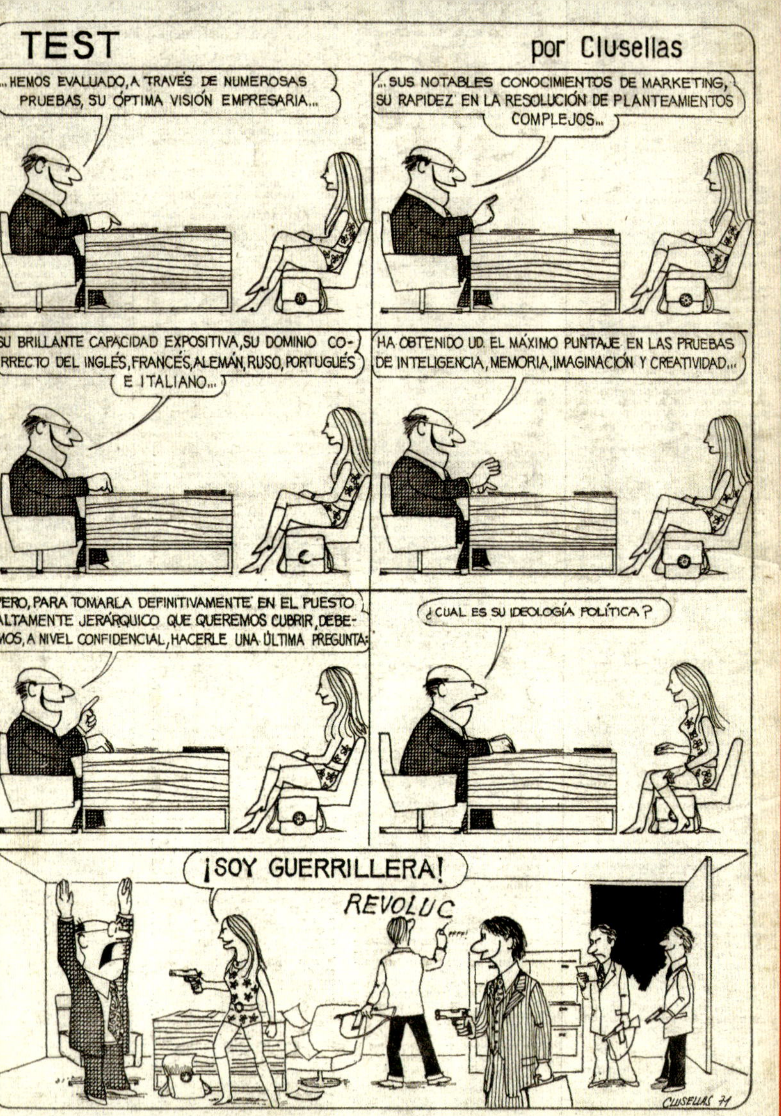

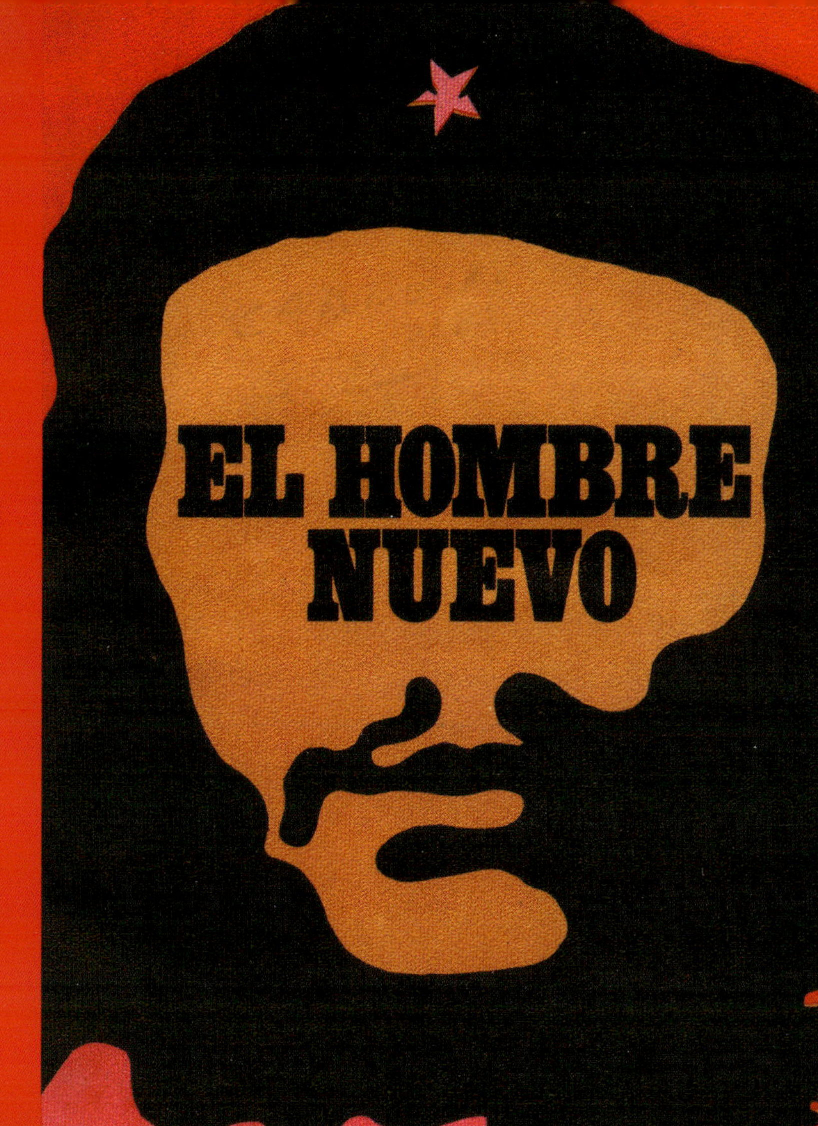

EL HOMBRE
NUEVO

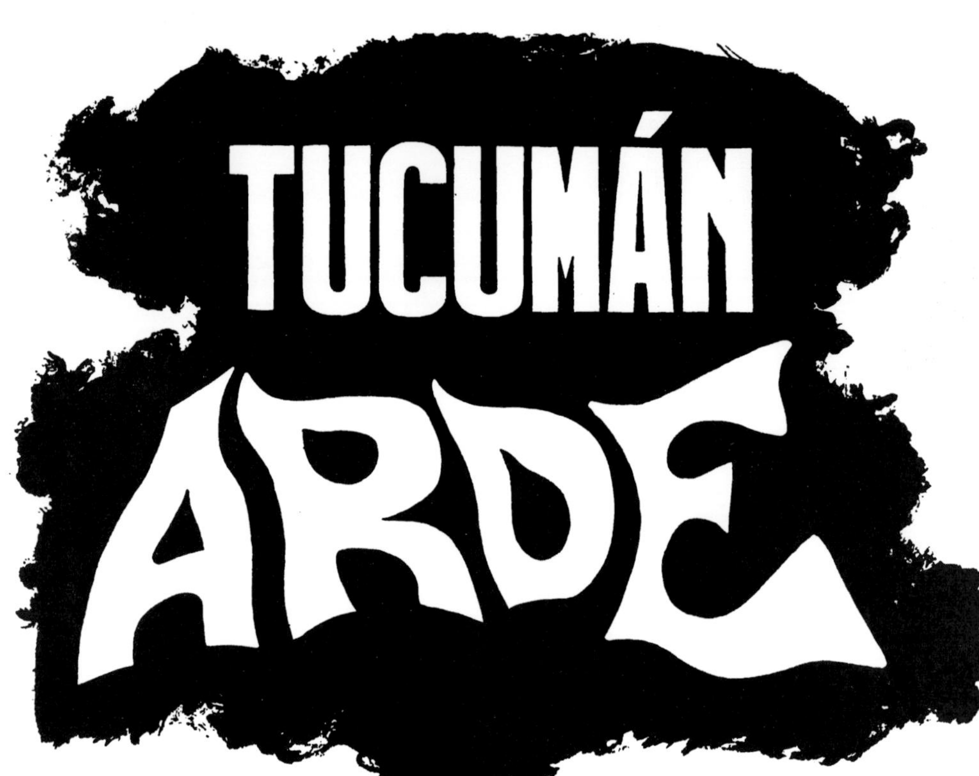

TUCUMÁN
ARDE

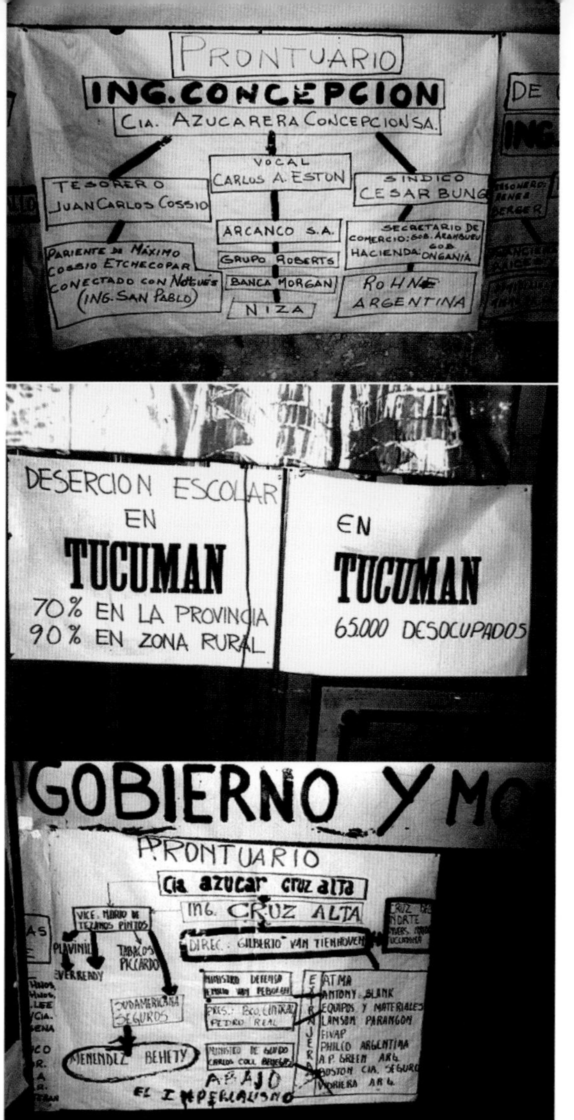
PRONTUARIO
ING. CONCEPCION
CIA. AZUCARERA CONCEPCION S.A.
VOCAL
CARLOS A. ESTON
TESORERO
JUAN CARLOS COSSIO
SINDICO
CESAR BUNGE
ARCANCO S.A.
SECRETARIO DE COMERCIO: GOB. ARANGUREN
HACIENDA: GOB. ONGANIA
PARIENTE DE MAXIMO COSSIO ETCHECOPAR CONECTADO CON NOGUES (ING. SAN PABLO)
GRUPO ROBERTS
BANCA MORGAN
NIZA
ROHNE ARGENTINA
DE
ING.
TESORERO: ...BERGER
DESERCION ESCOLAR EN
TUCUMAN
70% EN LA PROVINCIA
90% EN ZONA RURAL
EN
TUCUMAN
65.000 DESOCUPADOS
GOBIERNO Y MO
PRONTUARIO
CIA AZUCAR CRUZ ALTA
ING. CRUZ ALTA
DIREC: GILBERTO VAN TIENHOVEN
VICE. MINIO DE TEJANOS PINTOS
PLAVINIL
EVERREADY
TABACOS PICCARDO
SUDAMERICANA SEGUROS
MINISTRO DEFENSA ...VAN PEBOLE...
PRES.: Bco. CENTRAL PEDRO REAL
MINISTRO DE ... CARLOS COLL BENEGAS
MENENDEZ BEHETY
ABAJO EL IMPERIALISMO
EXTRANJERA
ATMA
ANTONY BLANK
EQUIPOS Y MATERIALES
LAMSOM PARANGON
FIVAP
PHILCO ARGENTINA
A.P. GREEN ARG
BOSTON CIA. SEGURO
VIDRIERA AR.

el
señor
galíndez
miércoles a viernes 22 horas
sábados 21 y 23 horas
domingos 20 horas
teatro payró
san martín 766
32-5922
el
señor
galíndez
miércoles a viernes 22 horas
sábados 21 y 23 horas
domingos 20 horas
teatro payró
san martín 766
32-5922
es la tortura
una profesión?
es la t
una prof
el
señor

MÉTODOS PARA EVITAR SER SECUESTRADO

I: Resistirse en cualquier lugar y circunstancia en que un grupo de policías de civil intente la detención. Pedir auxilio, dar gritos de alarma, dar nombre y apellido.

II: Si el intento de secuestro se produce en el domicilio particular o en oficinas o locales: no abrir la puerta a nadie sin saber con certeza de quién se trata; si se presenta uno o varios desconocidos llamar de inmediato al comando radioeléctrico y a todos los medios de difusión que sea posible dando detalles de lo que ocurre; llamar a voces a los vecinos si se carece de teléfono.

III: En la vía pública no se acerque a ningún vehículo desconocido.

VI: En lo posible trate de mantener permanente contacto con sus familiares y/o amigos informando dónde se encuentra en cada momento de modo que su desaparición se note de inmediato.

V: Si usted es testigo de un intento de secuestro colabore con la resistencia de la víctima, acóplese a sus gritos, llame a la policía. Hasta no tener la seguridad de que el procedimiento ha cobrado carácter oficial impida por todos los medios que el secuestro se produzca. Requiera datos, credenciales, chapas de identificación y cualquiera otra información que crea necesaria.

VI: Va en esto su vida.

24 de marzo de 1976

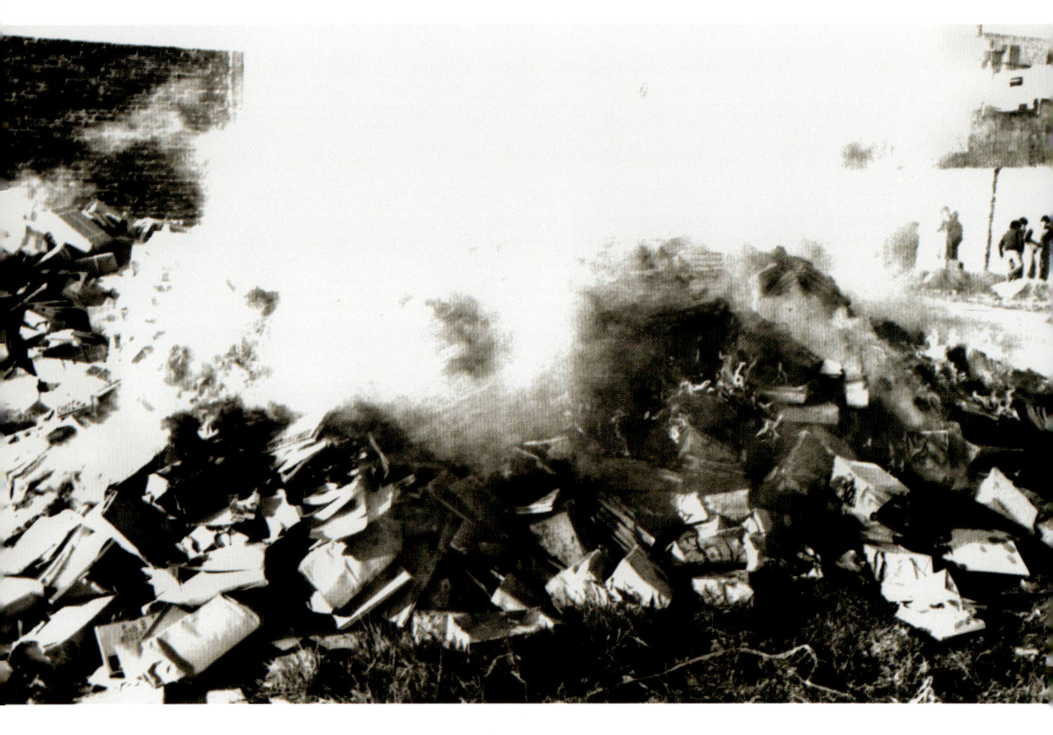

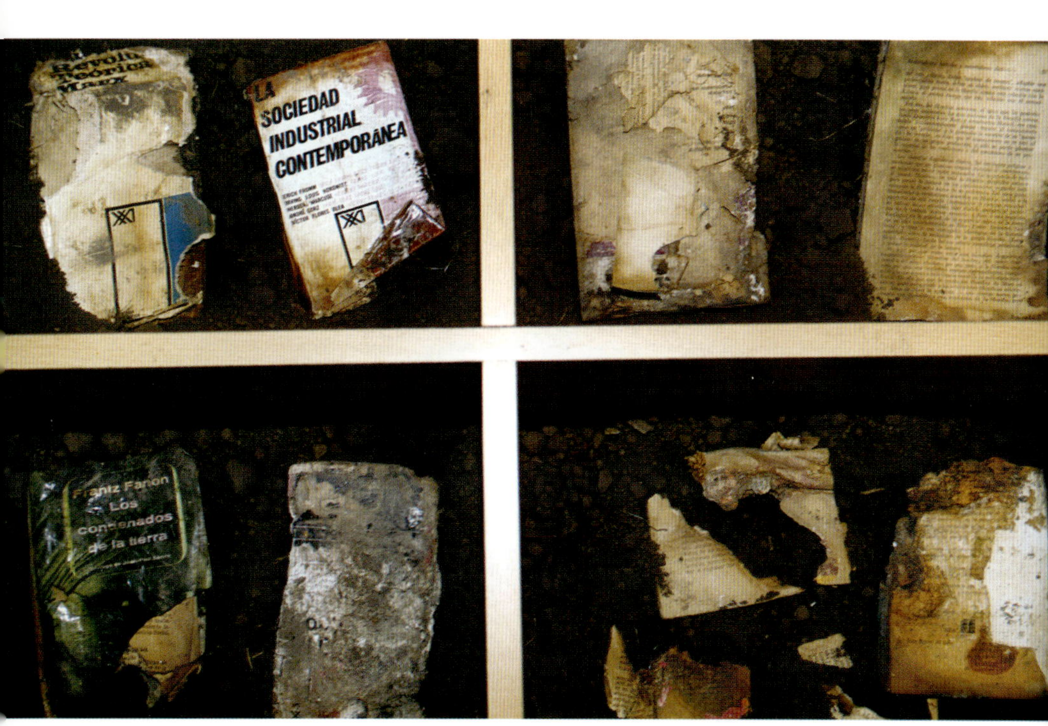
Revolución Teórica Marx
LA SOCIEDAD INDUSTRIAL CONTEMPORÁNEA
ERICH FROMM
IRVING LOUIS HOROWITZ
HERBERT MARCUSE
ANDRÉ GORZ
VÍCTOR FLORES OLEA
Frantz Fanon
Los condenados de la tierra

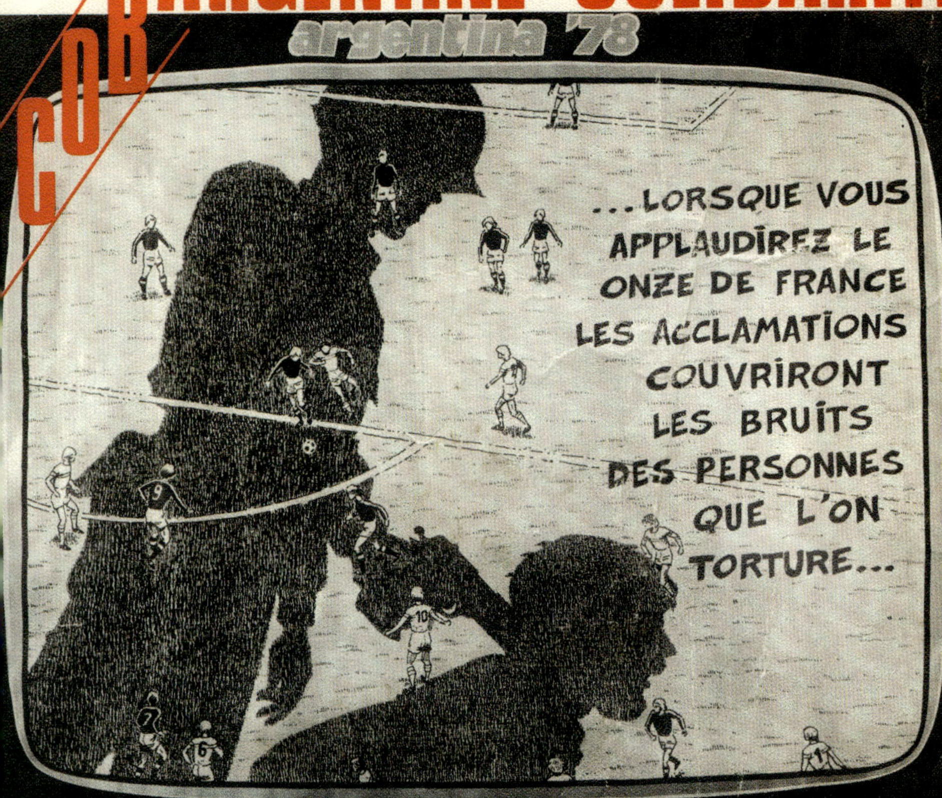

COB/
ARGENTINE SOLIDARITE
argentina '78
...LORSQUE VOUS APPLAUDIREZ LE ONZE DE FRANCE LES ACCLAMATIONS COUVRIRONT LES BRUITS DES PERSONNES QUE L'ON TORTURE...
DERRIÈRE L'ÉCRAN: LA RÉALIT
Boycott de la Dictature!

REPRESSION EN ARGENTINE

n° 19 novembre 1978

information
solidarité

LA RESISTANCE

LE SOUTIEN ET

LA MARINE MARCHANDE

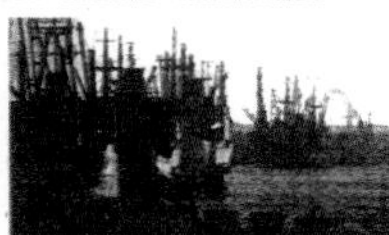

CONTRE LA JUNTE

P.4

COMITE BELGE CONTRE LA REPRESSION EN ARGENTINE — CBRA — P. VERBISTSTRAAT 29, 2510 WILRIJK

PRESENCIA
ARGENTINA

AÑO 1 N.º 1 — Octubre 1979 — Precio 50 pesetas.

PERIODICO DEL CENTRO ARGENTINO DE MADRID

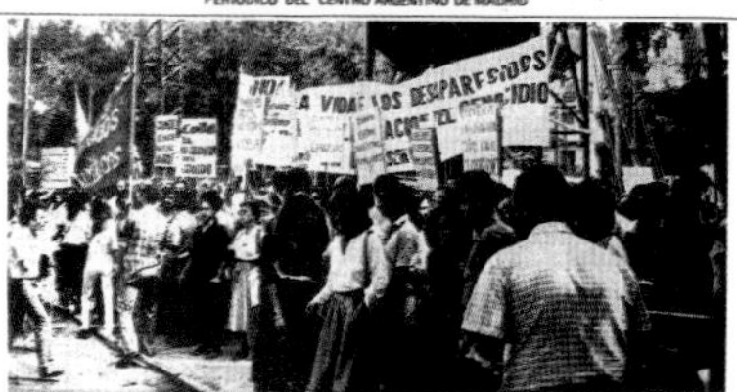

CONTRA LA LEGALIZACION DEL GENOCIDIO

Las Madres de Plaza de Mayo

SON UN SIMBOLO VIVO

DE LA RESISTENCIA ARGENTINA A LA FEROZ

DICTADURA MILITAR

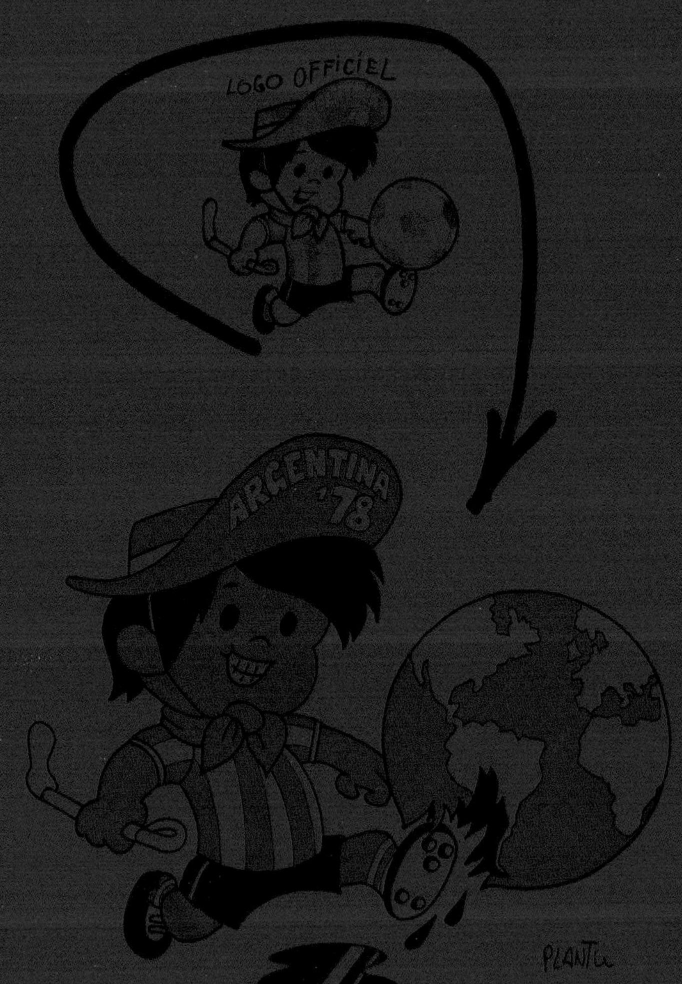

LOGO OFFICIEL
ARGENTINA '78
PLANTU

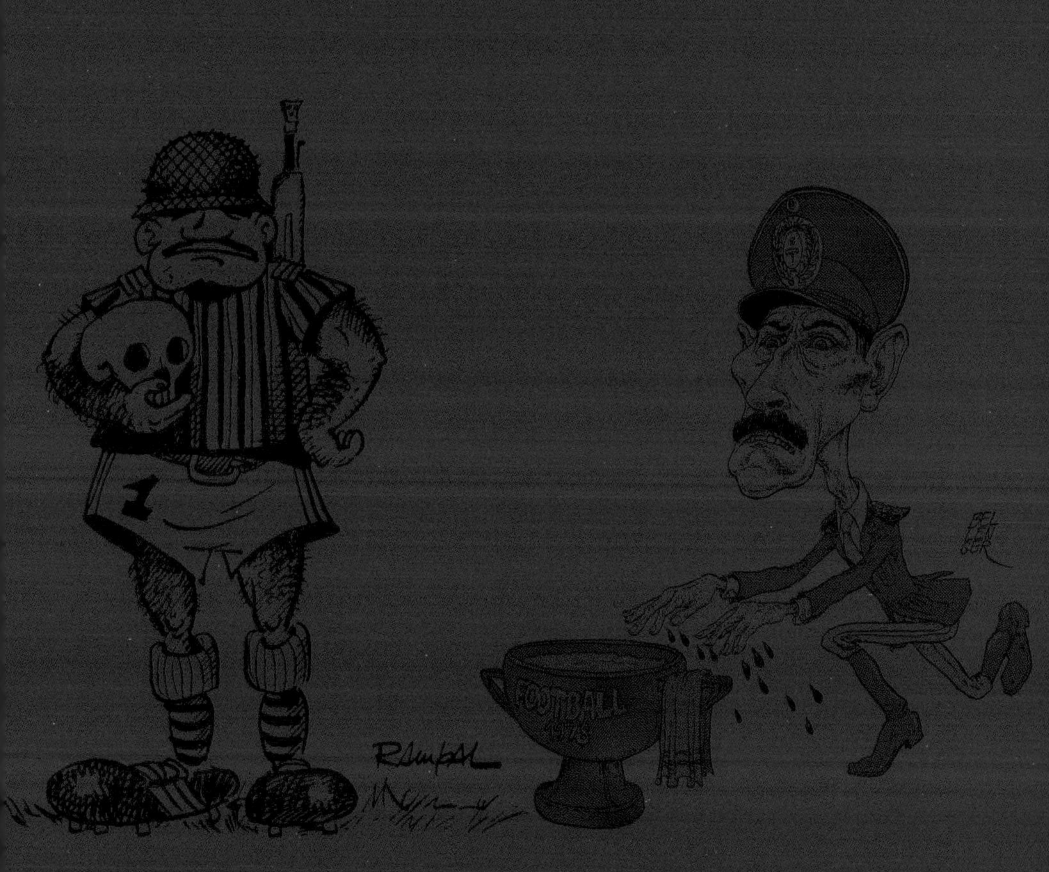

1
FOOTBALL
1978

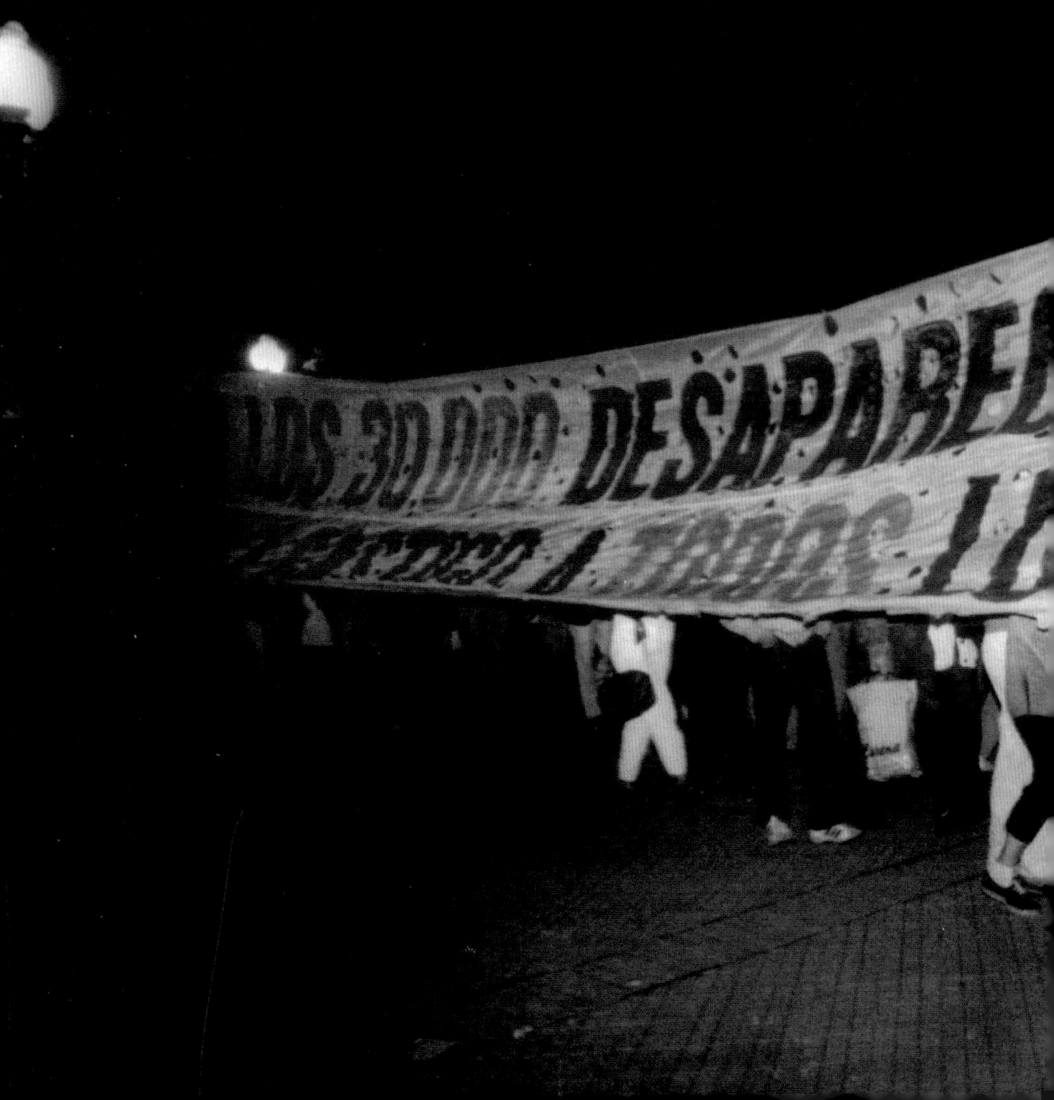
SOMOS 30.000 DESAPAREC

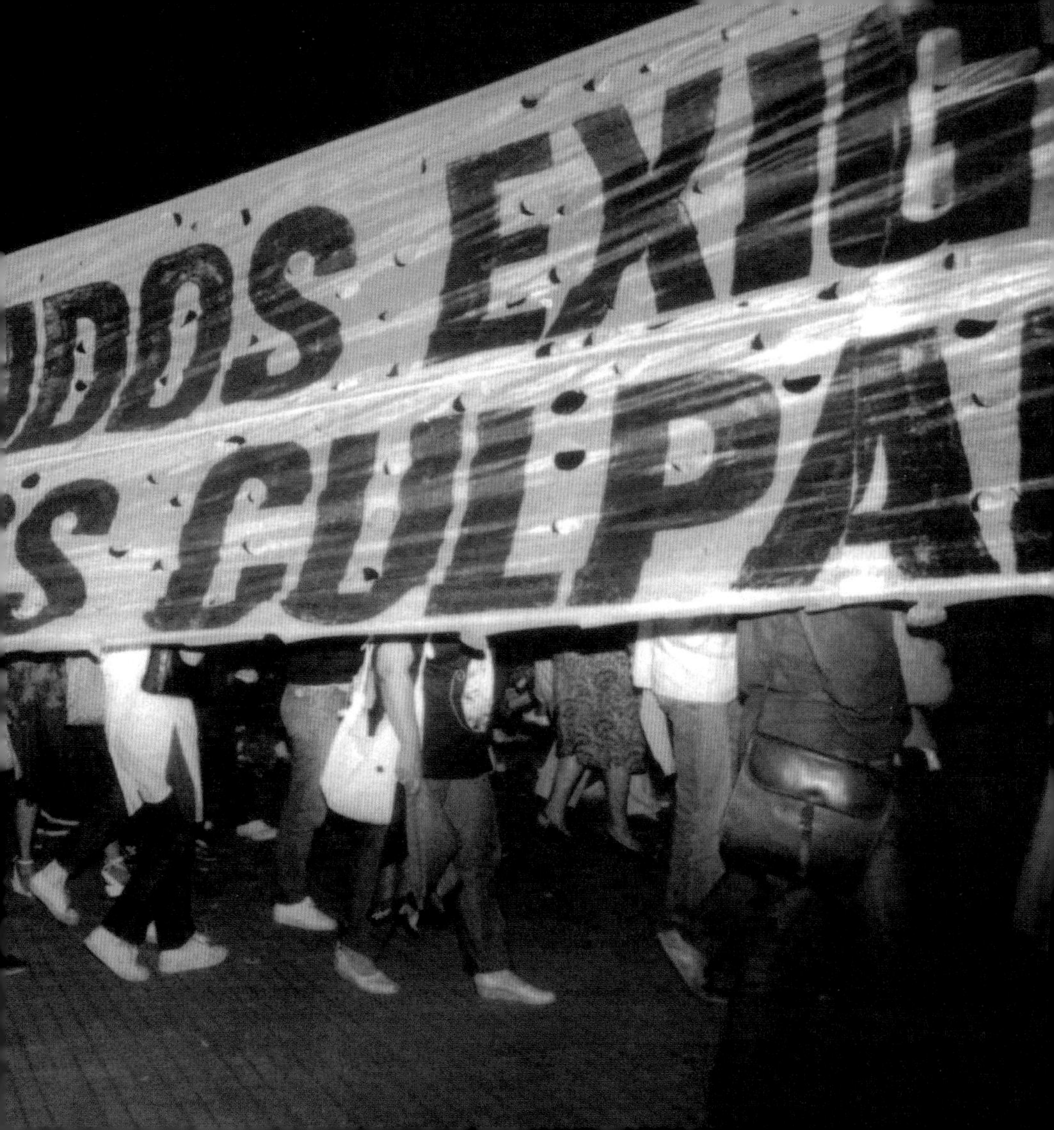
DOS EXI
S CULPA

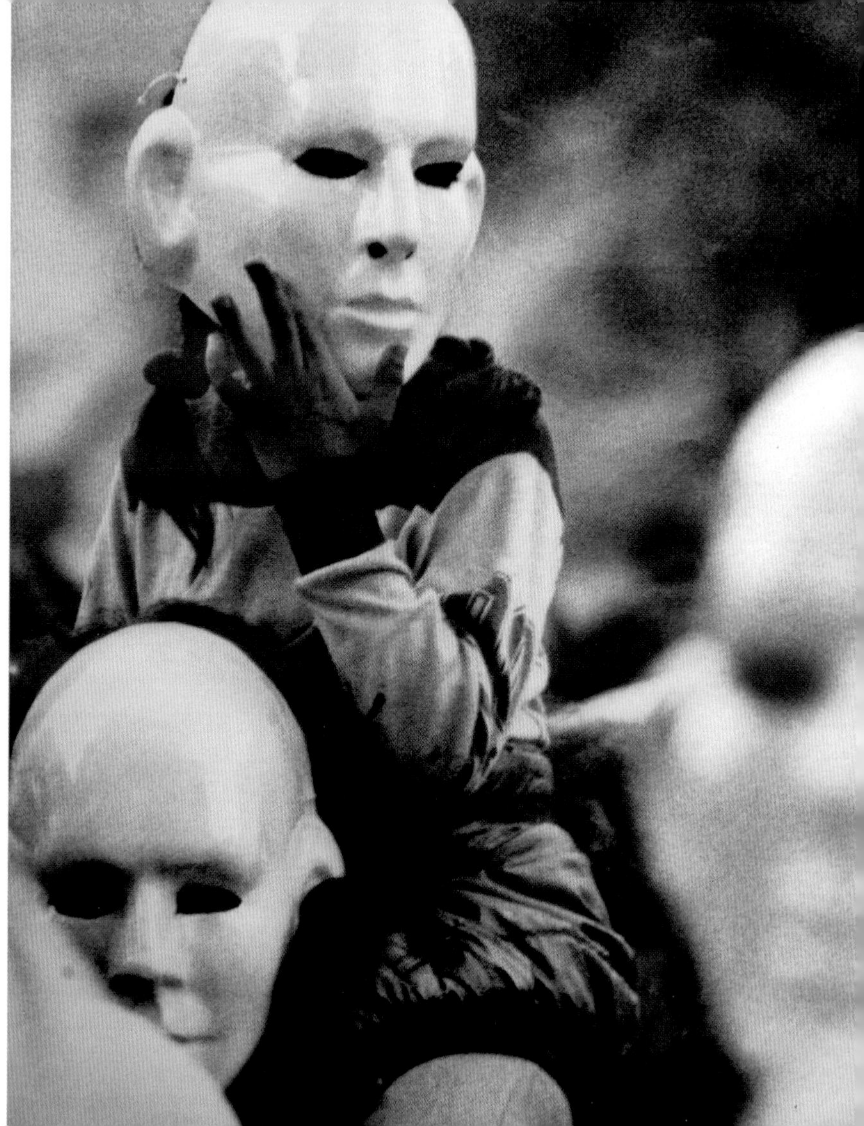

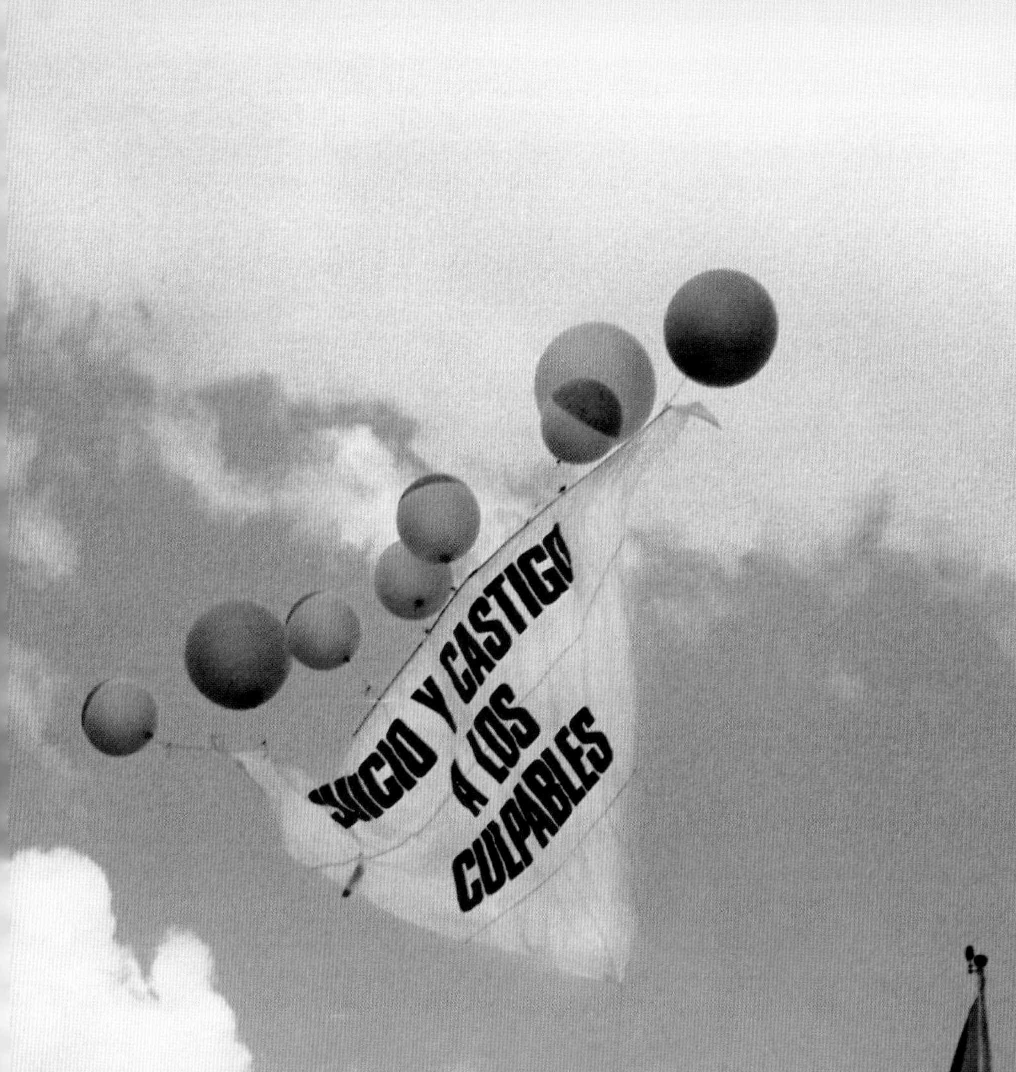

JUICIO Y CASTIGO
A LOS
CULPABLES

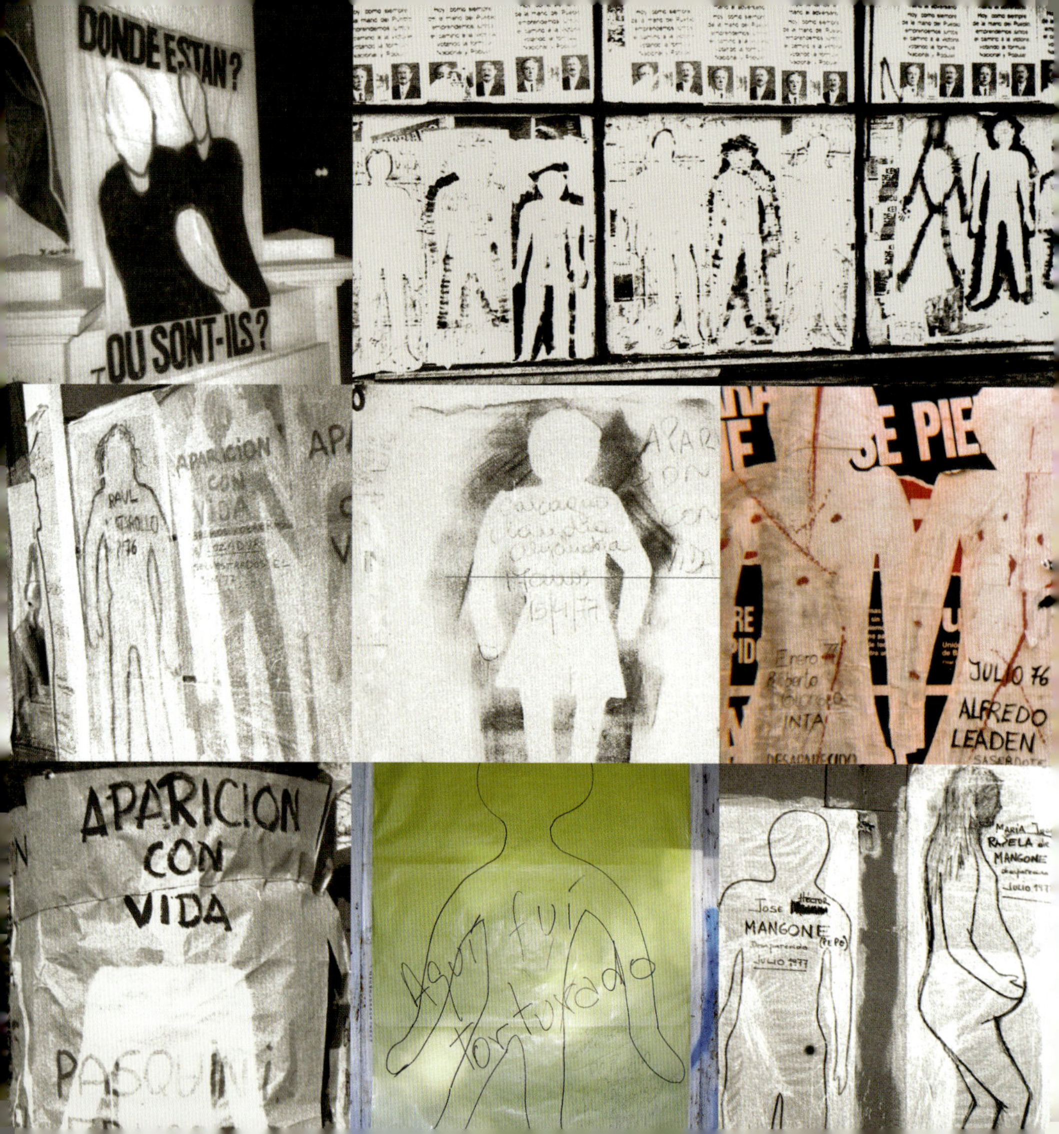
DONDE ESTAN?
-OU SONT-ILS?
RAUL
1976
APARICION CON VIDA
SE PIE
Enero 77
Roberto
INTA
JULIO 76
ALFREDO
LEADEN
SACERDOTE
DESAPARECIDO
APARICION CON VIDA
PASQUIN
fui torturado
José
MANGONE (PEPE)
JULIO 1977
MARIA
RAPELA de
MANGONE
JULIO 1977

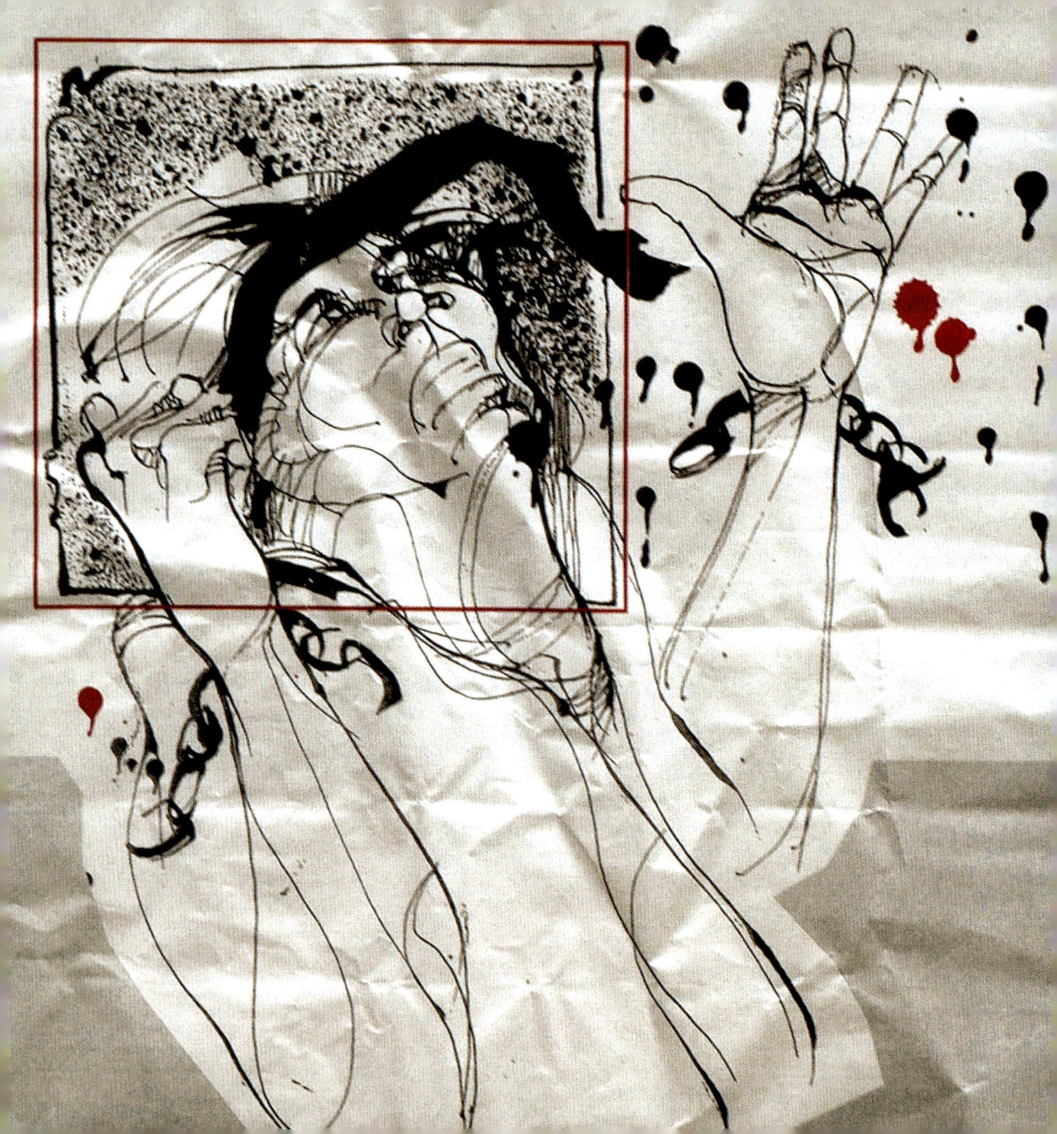

30000

LA SOMBRA DE LA DEMOCRACIA (1976-1983)

EL OLVIDO ES UNA FORMA DE MUERTE SIEMPRE PRESENTE EN LA VIDA. EL OLVIDO ES TAMBIEN EL GRAN PROBLEMA DE LA POLITICA. EL TOTALITARISMO PRIVA A LA GENTE DE MEMORIA Y POR LO TANTO LOS CONVIERTE EN UNA NACION DE NIÑOS (M.K.)

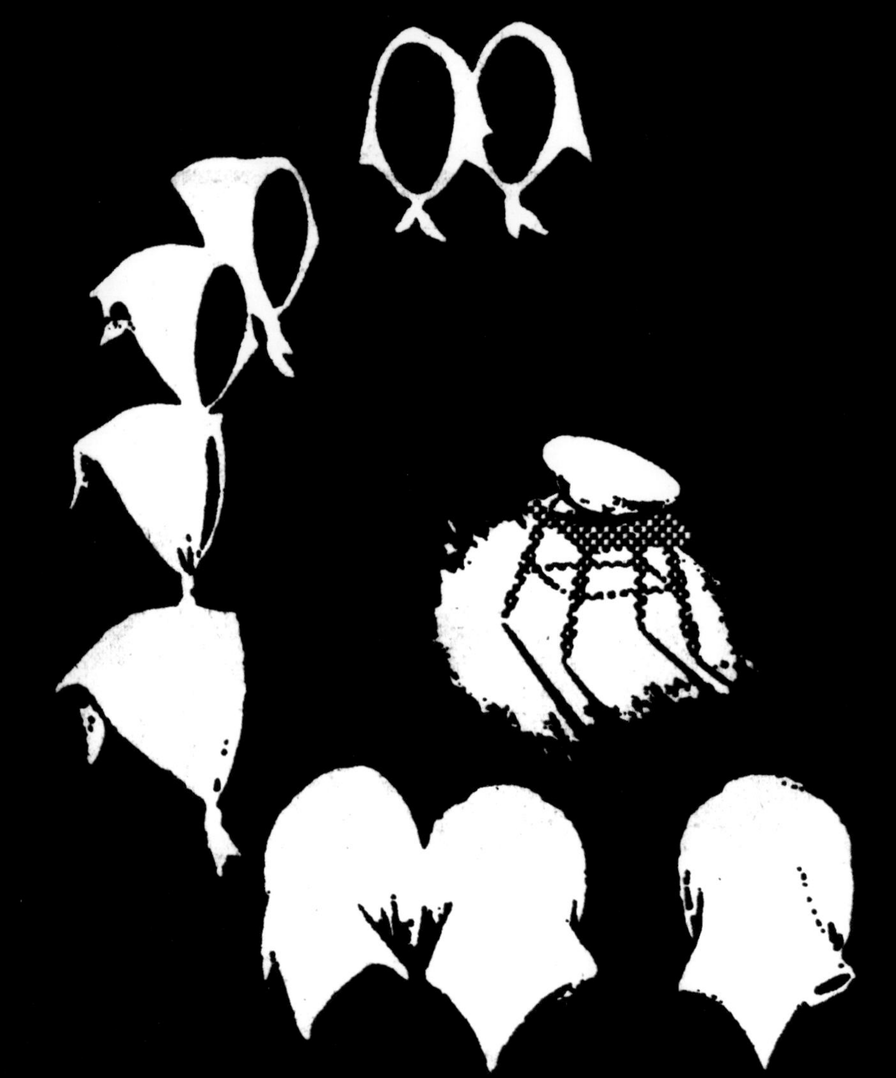

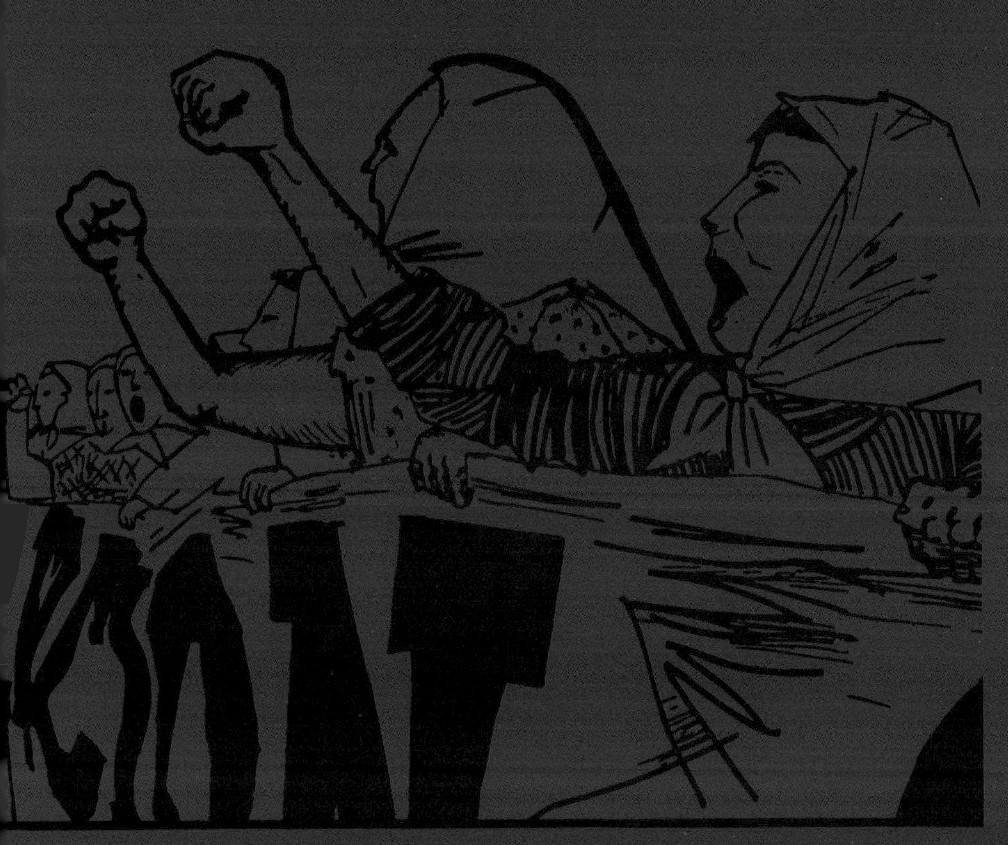

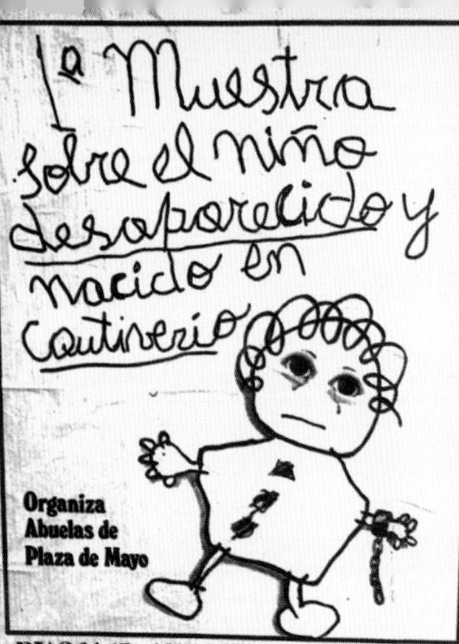

1a Muestra sobre el niño desaparecido y nacido en Cautiverio
Organiza Abuelas de Plaza de Mayo
DIAS 14,15 y 16 de NOVIEMBRE de 1984
ASOCIACION CRISTIANA de JOVENES

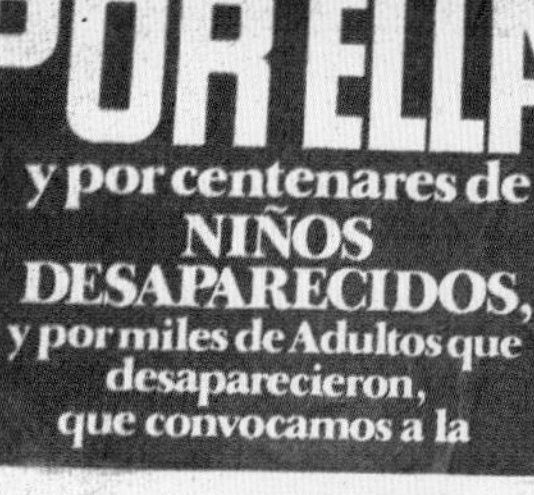

POR ELLA
y por centenares de
NIÑOS DESAPARECIDOS,
y por miles de Adultos que desaparecieron,
que convocamos a la

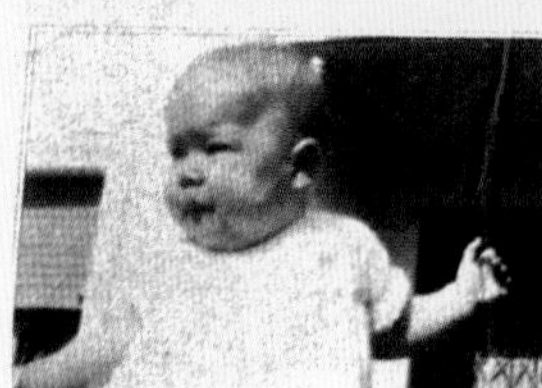

CLAUDIA VICTORIA POBLETE
Nacida el 23.3.78
Desaparecida con sus padres el 28.11.78

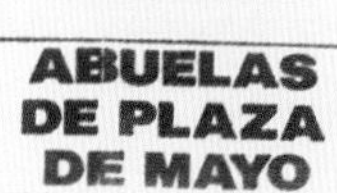

MARCHA DE LA RESISTENCIA
Plaza de Mayo
21 de Septiembre
15,30 hs
Por 24 horas
ABUELAS DE PLAZA DE MAYO

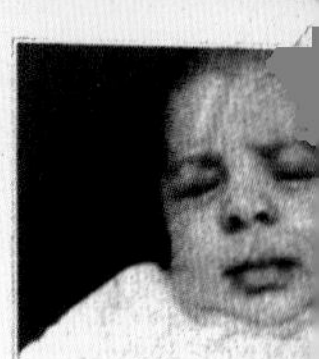

POR EL
y por centenares de
NIÑOS DESAPARECIDOS
y por miles de Adultos que desaparecieron,
que convocamos a la
GABRIEL MA...
CEVA...
Nacido el 14...
Desaparecid...
su madre el

"Mi abuela me está buscando
ayúdela a encontrarme"
10 de Diciembre
"Día Universal de los Derechos Humanos"
Este pedido puede ser de cualquiera de los niños sustraídos a sus legítimas familias por las fuerzas de represión.
Ellos tienen derecho a conocer sus raíces y vivir en ellas.
Ayúdenos a encontrarlos.

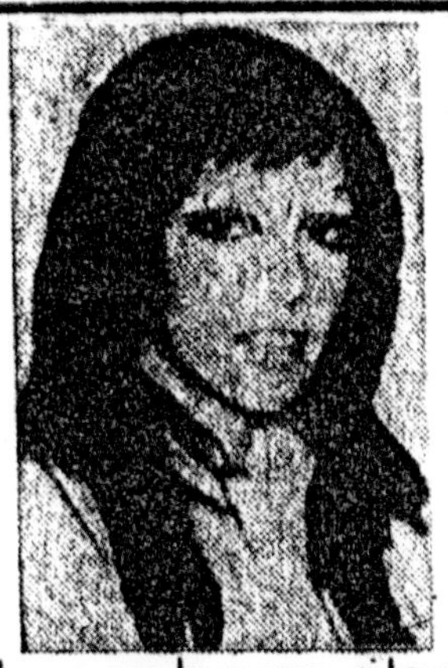

LAURA ESTELA CARLOTTO

Desaparecida el 20-11-77
Asesinada el 25-08-78

BUSCANDO UNA IDENTIDAD

Dedicado a Laura desaparecida en Argentina
durante la dictadura militar.
No consigo borrar de la mente
aquella historia, aberrante.
No se si fue vista o vivida
fue sentida.

Llegan con la aurora, a Laura
los pulpos de colmillos grandes
vistiendo uniforme de campaña
Se refleja en sus rostro la sed
                    insaciable
de muerte, no de vida.
Siempre son los mismos pulpos
terrenales
los he visto en Buenos Aires, en
Rosario, en fin
                    en Argentina y las
Malvinas.
Los he visto venir e ir una y otra vez al
Norte
probando la fuerza fiera del grupo
Pero hay más, los he visto implorar
solos.
Ya no con sus grandes colmillos y sus
patas amenazadoras.
Los he visto arrastrase bajo el bravo
influjo de las
                    Marianas de la Plaza de
Mayo.
Bellas Dulcineas que días tras días
claman justicia.
Justicia para los muertos.
Justicia para los vivos.
Y en el mismo trajín de la busqueda
encuentran ellos
la verdadera Vida.

**Noel
Santiago de Cuba**

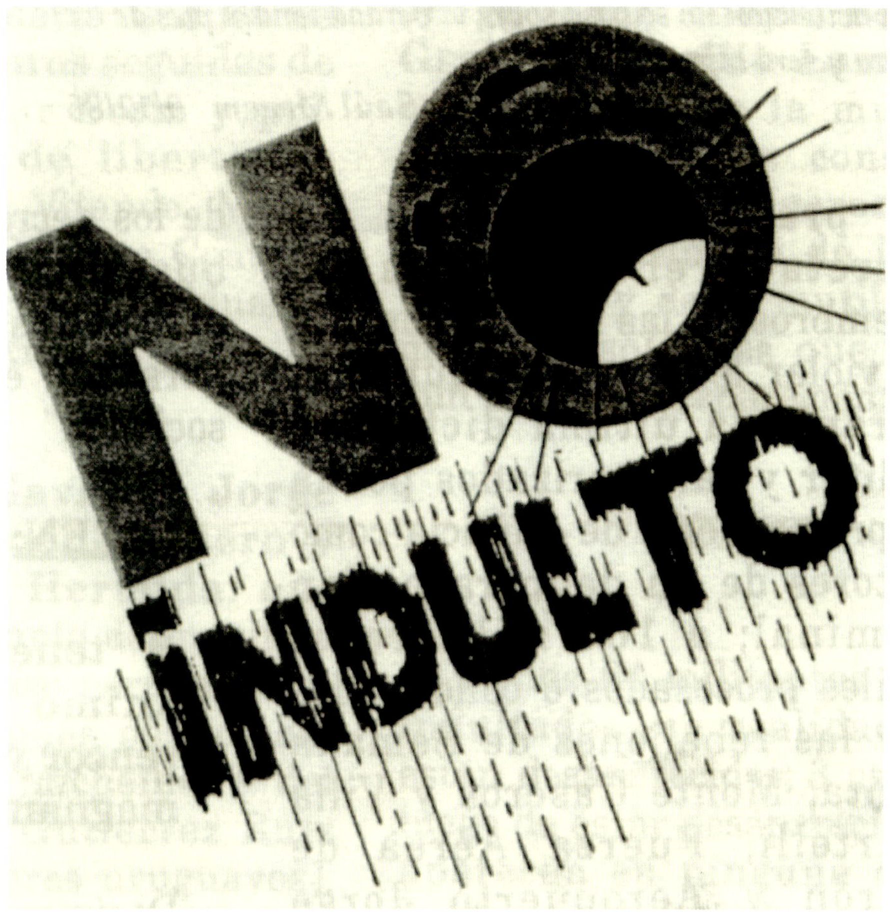

NO
¡INDULTO!

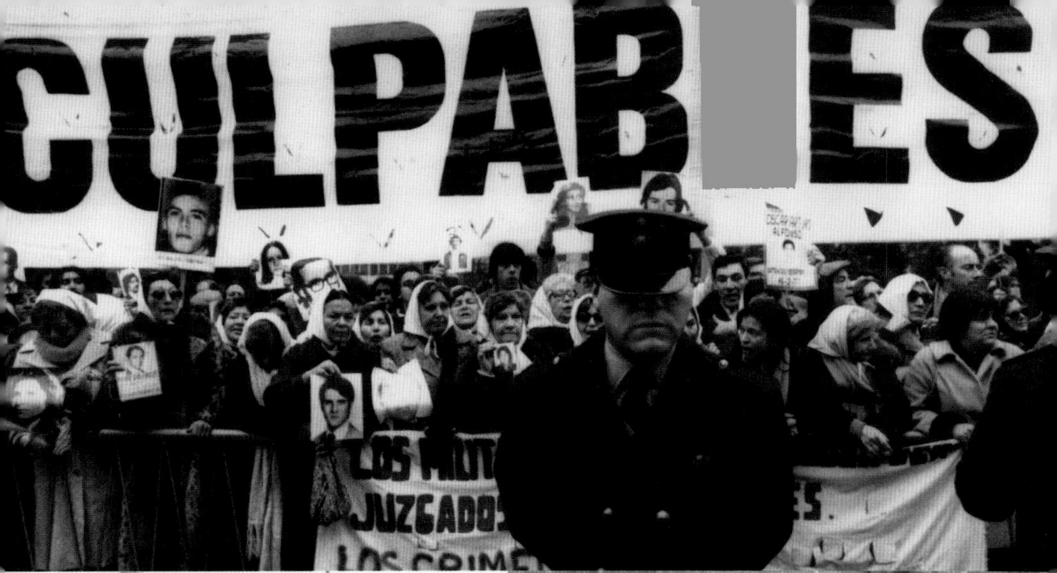

CULPABLES
LOS ... JUZGADOS
LOS CRIME...
NO A LA AMNISTIA
NO 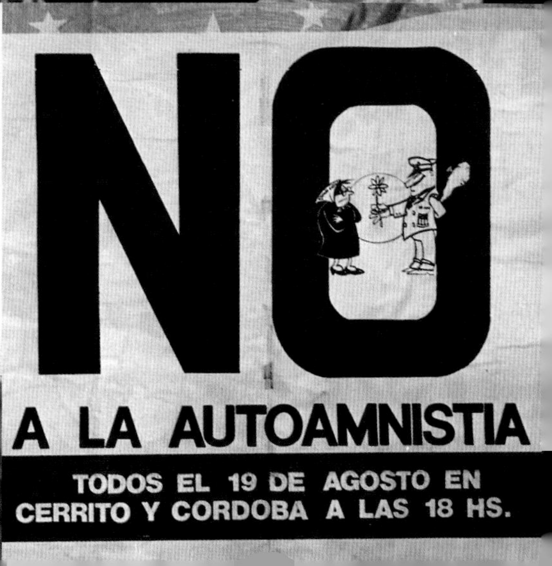
A LA AUTOAMNISTIA
TODOS EL 19 DE AGOSTO EN
CERRITO Y CORDOBA A LAS 18 HS.

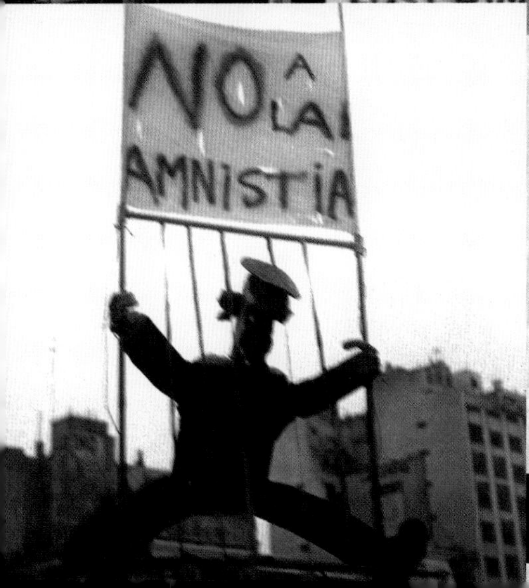

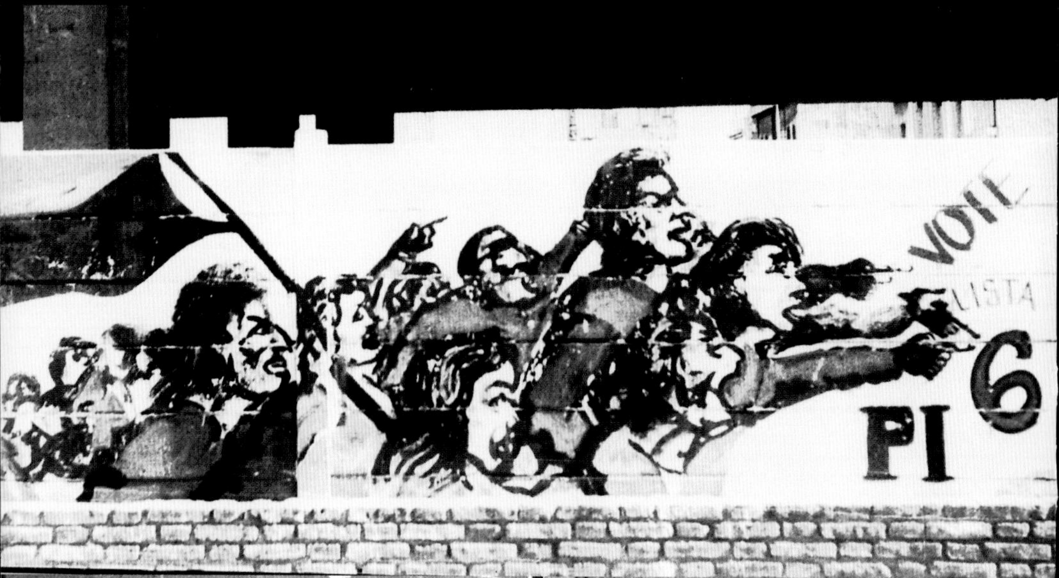

VOTE
LISTA
6
PI
P.I. 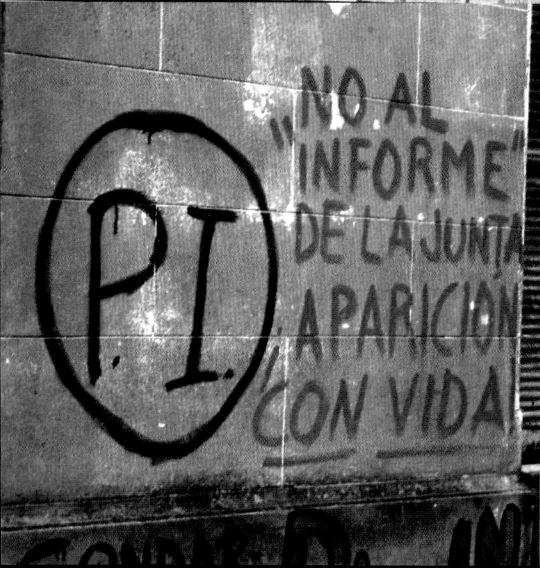
"NO AL
INFORME"
DE LA JUNTA
¿APARICIÓN
CON VIDA?
P.I

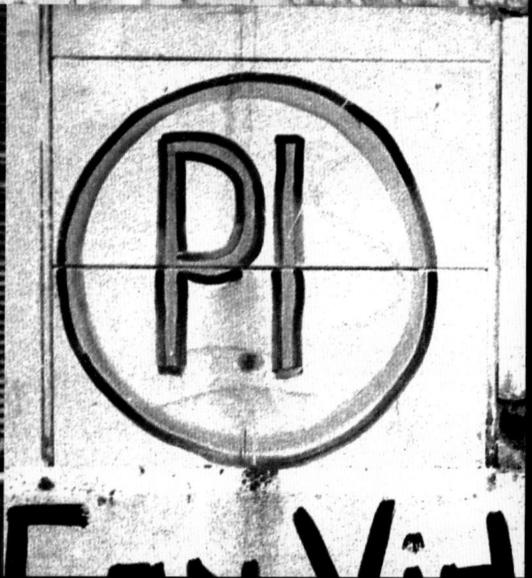

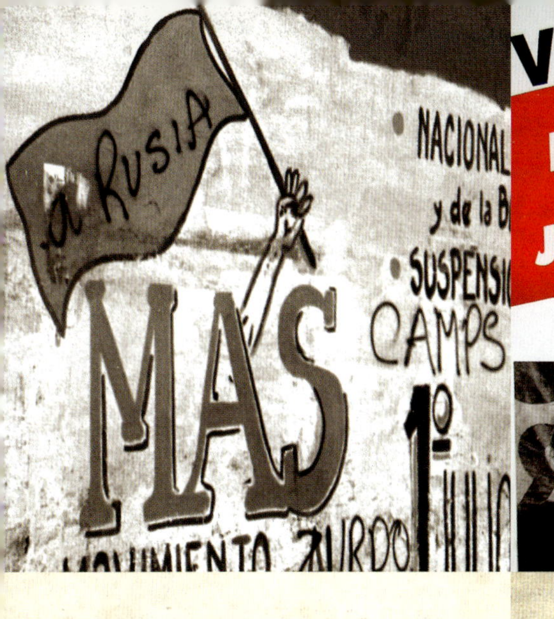

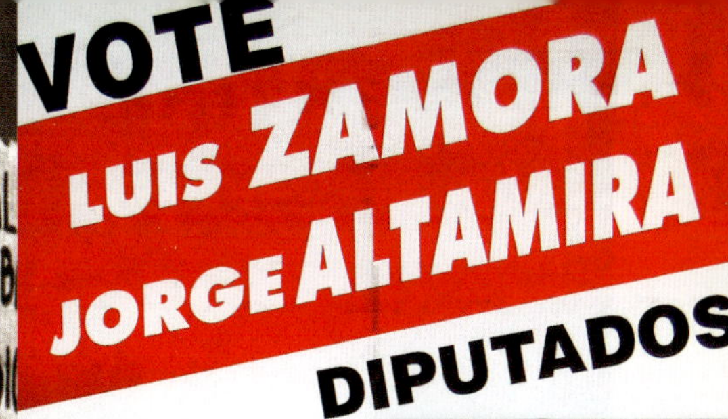

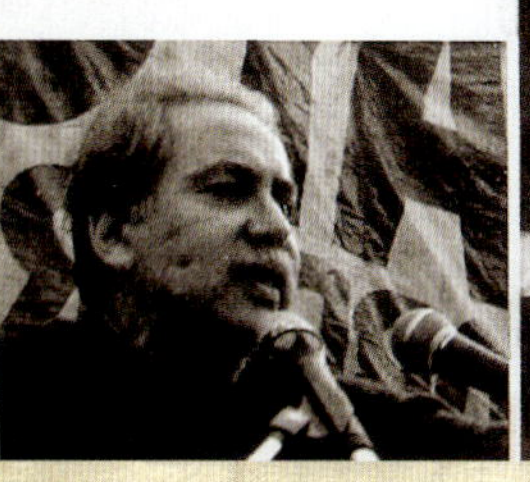

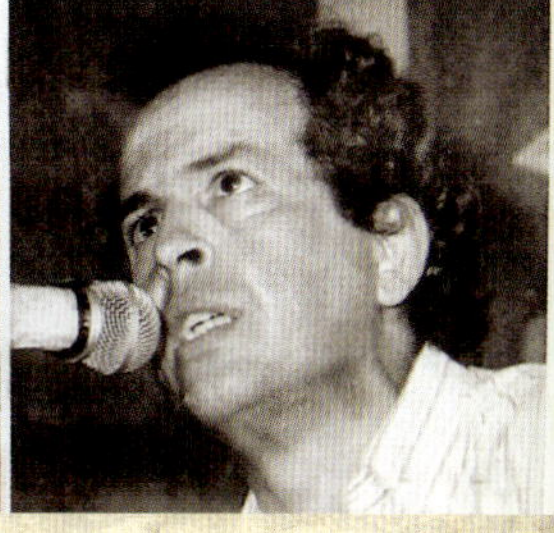

ROGRAMA DEL MAS

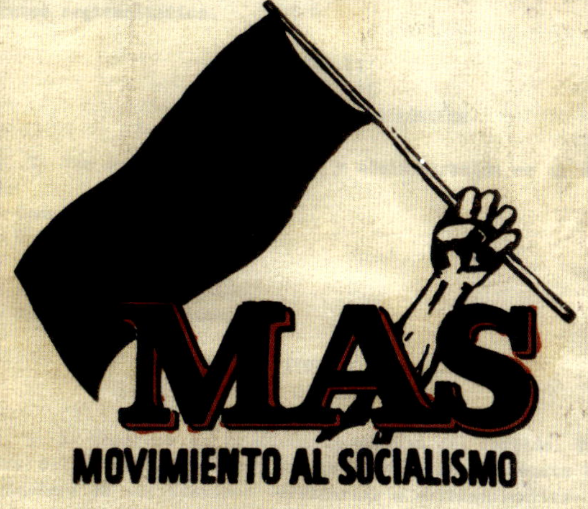

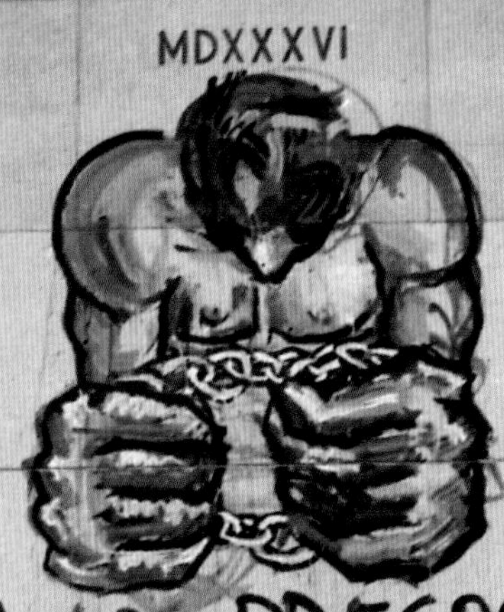

MDXXXVI
J.EVI
LIBERTAD A LOS PRESOS POLITICO

MDXXXVI
REPRESORES:
ESTOS SON ALGUNOS DE LOS MILES
NO A LA AMNISTIA
LIBERTAD A TODOS LOS PRESOS POLITICOS
BIGLIONI (CAP)
BIANCO (MED)
BESTEIRO (Pol. Fed)
BAEZ (Ej) BADIA (Med)
BERMUDEZ (CAP) YON (TTE)
MONTES ESPINOZA (SGTO) FRECHA (CTE)
FERRANTI FORCHETTI (Pol. Fed.)
BIGNONE (TTE GRAL)
DEL CENTRO CLANDESTINO - DE - QUILMES
INSUA (sub. crio.)
LUJAN (Pol. Pcia)
FERNANDEZ DE SILENCIO
FERNANDEZ DE FAMATYA
MARTINO LUQUE (CTE SEC)
LUAN (TTE)
FELIPE. CECILIO FERRANTI
ESTEVEZ
JUSTO MENDEZ (CRIO) MASSERA
CASTAGNESE (Pol. Fed)
CHAMPARA (CNEL)
LIBERTAD A TODOS LOS PRESOS POLITI
JULIO (COS)
MARTINEZ (CBO)
LAZARTE (TTE) COS.
SOTO
FERNANDEZ (ESMA)
CARRANZA
FERRO DAVILA
PIGRLO FUNES, FLOR
SIMENES
CAPUTO

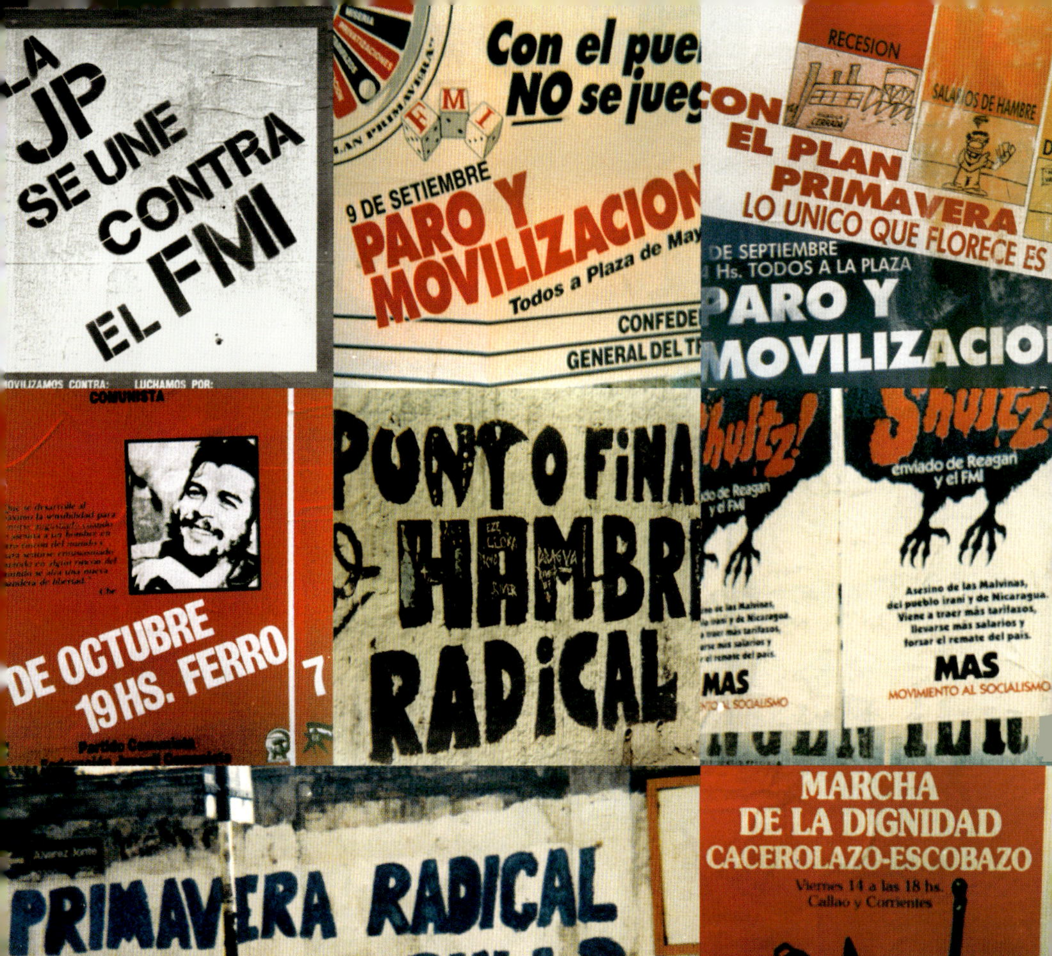
LA JP SE UNE CONTRA EL FMI
Con el pue NO se jueg
9 DE SETIEMBRE
PARO Y MOVILIZACION
Todos a Plaza de May
CONFEDE
GENERAL DEL TR
RECESION
SALARIOS DE HAMBRE
CON EL PLAN PRIMAVERA
LO UNICO QUE FLORECE ES
DE SEPTIEMBRE
Hs. TODOS A LA PLAZA
PARO Y MOVILIZACION
MOVILIZAMOS CONTRA: LUCHAMOS POR:
COMUNISTA
DE OCTUBRE
19 HS. FERRO
7
Partido Comunista
PUNTO FINA
HAMBRE
RADICAL
Shultz!
do de Reagan
y el FMI
Shultz
enviado de Reagan
y el FMI
Asesino de las Malvinas,
del pueblo iraní y de Nicaragua.
Viene a traer más tarifazos,
llevarse más salarios y
forzar el remate del país.
MAS
MOVIMIENTO AL SOCIALISMO
PRIMAVERA RADICAL
MISERIA POPULAR
MARCHA DE LA DIGNIDAD
CACEROLAZO-ESCOBAZO
Viernes 14 a las 18 hs.
Callao y Corrientes

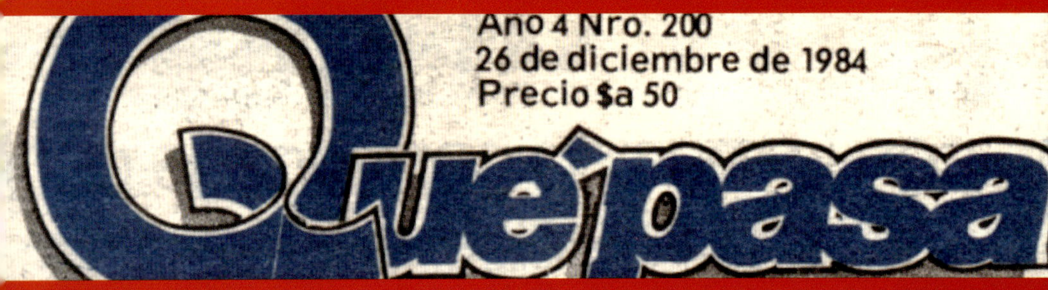

Semanario Socialista
Corriente Morenista del MAS ■ N° 2 - $ 0.50, Precio Solidario $ 2.- ■ 13 de Mayo de 1992

Edición Nacional de 30.000 Ejemplares
DIGNIDAD
Periódico del Movimiento Independiente de Jubilados y Desocupados
Organización Nacional de Centros de Trabajadores Jubilados y Pensionados Jóvenes y Desocupados con inscripción en el IN

Que pasa
Ano 4 Nro. 200
26 de diciembre de 1984
Precio $a 50

MADRES
DE PLAZA DE MAYO

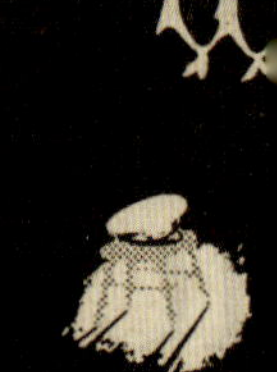

SOLiDARiDAD SoCiALiSTA

Tribuna independiente del pensamiento socialista

Alternativa socialista

ación del Movimiento Socialista de los Trabajadores - MST   Miércoles 29 de octubre de 1997 - Nº 213 - $ 1.- Precio solidario: $ 5

La Verdad Obrera PTS

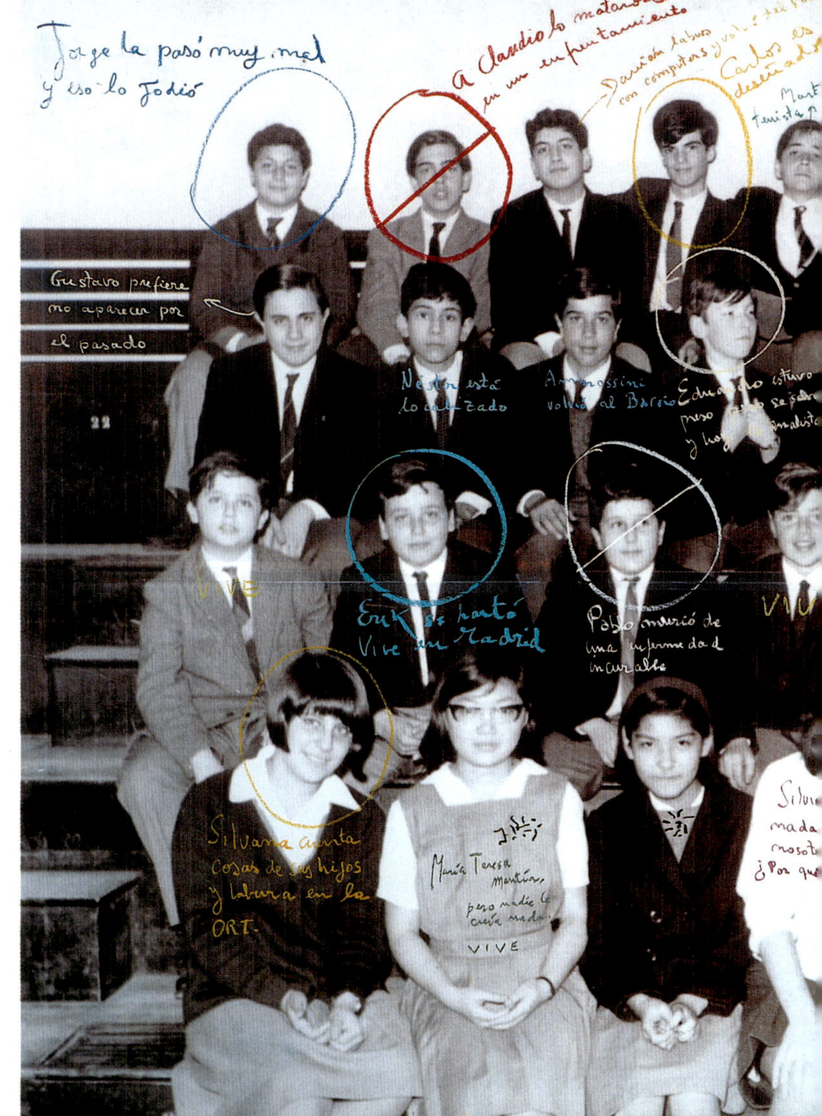

Jorge la pasó muy mal y eso lo jodió
A Claudio lo mataron en un enfrentamiento
Damián labura con computers y vol... del...
Carlos es ... desesperado
Mart... tenista...
Gustavo prefiere no aparecer por el pasado
Néstor está localizado
Amarossini volvió al Barrio
Eduardo estuvo preso pero se... y hoy...
VIVE
Erik se hartó Vive en Madrid
Pablo murió de una enfermedad incurable
VIVE
Silvana cuenta cosas de sus hijos y labura en la ORT.
María Teresa Martín, pero nadie le cree nada...
VIVE
Silvio... nada... nosotros... ¿Por qué...
22

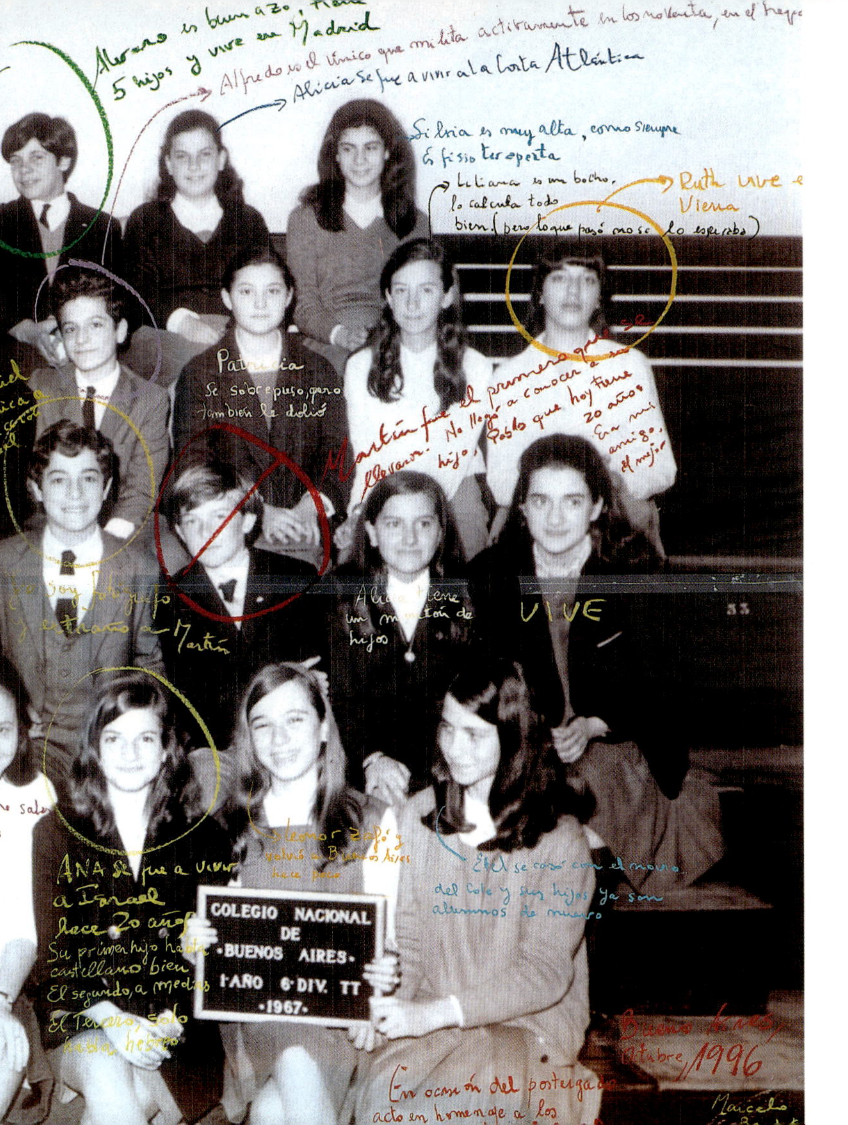
Alberto es buenazo, tiene 5 hijos y vive en Madrid
Alfredo es el único que milita activamente en los noventa, en el tra...
Alicia se fue a vivir a la Costa Atlántica
Silvia es muy alta, como siempre. Es físio terapeuta
Liliana es un bocho, lo calcula todo bien (pero lo que pasó no se lo esperaba)
Ruth vive en Viena
Patricia se sobrepuso, pero también le dolió
Martín fue el primero que llevara... No llegó a conocer a Pablo que hoy tiene 20 años. Era mi amigo, el mejor
Yo soy Johnjufo y extraño a Martín
Alicia tiene un montón de hijos
VIVE
33
ANA se fue a vivir a Israel hace 20 años. Su primer hijo habla castellano bien. El segundo, a medias. El tercero, solo habla hebreo
Leonor Zafó y volvió a Buenos Aires hace poco
Ethel se casó con el novio del cole y sus hijos ya son alumnos de nuevo
COLEGIO NACIONAL DE BUENOS AIRES 1° AÑO 6° DIV. TT 1967
Buenos Aires, Octubre 1996
En ocasión del postergado acto en homenaje a los
Marcelo

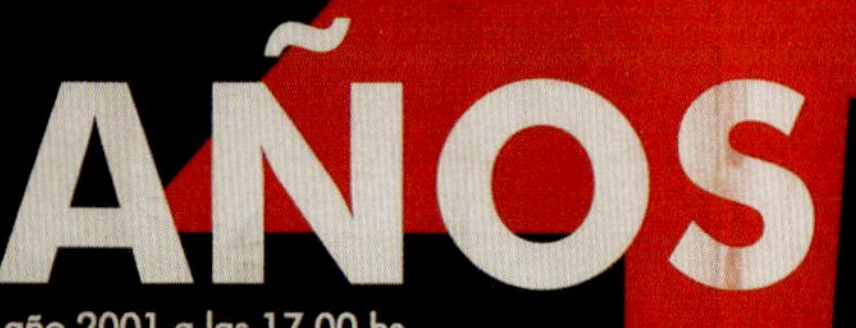

30.000 Detenidos - Desaparecidos: PRESENTE
El poder económico y los gobiernos de turno garantizan
que el genocidio impune de ayer
continúe con el genocidio de hoy.
Basta de hambre, entrega, desocupación y represión.
Basta de impunidad.
Hagamos del 24 de Marzo un día de lucha.
25 AÑOS
24 de Marzo del año 2001 a las 17.00 hs.
Marchamos desde Plaza Congreso hasta Plaza de Mayo.
ENCUENTRO 25 AÑOS : MEMORIA, VERDAD Y JUSTICIA

A NUESTROS COMPAÑEROS MUERTOS Y DESAPARECIDOS

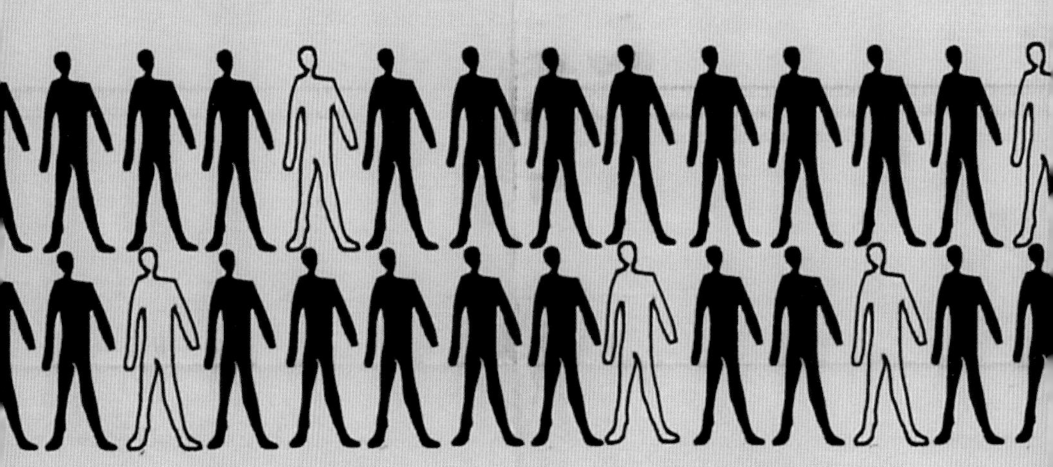

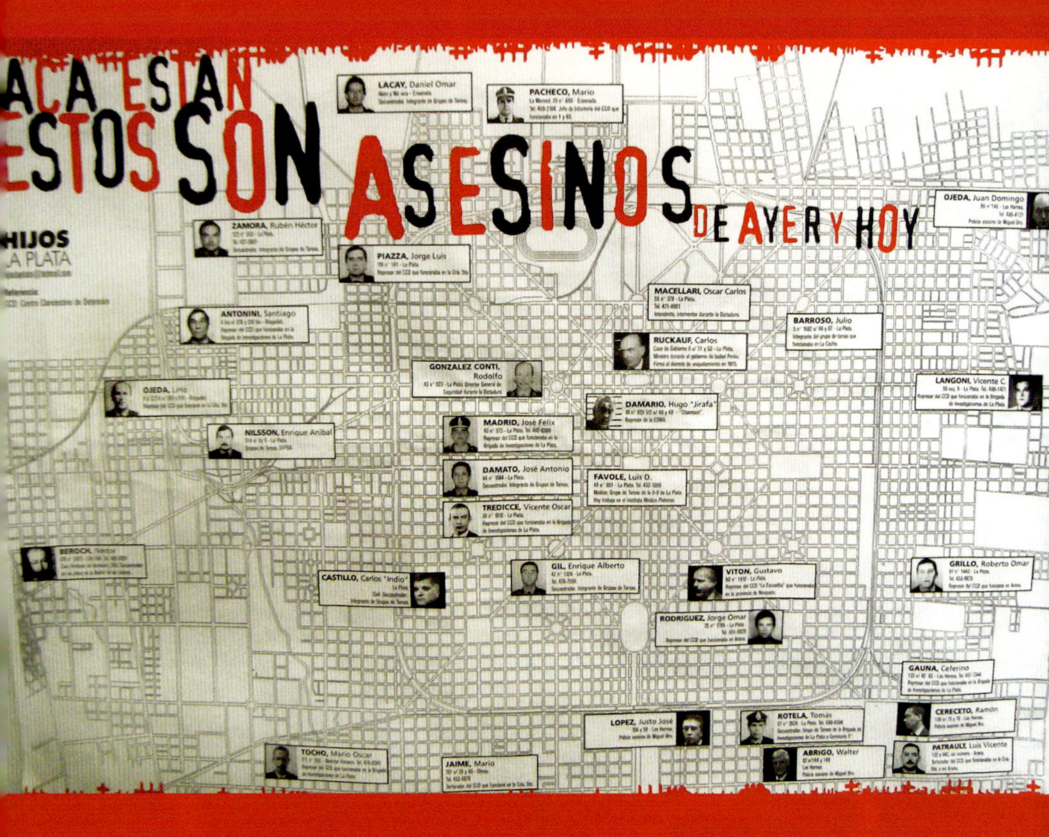

ACA ESTAN
ESTOS SON ASESINOS DE AYER Y HOY

HIJOS
LA PLATA

Referencia:
CCD: Centro Clandestino de Detención

LACAY, Daniel Omar

PACHECO, Mario

ZAMORA, Rubén Héctor

PIAZZA, Jorge Luis

ANTONINI, Santiago

OJEDA, Lima

NILSSON, Enrique Anibal

GONZALEZ CONTI, Rodolfo
La Plata. Director General de Seguridad durante la Dictadura.

MADRID, José Félix
Represor del CCD que funcionaba en la Brigada de Investigaciones de La Plata.

DAMATO, José Antonio
Secuestrador. Integrante de Grupos de Tareas.

TREDICCE, Vicente Oscar
Represor del CCD que funcionaba en la Brigada de Investigaciones de La Plata.

MACELLARI, Oscar Carlos
Intendente, interventor durante la Dictadura.

RUCKAUF, Carlos
Ministro durante el gobierno de Isabel Perón. Firmó el decreto de aniquilamiento en 1975.

DAMARIO, Hugo "Jirafa"
Represor de la EDNA.

FAVOLE, Luis D.
Médico, Grupo de Tareas de la U-9 de La Plata. Hoy trabaja en el Instituto Médico Platense.

BARROSO, Julio
Integrante del grupo de tareas que funcionaba en La Cacha.

LANGONI, Vicente C.
Represor del CCD que funcionaba en la Brigada de Investigaciones de La Plata.

OJEDA, Juan Domingo
Policía asesino de Miguel Bru.

BEROCH, Héctor

CASTILLO, Carlos "Indio"
Civil. Secuestrador. Integrante de Grupos de Tareas.

GIL, Enrique Alberto
Secuestrador. Integrante de Grupos de Tareas.

VITON, Gustavo
Represor del CCD "La Escuelita" que funcionaba en la provincia de Neuquén.

RODRIGUEZ, Jorge Omar
Represor del CCD que funcionaba en Arana.

GRILLO, Roberto Omar
Represor del CCD que funcionaba en Arana.

GAUNA, Ceferino
Represor del CCD que funcionaba en la Brigada de Investigaciones de La Plata.

CERECETO, Ramón
Policía asesino de Miguel Bru.

LOPEZ, Justo José
Policía asesino de Miguel Bru.

ROTELA, Tomás
Secuestrado. Grupo de Tareas de la Brigada de Investigaciones de La Plata y Comisaría 5°.

ABRIGO, Walter
Policía asesino de Miguel Bru.

PATRAULT, Luis Vicente
Torturador del CCD que funcionaba en la Cría. 5ta. y en Arana.

TOCHO, Mario Oscar
Represor del CCD que funcionaba en la Brigada de Investigaciones de La Plata.

JAIME, Mario
Torturador del CCD que funcionaba en la Cría. 5ta.

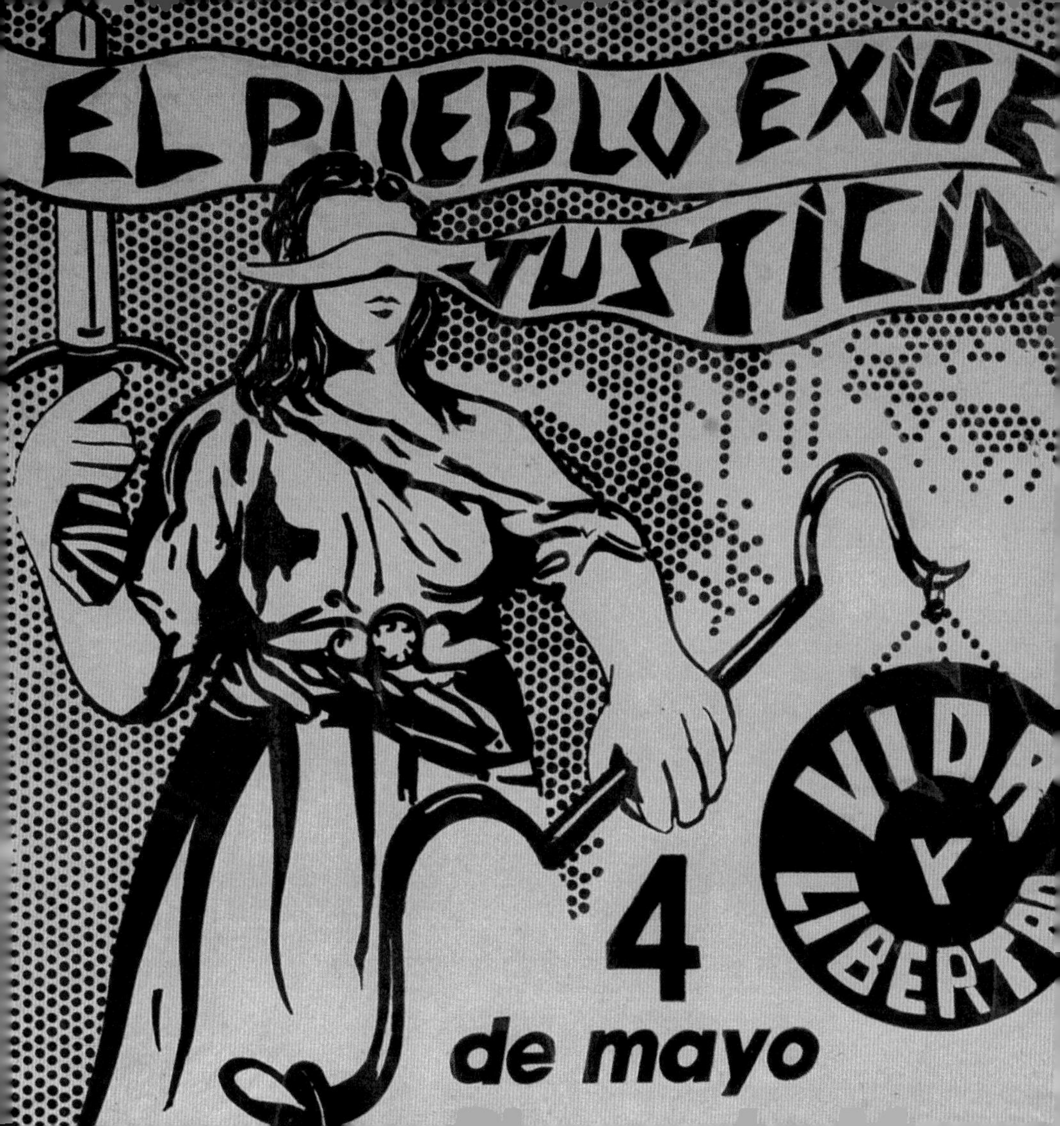

EL PUEBLO EXIGE
JUSTICIA
VIDA Y LIBERTAD
4
de mayo

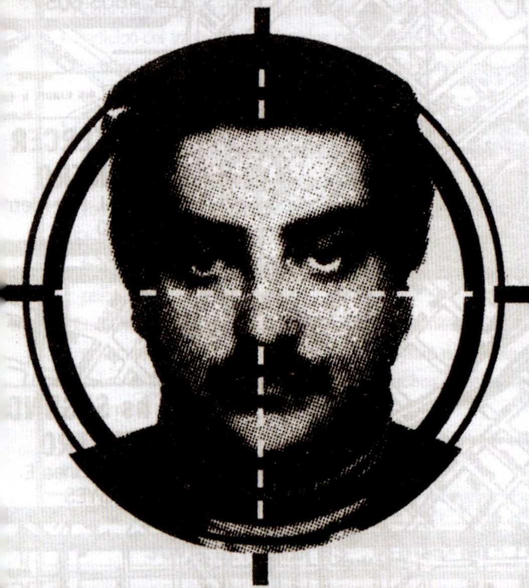

HAY UN TORTURADOR SUELTO
HAY
ESCRACHE

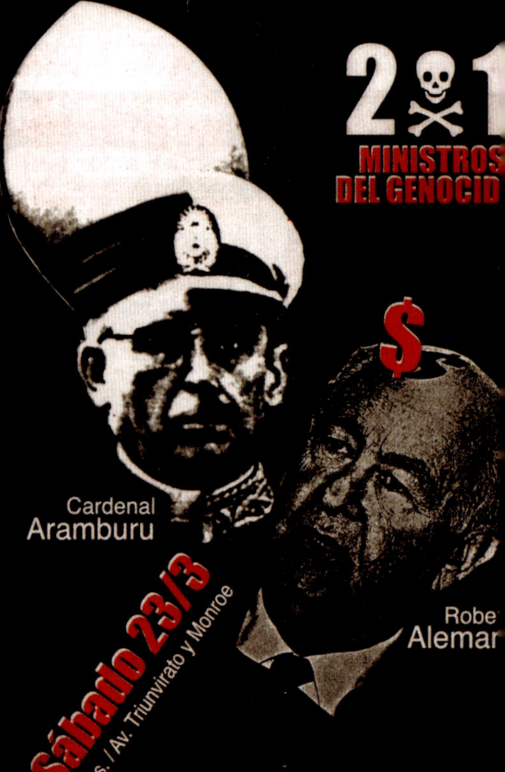

SI NO HAY JUSTICIA HAY
Escrache
www.escrache.c
2x1
MINISTROS DEL GENOCID
$
Cardenal Aramburu
Robe
Alemar
Sábado 23/3
16 hs. / Av. Triunvirato y Monroe
H.I.J.O.S.
Por la identidad y la justicia contra el olvido y el silencio

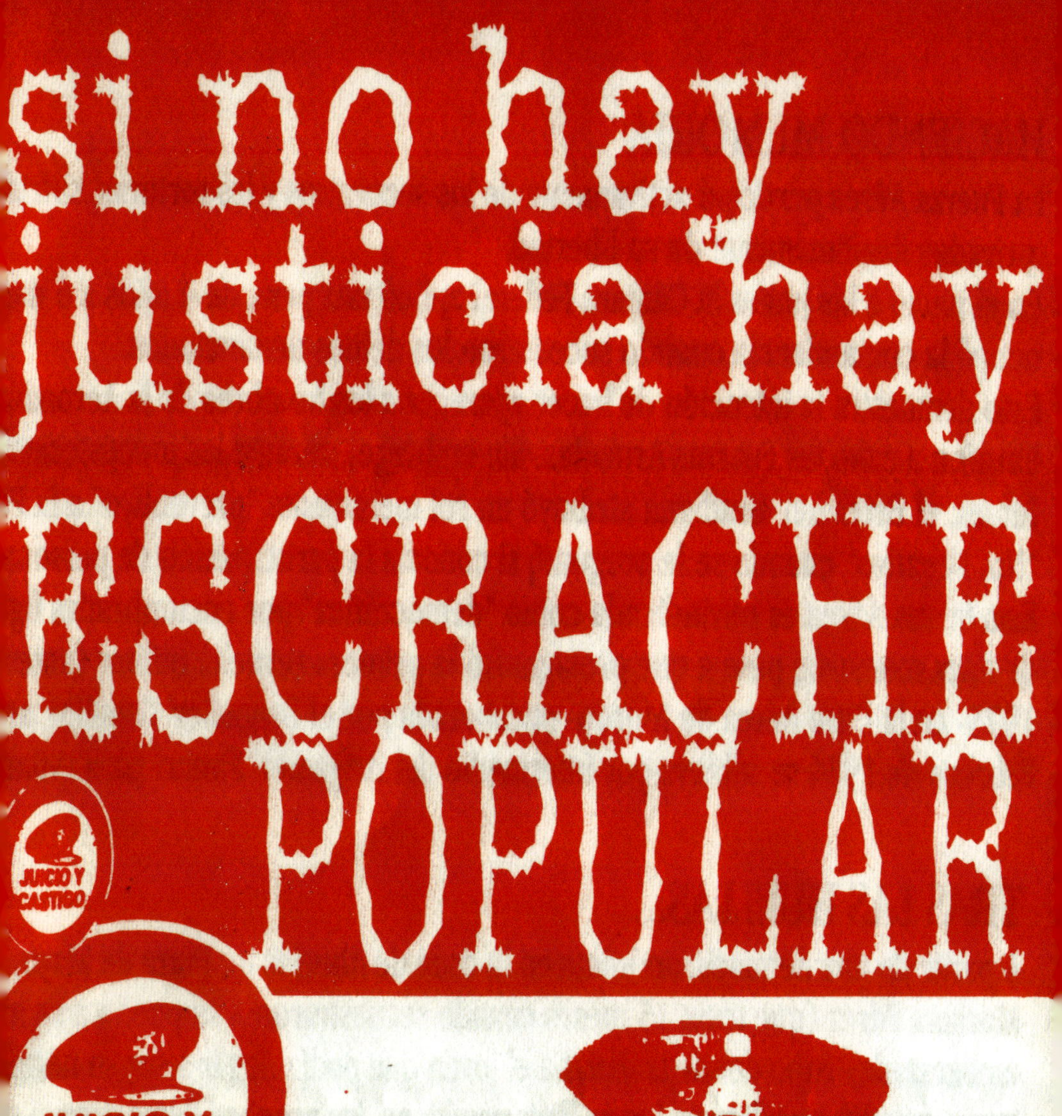

si no hay
justicia hay
ESCRACHE
POPULAR
JUICIO Y CASTIGO

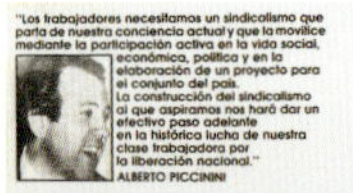

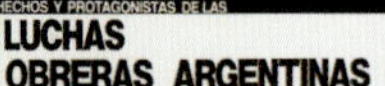

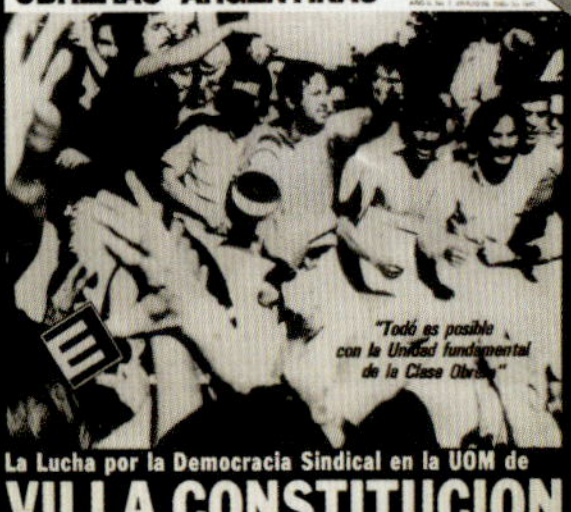

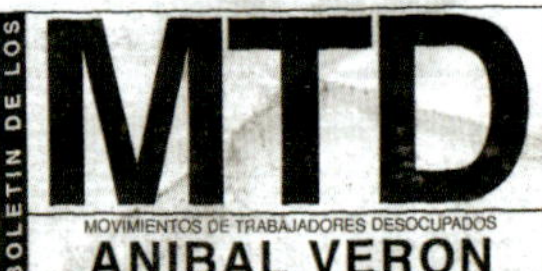

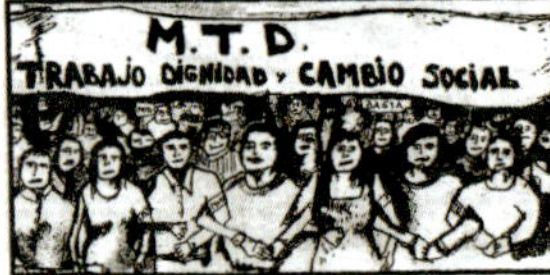

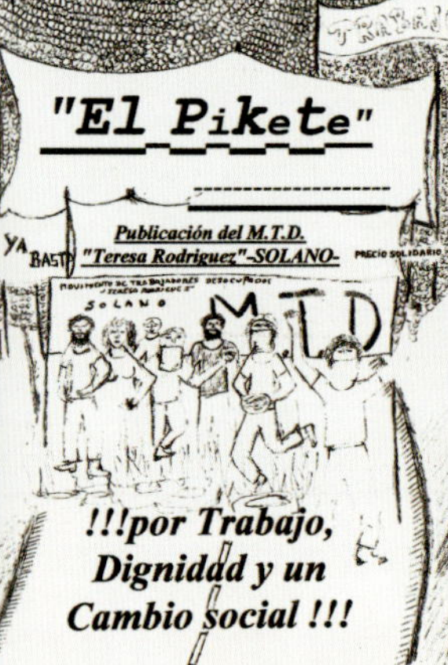

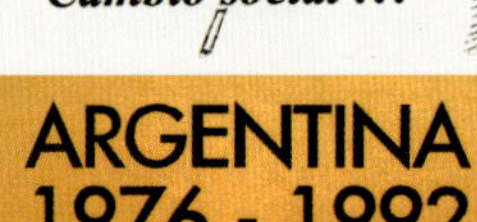

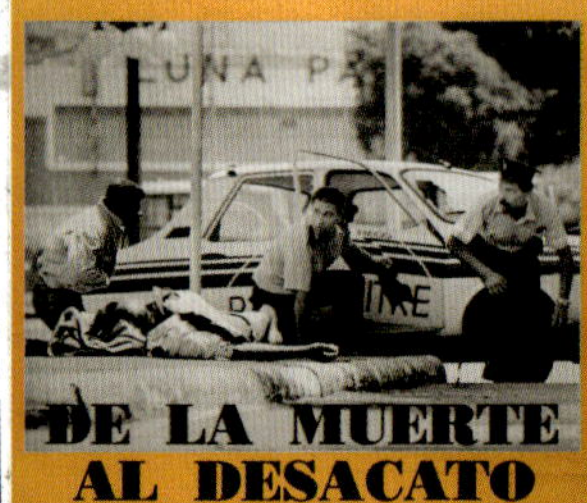

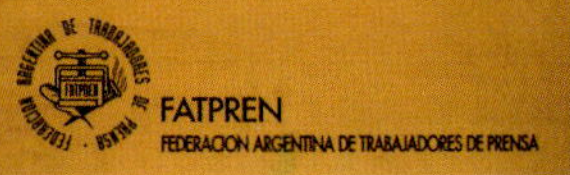

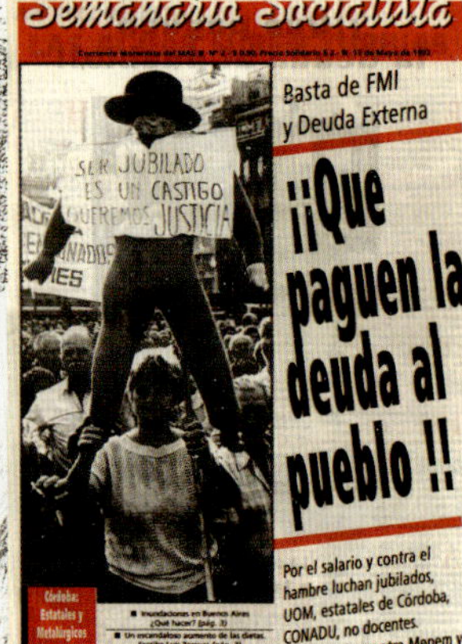

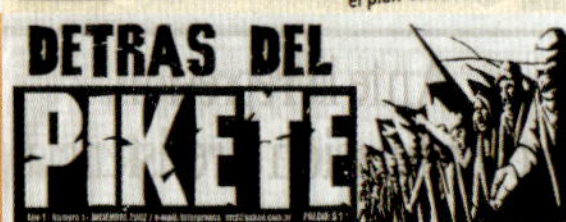

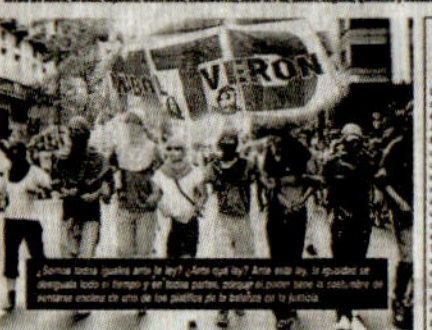

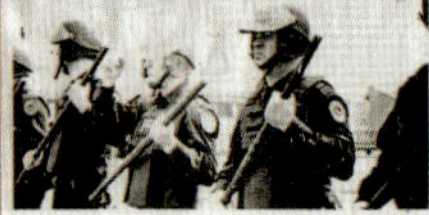

BOLETIN DE LOS

MTD

MOVIMIENTOS DE TRABAJADORES DESOCUPADOS

ANIBAL VERON

MTD Darío Santillán Almirante Brown · MTD Lanús · MTD Villa 20 Lugano · MTD Javier Barrionuevo Esteban Echeverría · MTD La Plata · MTD Berisso · MTD Darío Santillán Cipoletti Río Negro · MTD San Telmo-Barracas-Constitución · MTD La Cañada Quilmes · MTD Lomas de Zamora · MTD Oscar Barrios José C. Paz · MTD Ezeiza · MTC Luján

ARGENTINA 1976 - 1992

DE LA MUERTE AL DESACATO

FATPREN
FEDERACION ARGENTINA DE TRABAJADORES DE PRENSA

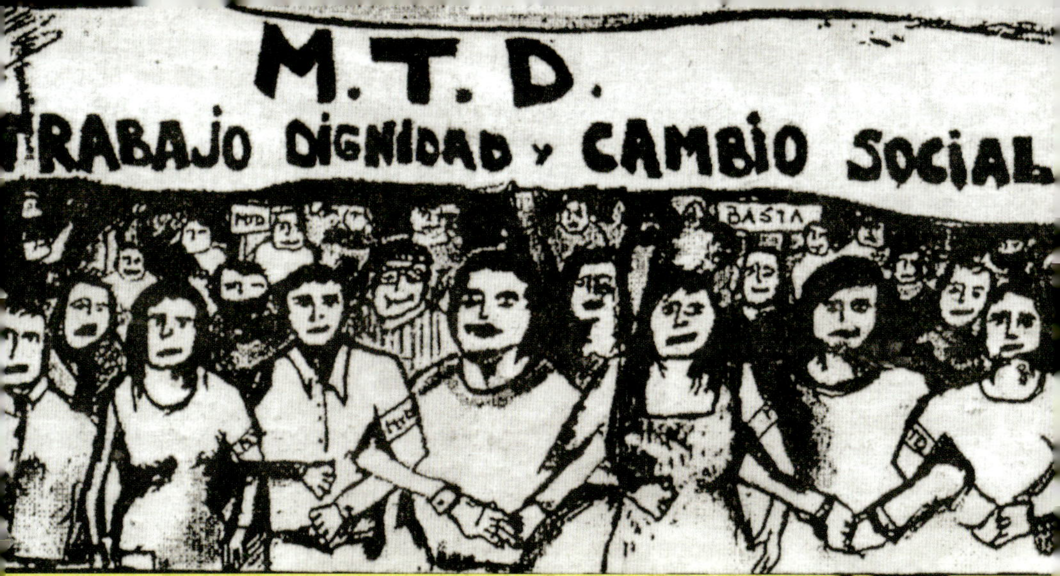

M. T. D.
TRABAJO DIGNIDAD Y CAMBIO SOCIAL
MTD
BASTA
MOVIMIENTO INDEPENDIENTE 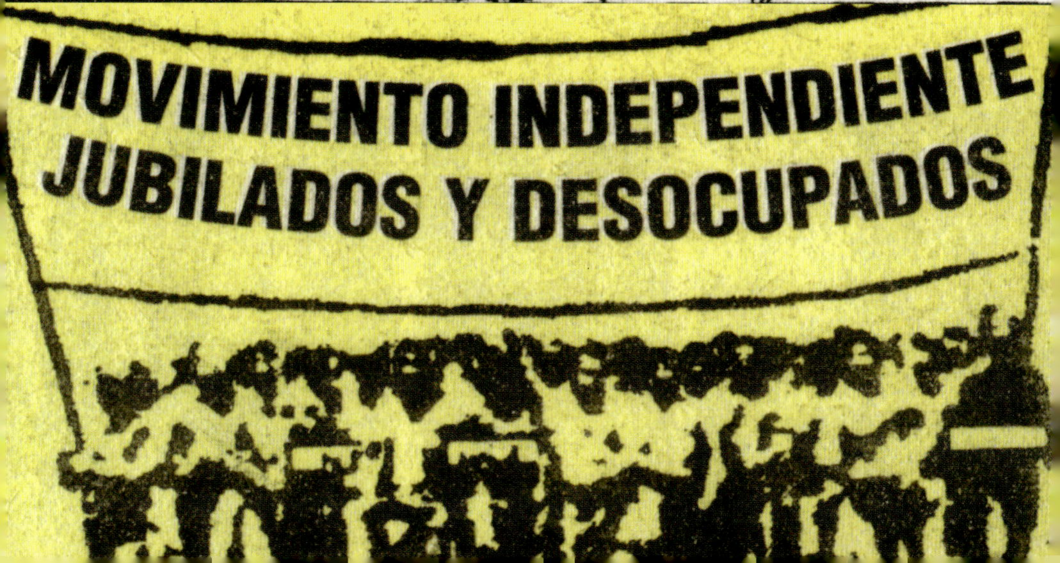
JUBILADOS Y DESOCUPADOS

MARCHA POR LOS DEMAS
CON SOLIDAR Y LUCHA
POR JUSTICIA Y DIGNIDAD
NOSOTRO MARCHA POR
TODO EL
A.770 ECHEVERRIA
CHEV

CARCEL DE VILLA DEVOTO

PRESOS POLITICOS EN HUELGA DE HAMBRE

Por la libertad de todos los presos por razones politicas

FAMILIARES DE DESAPARECIDOS Y DETENIDOS POR RAZONES POLITICAS

Conjuntamente con ellos exige:

LIBERTAD A TODOS LOS PRESOS POR RAZONES POLITICAS

familiares de desaparecidos y detenidos por razones politicas

---

LOS TRABAJADORES TENEMOS MEMORIA

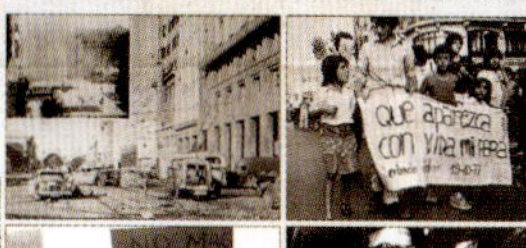
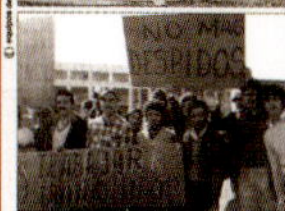
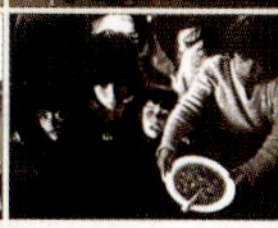

Defendamos los Derechos Humanos luchando por la Justicia Social

EL 23 TODOS A PLAZA DE MAYO

CONFEDERACION GENERAL DEL TRABAJO

ACTO PUBLICO POR LA VIDA

Y LA VIGENCIA INTEGRAL DE LOS DERECHOS HUMANOS

JUEVES 25 DE NOVIEMBRE — 19 HS
PLAZA ALSINA — AVELLANEDA

PORQUE EN LA ZONA SUR Y EN TODO EL PAIS EXISTEN:

- DETENIDOS—DESAPARECIDOS
- NIÑOS DESAPARECIDOS
- ESTADO DE SITIO
- APARATO REPRESIVO IMPUNE
- PRESOS POLITICOS

CONVOCAN

MADRES Y FAMILIARES DE DETENIDOS—DESAPARECIDOS POR RAZONES POLITICAS DE AVELLANEDA—LANUS—LOMAS DE ZAMORA—BERAZATEGUI—FCIO. VARELA—QUILMES—LA PLATA.

ADHIEREN

MADRES DE PLAZA DE MAYO – FAMILIARES DE DESAPARECIDOS Y DETENIDOS POR RAZONES POLITICAS – CENTRO DE ESTUDIOS LEGALES Y SOCIALES – SERVICIO PAZ Y JUSTICIA (A. PEREZ ESQUIVEL)– LIGA ARGENTINA POR LOS DERECHOS DEL HOMBRE– ASAMBLEA PERMANENTE POR LOS DERECHOS HUMANOS ABUELAS DE PLAZA DE MAYO – MOVIMIENTO ECUMENICO POR LOS DERECHOS HUMANOS – C.G.T. (REGIONAL AVELLANEDA-LANUS, QUILMES BERAZATEGUI FCIO. VARELA)– CENTRO DE JUBILADOS SARANDI-DOMINICO– BLOQUE AGRUPACIONES PERONISTAS DE AVELLANEDA– CONFEDERACION SOCIALISTA AVELLANEDA– POLITICA OBRERA (ZONA SUR)– PARTIDO INTRANSIGENTE (LANUS, LOMAS)– JUV. INTRANSIGENTE (LANUS, LOMAS)– M.A.S. MOVIMIENTO AL SOCIALISMO (AVELLANEDA)– UNION DE JUVENTUDES POR EL SOCIALISMO (ZONA SUR)– SECRETARIO DE PRENSA U.O.M. AVELLANEDA SR. E. FERNANDEZ– AGRUPACION SUMANDO BANCARIOS LOMAS– PADRE LUIS PARINELO– AMAS DE CASA DE VILLA GALICIA– SOC. FOM. LOMAS DE ZAMORA.

ESTUDIANTES DESAPARECIDOS

por ellos convocamos

AL DESCUBRIMIENTO DE UNA PLACA Y UNA CHARLA - DEBATE

Disertarán:

ABUELAS DE PLAZA DE MAYO, APDH, CELS, FAMILIARES DE DETENIDOS POR RAZONES POLITICAS, LAPDH, MADRES DE PLAZA DE MAYO, MEDH, SERPAJ, CONADEP.

Serán invitados:

O. ALENDE, A. BRAVO, A. CONTE, F. MIGNONE, H. S. IRIGOYEN, E. DE VEDIA, N. VICENTE, L. ZAMORA Y OTROS.

COMISION DE DERECHOS HUMANOS DEL C.E.I.

JUEVES 23 DE AGOSTO 18 hs. - Hall Central

FACULTAD DE INGENIERIA - Paseo Colón 850

DERECHOS HUMANOS Y JUVENTUD

CICLO DE CONFERENCIAS

HABLAN

HECTOR AGOSTI
JOSE MIGUENS BONINO
RAUL RABANAQUE CABALLERO
NESTOR VICENTE

MARTES 14 de JUNIO · 19³⁰ hs.

SALON "EL MOLINO"
RIVADAVIA 1815

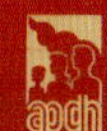

SEMINARIO JUVENIL DE LA ASAMBLEA PERMANENTE POR LOS DERECHOS HUMANOS

EL PUEBLO DEBE SER EL PROTAGONISTA

en la toma de decisiones, sobre todo en aquéllas que comprometen el destino de la República.

EN CONSECUENCIA, LA

ASAMBLEA PERMANENTE POR LOS DERECHOS HUMANOS

EXIGE

- EL INMEDIATO RESTABLECIMIENTO de LA CONSTITUCION NACIONAL, EL LEVANTAMIENTO DEL ESTADO DE SITIO y la EFECTIVA VIGENCIA de LOS DERECHOS y GARANTIAS QUE ELLA ESTABLECE.
- LA RESPUESTA FUNDADA EN LA VIDA, LA VERDAD Y LA JUSTICIA SOBRE EL PARADERO Y SITUACION DE LOS DETENIDOS-DESAPARECIDOS, DE LOS NIÑOS SECUESTRADOS CON SUS PADRES Y DE LOS NACIDOS EN CAUTIVERIO.
- LA SUPRESION DEFINITIVA DE LA TORTURA Y DE TODO APREMIO ILEGAL EN EL PAIS Y DEL SECUESTRO COMO METODO CORRIENTE DE DETENCION.
- LA LIBERACION DE TODOS LOS DETENIDOS POR RAZONES POLITICAS Y GREMIALES.
- LA REVISION DE LO ACTUADO POR LOS TRIBUNALES MILITARES, EN LOS JUICIOS SEGUIDOS A DETENIDOS POLITICOS Y GREMIALES.

LA A.P.D.H. CONSIDERA

NINGUNA SOCIEDAD CONTEMPORANEA PUEDE AVANZAR AUTENTICA Y SEGURAMENTE HACIA EL ESTADO DE DERECHO, SI DEJA A SUS ESPALDAS, ENVUELTOS EN EL SILENCIO, PROBLEMAS DE TAL MAGNITUD.

Y SOSTIENE,

LA DEMOCRACIA, EL RESPETO DE LOS DERECHOS HUMANOS, LA SOBERANIA INTEGRAL Y LA PAZ, COMO BASES INSUSTITUIBLES PARA EL EJERCICIO DE LA AUTODETERMINACION DEL PUEBLO,

ASAMBLEA PERMANENTE POR LOS DERECHOS HUMANOS
Avda. Callao 569   1° Piso Of. 15   Buenos Aires

LEFT-WING POLITICAL GRAPHICS

This book is dedicated to the silent militants of our memory.

If 'graphic' embraces everything to do with the formal aspects of writing, 'graphics' is often shorthand for 'graphic arts'. Indeed, the term embraces more than one meaning. Graphic arts are those menial techniques used by typesetters (whose trade union, perhaps by no coincidence, was one of the first in Argentina), printers and bookbinders to produce books such as the one you're now holding. But 'Graphics' is also the branch of visual arts that brings together the various different printing techniques involving a matrix, either for serialization or reproduction of single copies. Thus, woodcut, lithography, linocut, etching, aquatint, drypoint, mezzotint, chalcography, silk-screen printing and photography, to name the most famous variants, form the constellation of visual artistic techniques we refer to 'graphics'. 'Political graphics' implies a spin-off, a subset, in which these arts are made to serve an idea. Or 'to serve *the* idea' as the romantics used to say.

This is why the first significant stop on our conceptual journey through 'political graphics' is therefore that of several generations of politically and socially committed etchers. To these men and women the issue of whom art should serve was not a minor one. A long tradition of artists has come down to us, from Guillermo Facio Hebequer, Adolfo Bellocq and Abraham Vigo to Victor Rebuffo, Pompeyo Audivert, Antonio Berni and Carlos Alonso, with Ricardo Carpani as the most emblematic exponent.

Our research, however, attempts to go beyond the traditional slant, to incorporate the often anonymous work of typesetters, designers and artists who, for over a century, have been doing their part to disseminate left-wing ideas in Argentina. In other words, in one sweeping movement we have broadened the wide arc of political graphics and created a snapshot of our interest in work linked to left-wing ideas, while forcing the inclusion of the libertarian spirit, which by definition resists classification on the political spectrum.

Recently, as a result of researching this book, we gave account of a highly varied body of political graphics in *Perón Willing! Classic Peronist Graphics* (Buenos Aires, la marca editora, 2006). Bearing in mind that this was produced almost exclusively by the official bureaux of the Secretariat of Information, on paper paid for by the State and in massive print runs in line with the popular ideas dominant in the Peronist regime, we must point out that the pieces in *Left-wing Political Graphics* were largely conceived from a position of militancy –indeed often in secrecy– with scarce resources and paper whose cost had more to do with the need to boost pamphlet numbers in a given print-run than with today's concepts of conservation and their value as documents.

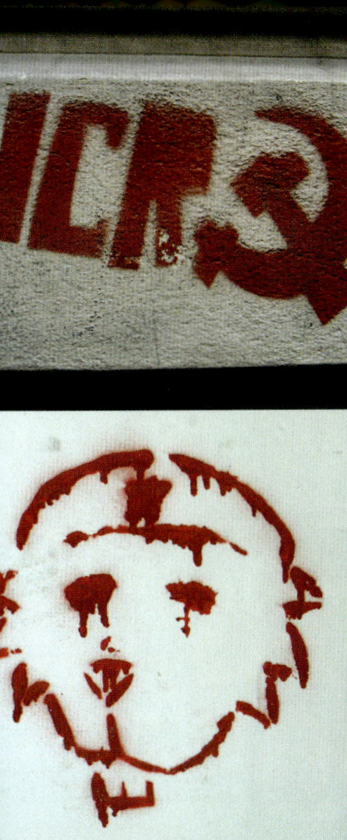

ICR

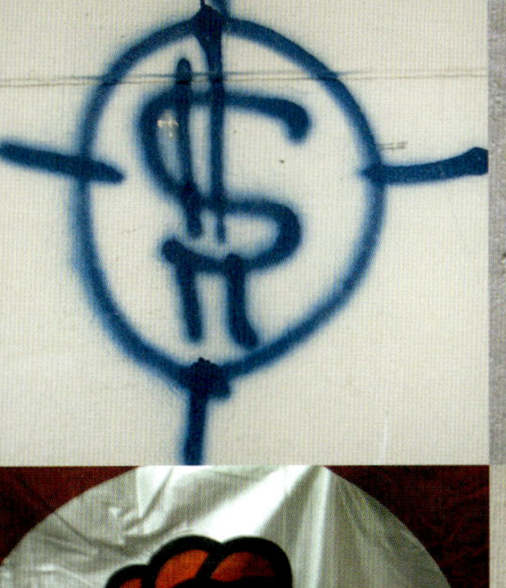

$

M
T
D
MCR

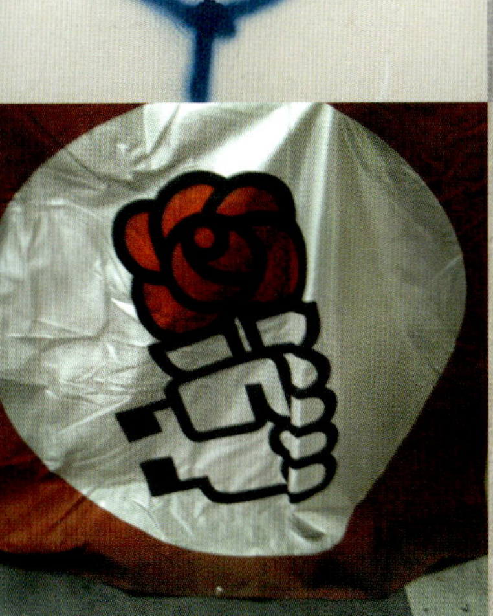

LIBERTAD A
GORRIARAN

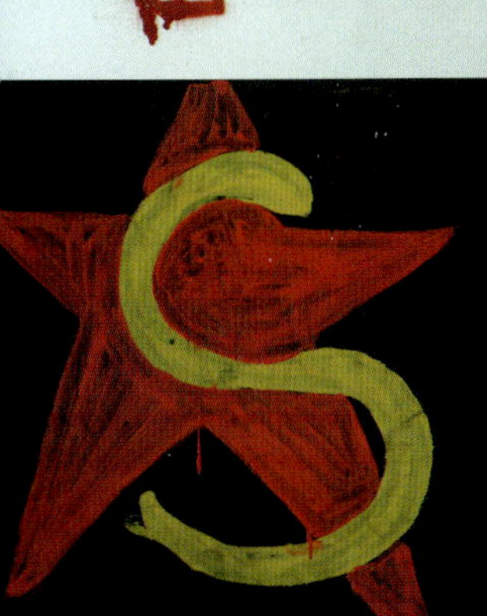

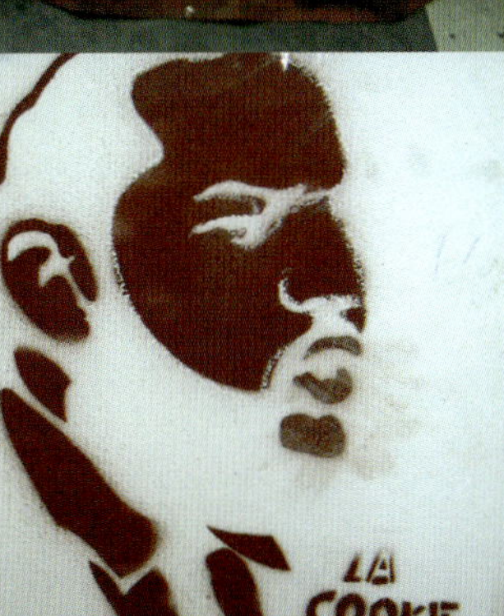

LA
COOKE

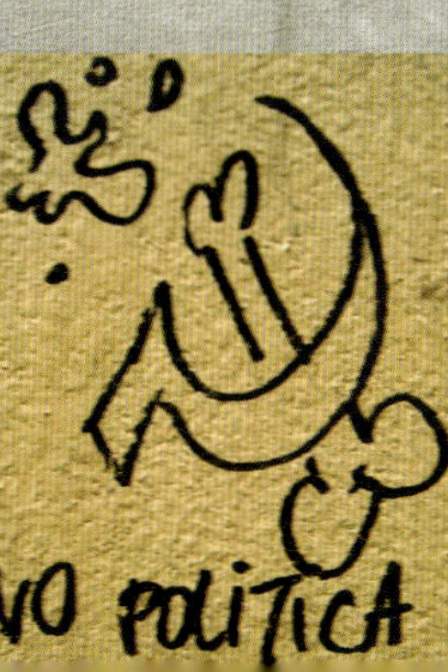

NO POLITICA

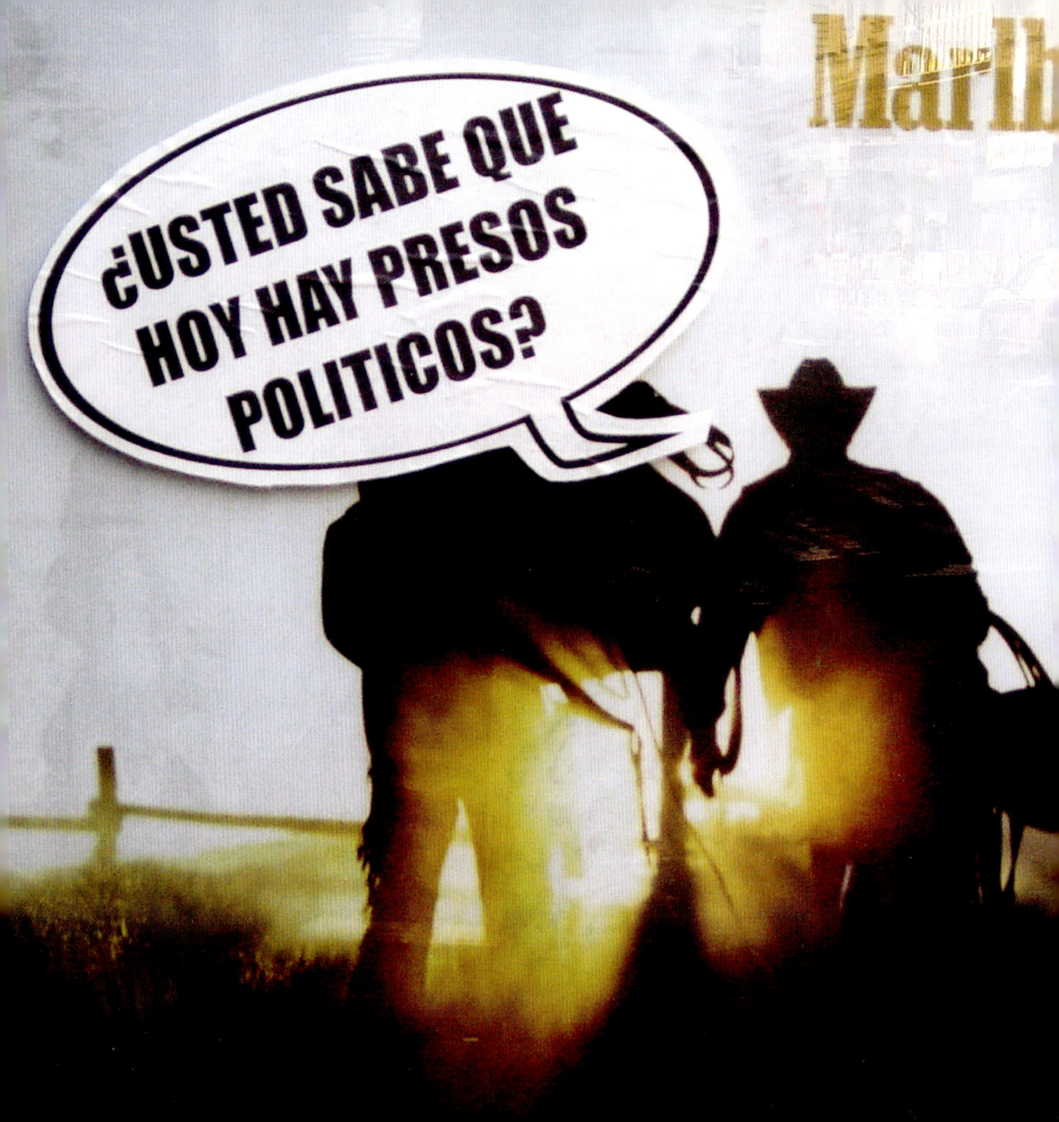

¿USTED SABE QUE HOY HAY PRESOS POLITICOS?
Marlb

The conditions of circulation and conservation of these documents have often been tinged with heroism and a perspective on the history that was being written or conserved. These pages seek to recognize the efforts and exploits of those who, like the photographer, Alfredo Alonso, or the collector, Juan Carlos Romero, to name just two, documented this 'countergaze' as evidence of a constant, century-long struggle with power.

Every icon salvaged here is part of the continuation of a struggle, the vindication of a cause or the defence of a right. Small apparently isolated gestures form a delta. They are sifted in a visual discourse that pokes us in the eye, grabs our attention and shakes us out of our 'bourgeois peace'. They lay a protest upon our table, hurl dissidence at the paper, etch their defiance on the wall, or create, defend and resist a space for utopia.

The discourse of left-wing political graphics can be recognized visually and thematically by the recurrence of certain symbols and icons, and by its appeal to certain values that pervade different moments of history, political parties and political movements. As a whole, the politics of the left forms a construct of different voices with splintering and dissidence ranging from socialism to communism, Trotskyism, Maoism and the array of 'isms' we know as the 'new left'… In the knowledge that we are forcing a univocal concept, we have chosen here to group them under the term 'left-wing'.

This work brings us into contact with sources from our more recent history. These are presented by fellow editor, Horacio Tarcus, who at the CEDINCI (Centre for Documentation & Research of Left-Wing Culture in Argentina) has been performing the tireless task of copying, preserving and ordering political material, and Norberto Chaves, one of the most intelligent and incisive theorists in image and communication. This is the first time infographcis have been used to show the development of different left-wing movements in relation to worldwide political and cultural events. This book, along with a good deal of the kudos for research and referencing, owes its existence to the rigorous work of Adriana Petra. The vast majority of the images reproduced here were found in the CEDINCI archives and thanks are due to its staff for their kind contributions. Thanks also to all those who put their time and intelligence into the making of this book so that it turned out the way we'd dreamed it.

Immersed in a century-long commitment, but having recently experienced periods of unspeakable cruelty, the critical position of left-wing movements is closely bound up with the emotions. This collection seeks to create its own discourse from visual material. Have we missed out a tiny emblem that represents an action group that many comrades gave their lives for? Is an isotype excessively repeated when its historical representation is debatable? Or should we ponder whether the struggle for human rights can be considered within the political formations of the left? Does the same apply to the movement of popular assemblies? Be merciful, gentle reader. This is but a wee book on graphic art. The threads that hold its folds together cannot withstand the projection of such subjectivities, nor does it claim to be a battleground of interpretations within the left. It was conceived simply as a tribute to the left as a united front in opposition to power, and as a monument to the visual forms used by the left to interpret reality and represent their ideals.

Nevertheless, the volume is part of a gesture we want to make in the other titles in the **Registro Gráfico** collection: to present bibliographical evidence of a visual heritage we rarely contemplate. Here, in *Left-wing Political Graphics*, we have attempted to set aside a space for the graphic expressions of struggle, labour, freedom, solidarity, revolution, human rights and the right to dissidence. We have built it out of the pamphlets and publications of left-wing parties and groups, cultural periodicals, posters, graffiti, the record of urban interventions…

We believe that beyond the historic, social and political context determining the different graphics collected here, this material is of value as a unified whole. The form and ways of approaching the situation that brought them into being transcend the particular moments (the anecdote) and submerge them in one continuous, retrospective sweeping movement.

Since victory is certain, the struggle goes on. We shall overcome! To Victory, forever!

Guido Indij

III YEARS OF LEFT-WING POLITICAL GRAPHICS

The left, that unruly child of modernity, is inevitably associated with the battle for ideas, the defence of principles, the struggle for rights, criticism of private interests, privileges, convention and prejudice. It is the Logos come to dissolve the Myths, the Light to finally illuminate Darkness, a scepticism capable of breaking down naïve popular beliefs, the Vanguard that dares to look beyond the anonymous mass.

However, the left is not pure idealism against materialism of interests, feelings and prejudices. Paradoxically, the left's Jacobin Enlightenment self-representation has only mobilized effectively when these ideas have been embodied in social forces (or in early 20th century jargon, converted into 'ideas/force'), principles became beliefs and reason, a new faith. Karl Marx prophesied in 1844 that ideas only became material when they could penetrate the "naïve popular ground". And so it was, these groundbreaking ideas professed in the 1840s and 50s by a handful of romantic exiles and their enthusiastic followers –from Proudhon to Marx, and Bakunin to Lassalle–, had by 1900 become the grand ideologies of labour –anarchism and socialism– professed by thousands of workers across Europe and the Americas.

For this movement to pass from the theory books into the streets, factories and workers' homes required the hatching of symbols and images capable of communicating the new ideas and values to the masses effectively and of irradiating their potent magnetism. Thus, in the process of constructing the collective identities of anarchism and socialism (and later communism) a central role was played by the demonstrations and marches via which the workers won the city streets, the revolutionary hymns sung by the crowds, the red flags and the banners. On the people's platforms, raised to mark the historic May 1st or a strike, the old doctrinaires made way for the great orators, with their flapping bow ties and grand whiskers, their emphatic gestures and eloquent rhetoric. The days of small type lost ground to popular almanacs, magazines and workers' seminars where large-type text was effectively accompanied by a range of symbolic representations (icons, allegories, etc.) condensing a world of ideas and values.

The masses now attracted by these symbols, icons and allegories would have been educated in the Christian faith, and there was a kind of "conversion" in them from Christianity to anarchy or socialism. The Belgian socialist Henri De Man, in his classic study into the formation of modern socialism, showed the weight of these symbolisms and representations in such diverse phenomena as the "eschatological aspirations of the masses", the "emotive and heroic content of the revolution myth"; and the intense feeling of belonging to a community of equals, where all are treated as 'citizens', 'comrades' or *compañeros*; the May Day demonstrations in the tradition of ancient popular festivals, both pagan and Christian, with their flowers, bands, choirs and dances; participation in intense collective rituals –singing in unison the verses of "The International" or "Sons of the People"–; the socialist iconography that replaced religious iconography in workers' homes; the socialist calendar –with its anniversaries printed in red– which replaced the Christian calendar; the cult of red flags, insignia, membership cards; the cult of the prophets, their heroes and martyrs; the cult of "symbolic words", such as "Party", "Movement", "Solidarity"; trust in the 'sacred texts'; etc.

Argentina participated intensely in this worldwide formation process of the modern left-wing. The cornerstone was laid on 1 May 1890, when in the former Prado Español (a plot of land in the Recoleta quarter of Buenos Aires) two thousands workers gathered to demonstrate publicly for workers' rights. A wooden platform was raised, red flags flown, "The International" sung and fifteen orators, bright red emblems on their lapels, addressed those present in Italian, French and Spanish.

After this unified act, the left splintered over the 20th century into a conglomeration of acronyms. These themselves would take on special symbolism when those responsible for their design discovered that the initials PS (Socialist Party) and PC (Communist Party) were best written with the same typography and stylized until they became easily identifiable symbols. In PS, one of the oldest symbols, the S wraps around the P to give an image of solidarity, of socialists marching arm in arm towards the same ideal. The circled anarchist A is more recent, created in 1964 for the Young Libertarians of Paris by the French designer René Darras and rapidly adopted by young neo-anarchists the world over, but was also a reference to a strong symbolism preceding anarchism: something arcane, prior to the rule of power, property and law. The graffiti of the ERP with its five-pointed star also had a certain magnetism in the first half of the 1970s. Moments of social effervescence trigger popular creativity, and so it is that walls are covered with graffiti in which acronyms appear as an inextricable jungle of signs, to the point of becoming a veritable hieroglyph to the outside observer.

From 1890 to 2001, the period of political imagery covered in this book, the left wing unleashed a graphic universe of street posters and signs, almanacs and newspapers, periodicals and magazines, books and pamphlets, flags, pennants and membership cards. Typography was predominant in the oldest signs and publications, as publishing groups did not have extensive economic resources and stereotype plates were expensive. A greater graphic array was rolled out for special editions of magazines and periodicals dedicated to major founding figures or 1 May, Workers' Day.

On May Day newspaper and magazine covers there is a predominance of allegories to Labour, Aurora, the Light, images of the muscular labourer in the forge, or resting, hammer in hand, or bettering himself with a book by candlelight. Behind him, a backdrop of factories with tall chimneys belching smoke into the dark city sky. Another ever-present motif: the proletariat Madonna, babe in arms. And the bells, raising the alarm and rousing workers from their slumber, the red flags, the shackles finally broken by the workers' strength (often represented by a naked torso displaying muscular virility), the workers, men and women marching with standards raised, towards a joyful future usually symbolized by an Aurora.

One of the images of this book shows the remains of the old world (the Bible, laws, arms and other symbols of political, ecclesiastical and military power) below an eagle bearing a broken chain in its talons, flying into the sun with the inscription "1 May". The anti-clerical and anti-militarist dimension tends to be stressed in anarchist imagery. And while socialists represent Worker's Day as a collective celebration, for the anarchists it is a day of protest and struggle.

The socialist newspaper *La Vanguardia* of 1 May 1895 featured an article on Karl Marx accompanied by a portrait by a young artist: Ernesto de Cárcova (who shortly before had joined the Socialist Workers Centre together with Eduardo Schiaffino). In the following issue an anonymous engraving entitled *Social Emancipation* showed an angel shielding with its wings a worker with a hammer and flag, and a proletariat woman and child.

But with the new century the classicists and symbolists began to be succeeded by the

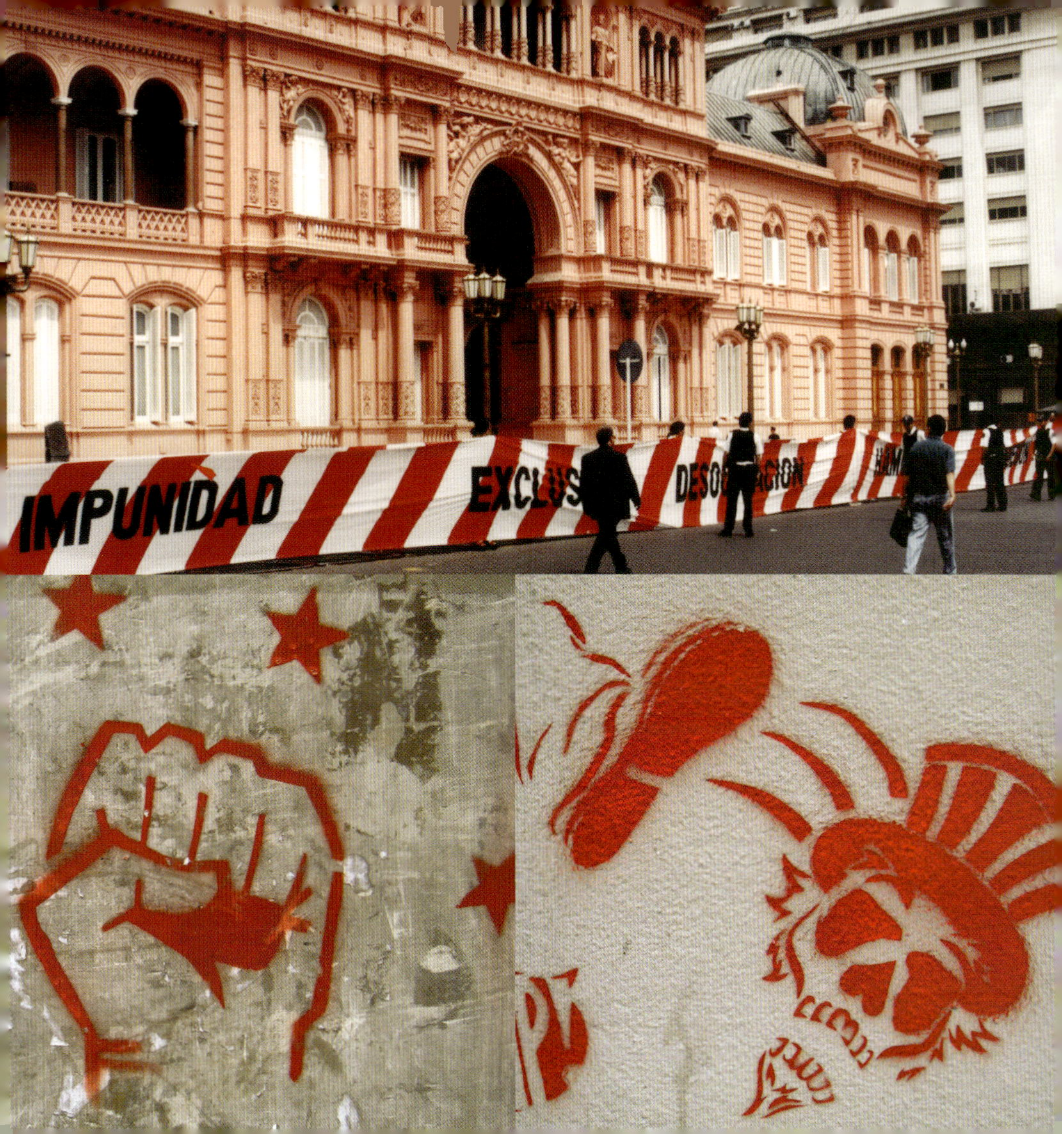

IMPUNIDAD
EXCLUS
DESOC ACION
HAM

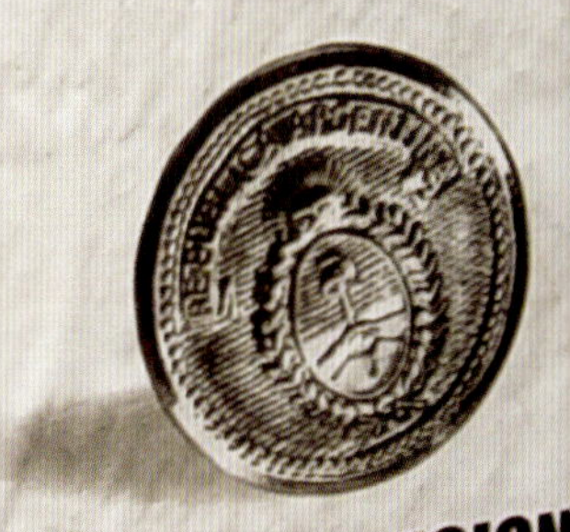

PARA MUESTRA BASTA UN BOTON
NO ES UN POLICIA : ES TODA LA INSTITUCION

influence of Art Déco and Art Nouveau, as can be appreciated in the refined designs of the *La Vanguardia* socialist almanacs. Although, curiously, female nudes did not always go in line with certain puritanical ideas in socialist sexual morals...

The outbreak of war in 1914 shook the left from such flights of fancy and brought in its stead an anti-war imagery. Three years on, in that historic october of 1917, the great revolution broke out in Russia and seemed set to reach Hungary and Germany... The Aurora that the proletariat had been marching towards now had a name: the Soviet Union. Local artists with left-wing ties depicted the Fatherland of the Proletariat while revolution illustrators invaded the pages of the Argentinian political press. Two images summarize those years of messianic hope: Moor's russian soldier beckoning to the observer to participate actively ("Worker, contribute on behalf of your Russian brothers!") and the Hungarian Biro's naked worker, coloured an intense red, ready to strike a fatal blow to the bourgeois world with his mace. And of course, the powerful emblem which from that moment on and for over half a century would be the symbol of unity between peasants and workers: the hammer and the sickle.

Engravings became dominant in the left-wing graphics of the 1920s and 30s, as if the contrasts in black and white better represented the great social contrasts: bourgeois and proletariats, the city and the countryside, rich neighbourhoods and poor... although the image of the worker in his workshop

remained present, there was now a predominance of mournful depictions of slum dwellers. A favoured technique in these etchings was xylography, as purveyed by Atalaya (Alfredo Chiabra Costa), Carlos Giambiaggi, Pompeyo Audivert and four of the five Artists of the People (Facio Hebequer, Abraham Vigo, José Arato, Adolfo Bellocq and Agustín Riganelli). In this volume the reader can appreciate potent engravings by Audivert and various Facio Hebequer works, such as the cover of anarchist magazine *Nervio*, the allegory of the worker and his wife with babe in arms entitled *Morning* and the sombre depiction of workers clamouring for justice, taken from his book *Your History, Compañero!*, which emphasized the misery and marginality of the worker's world. Newspapers, magazines and signs endlessly reproduced his work, along with Georg Grosz's celebrated drawings of elites as wealthy as they were decadent, or the German expressionists Käthe Kollwitz and Frans Masereel's prints which so influenced Argentinians. In 1935 German artist and engraver Clément Moreau was exiled to Argentina and would go on to famously illustrate such anti-fascist seminars as *Free Argentina* and *Anti-Nazi*.

The miserabilist worker depictions gave way to the socialist realist aesthetic of colossal images of workers in great factories, soldiers withstanding the nazi invaders, the founding fathers of the Soviet Fatherland: Lenin, Stalin. The cover of *Soviet* magazine (1933-1935), printed in red and black on a light background, is a condensation of the new

HAY que ENDURECERSE
PERO SIN PERDER LA
TERNURA JAMÁS
«EL CHE GUEVARA»

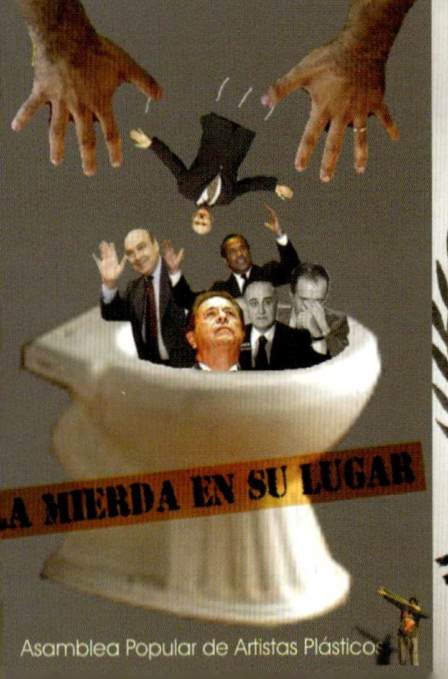

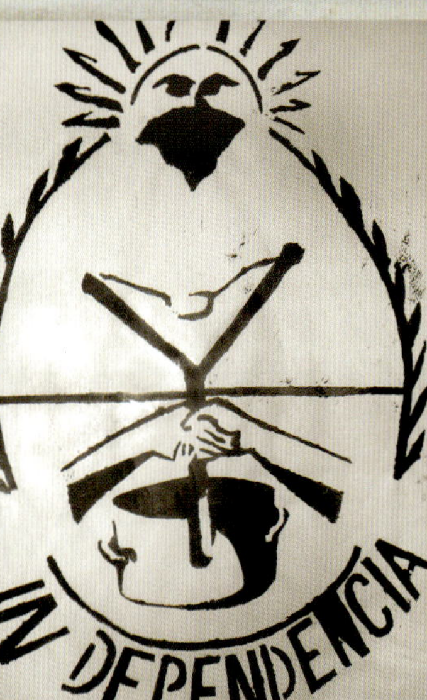

¿A QUE LE TENES MAS MIEDO?

MARQUE CON UNA CRU

- A la Inflación
- A la Desocupacion
- A la Sobreexplotación
- A la Policia y Gendarmeria
- A los Impuestos
- A los Bancos
- Al Hambre
- Al FMI y al Banco Mundial

dejesuopinion@yahoo.com.a

communist aesthetic which now aimed for socialist realism: a dynamic profile of Lenin, pointing east, a star with the hammer and sickle behind his raised arm showing the road to follow, and in the foreground the arms of workers, peasants and soldiers emerging from the soil, from the ground, flourishing sickles, hammers and rifles; all crowned by the inscription "Proletariats of all nations, unite!".

The redder, more aggressive communist iconography of the early 1930s became *frentista* ('frontist') after 1935: The logotype of *La Hora* (subtitled *Newspaper of National Unity* was no longer a fist in the air for the class war: it was two hands reaching up. The image of the globe, symbol of internationalism, lost weight in favour of representations of Argentina. The Argentinian flag replaced the red flag; the National Constitution, Parliament and other Argentinian institutions were exalted, to the point where communist iconography began to merge with patriotic iconography, save a few details: the communists standing for parliament did not wear suits and ties but open-necked shirts, as workers. And behind them the image of the multitude. The republican representation of Argentina borrowed from French iconography, the woman in the Phrygian cap, leading a crowd of workers through a triumphal arch that is none other than the *Communist Party Electoral Platform*.

Socialists were depicted as champions of modernization, representing socialism as the train of Progress whose vertiginous advance the Priests and Bourgeoisie attempted to halt, vainly placing on the rails a trunk with the legend: "Ignorance". But the 1930s and 40s would bring a changing of the guard, with the communists postulating the "Soviet miracle" as the paradigm of modern progress, exalting in its imagery the machinery of heavy industry, collectivized and automated fields, and the subjects of this epic: working men and women, finally happy.

In the years of the Spanish Civil War and Second World War the anti-war and anti-fascist motifs made a reappearance. The proletariat marched in columns like soldiers; proletarian Madonnas protected babes in arms from air-raids; the Bourgeois Fates hid their wicked faces behind the mask of Peace. There was a vigorous resurgence of the political caricature, as seen in the recognition achieved by Tristán in the socialist press, Manuel Kantor in the communist press and Clément Moreau in the anti-fascist press. When their antifascism became anti-Peronism, they would suffer censorship, persecution and imprisonment. The best artists connected with communism –Antonio Berni, Lino Eneas Spilimbergo and Juan Carlos Castagnino– opted for the political aesthetic of the mural. Without ceasing to produce "committed art", they attempted to preserve their autonomy from growing political demands to impose the norms of Soviet realism.

The outbreak of the Cuban Revolution in January 1959 marked the beginning of the New Left and a new graphic pursuit. The Cuban Revolution would generate its own imagery, above all via potent signs and photographs of its bearded leaders. The image that would now cross the globe was that of the photogenic Che Guevara. The famous photograph of Guevara in a starred beret, captured by Korda, would become the dominant icon of the 1960s and 70s, and each organization of the new left would add to it in numerous ways: through photomontages, *fotoquemados* (literally "photoburns"), adding different colours, printing a star over it, etc. Every young militant of those days, whatever their political persuasion, had that picture of Che hanging on their wall. Roberto Jacoby, an exponent of left-wing conceptual art, hit back with this inscription: "A guerrilla doesn't die to be hung on the wall".

The star was the graphic symbol giving identity to new armed organizations in Latin America. The red stars, often encircled, would be used not only by the FAL (Armed Liberation Forces) and the ERP (People's Revolutionary Army) in Argentina but by all the MIRs (Revolutionary Left Movement) on the continent. Juan Pablo Renzi would recreate such emblems of revolutionary struggle as stars and hammers.

But in industrial and proletarian Argentina, the image of the heroic guerrilla overlapped proletariat depictions, and not without tensions. The *Cordobazo* (a working-class insurrection in the city of Córdoba, in May 1969) brought graphics of worker and popular mobilization, most notably in the figure of Agustín Tosco and the Córdoba student caught face-on by a photographer, throwing a missile into police lines, the local equivalent of a similar photo of an *enragé* student of May '68. The repression meted out by the so-called Argentinian Revolution (1966-1973) brought a renaissance of imagery typical of the 1930s, showing the military and police as torturers and the images of their victims. The posters of the Trelew Martyrs, made by left-wing organizations from the actual police photographs to reveal their faces, are an emblem of the early 1970s.

From the 1960s a new generation of artists and advertisers had been collaborating with the left-wing press, modernizing their typographies, illustrations and designs, as seen in the samples of covers for Che magazine in the present book and those of *Golden Beetle*, designed by Napoleón (a pseudonym of Antonio Mongiello Ricci). The new logotypes revealed another design, as seen in *The Shirtless One* (1973), the typography of which mimics the brushstrokes of wall paintings in Peronist political culture. *The Montonero*, in contrast, evokes the nationalist iconography of the federal star, the rifle and the tacuara bamboo cane.

Without doubt, the prototype of political graphics in the new left was the work of Ricardo Carpani, with those colossal figures of shirtless workers, raising clenched fists and proclaiming their rebellion. His drawings illustrated innumerable magazines, newspapers, files, books and street posters, such as the famous posters for the CGT labour confederation or the Trelew Martyrs. If every young militant in those years had a

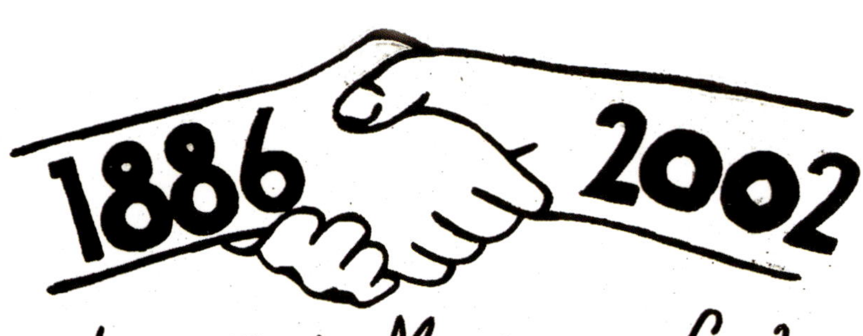
1886
2002
Otro 1º de Mayo en Lucha
ASAMBLEA POPULAR DE SAN TELMO "PLAZA DORREGO"
JUNTO A
BRUKMAN y ZANON

photo on their wall of Che, they also had a Carpani poster.

Under the last military dictatorship (1973-1983), the new left-wing political publications, whether legal or clandestine, were by necessity more discreet in their graphics. In the graphics of exile, as in the famous drawings of French humorists supporting the boycott of the 1978 World Cup, images of horror were predominant. In the clandestine images which appeared in Argentina, there appeared once more the figures of the torturers and the bereft bodies of captured militants. With the growth of the human rights movement the image of the victims changed, becoming more active: prisoners with their hands grasping the bars of their cell, looking out. Or the images of the Madres de Plaza de Mayo, represented by their march around the square, or by a white headscarf. In the post-dictatorship period each March of Resistance resorted to a graphic strategy –white masks, silhouettes– to represent the unrepresentable: the disappeared. Emblematic of these years are the photographs of books burned or disinterred after seven years, Carlos Alonso's piercing drawings, León Ferrari's anti-militarist and anti-clerical collages, and Marcelo Brodsky's work on old photos of students of the Buenos Aires National School, with notes on the fate of each student.

In the 1990s, left-wing political graphics returned to the motifs of the 1960s and 70s, but their images did not have the same influence of old. The anarchist, socialist and communist press had been at the vanguard of journalistic and graphic innovations of their time. The left-wing crisis, a product of a political wave which brought the collapse of "real socialism", the rise of neo-liberalism and (in Argentina) the Menemist 1990s, seemed to be expressed as well in the lack of graphic innovation. There were, as always, exceptions: the innovation in the imagery and practice of *escraches* (demonstrations denouncing human rights abuses) by the HIJOS group.

In December 2001 a new left-wing graphic erupted in the streets, that of *cacerolazos* (pot-banging protests), neighbourhood assemblies and *piquetes* (road-blocks)– something which had already been building up among groups of young libertarians and "anti-politicians". Their calling card is group street art, an aesthetic influenced by underground comics, graffiti and stencil techniques. More libertarian and irreverent, this style takes pride in a humour alien to communist aesthetic or that of human rights, such as Marx dressed as a housewife, banging a pot, the famous image of Che metamorphosed into a cat's face or the National Coat of Arms, doctored with the emblems of the new struggles. Beside these daring stencils, another shows the face of John William Cooke, another a fist holding a social democrat rose, and another protesting for the freedom of Gorriarán Merlo. As in any moment of crisis, old mixes with new, the emergent with the residual, the reverential with the irreverent.

Horacio Tarcus

GUSTAVO BENEDETTO
Asesinado por la represión policial
en la rebelión popular del 20/12/01.
NUNCA TE VAMOS A OLVIDAR
Tu mamá y tu hermana

GASTON RIVA
Asesinado por la represión policial
en la rebelión popular del 20/12/01.

GUSTA
EDET
esta placa
fue destruida
por la policia
el 21/11/02 a las
3 hs.

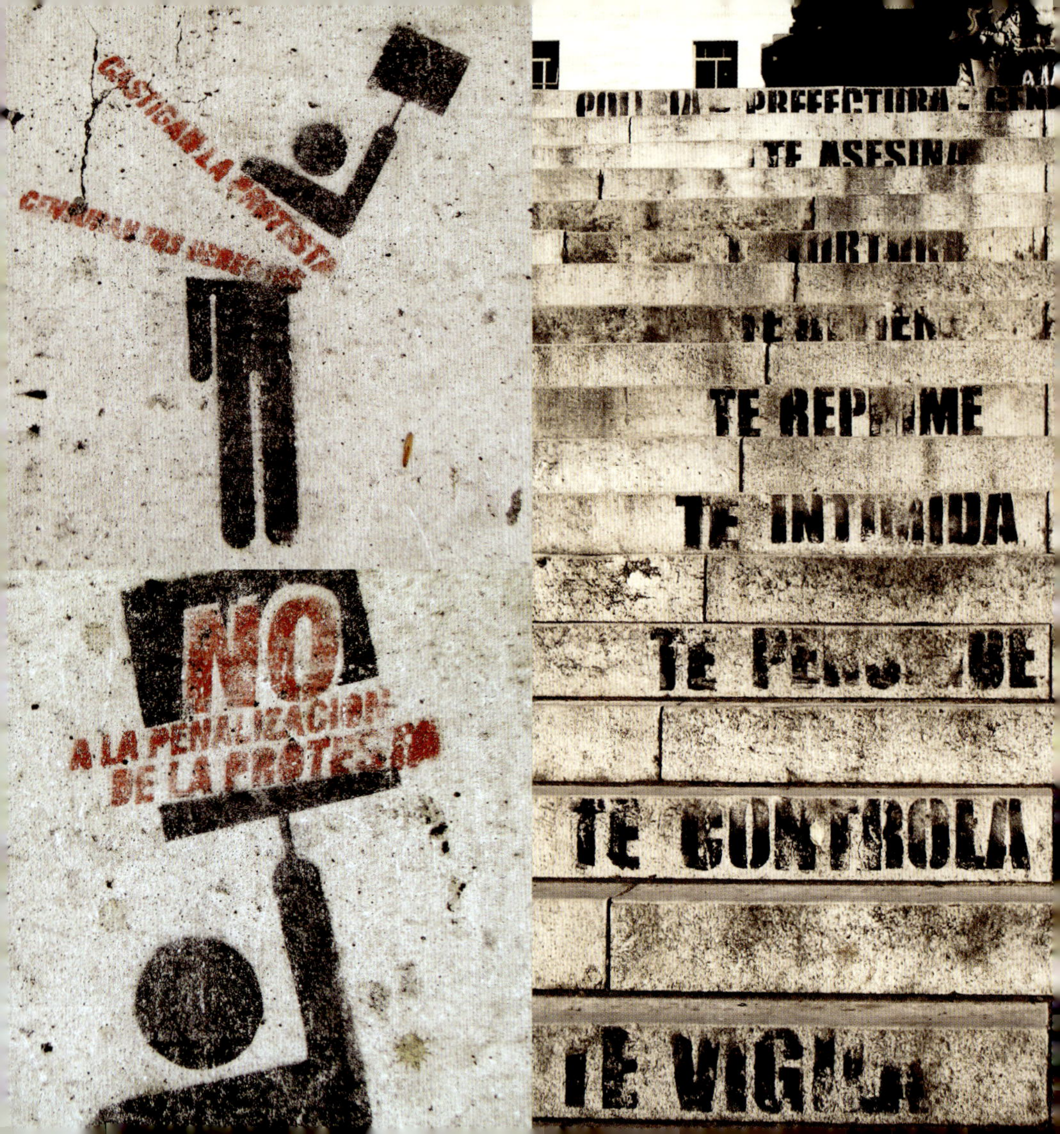

CASTIGAN LA PROTESTA
CERCENAN TUS DERECHOS
NO
A LA PENALIZACIÓN
DE LA PROTESTA
PREFECTURA
TE ASESINA
Y TORTURA
TE DETIENE
TE REPRIME
TE INTIMIDA
TE PERSIGUE
TE CONTROLA
TE VIGILA

GRAPHICS & POLITICAL IDEOLOGY. AN EXCUSE FOR 'LEFTY' LOGOTYPES

The spontaneous and naïve perception of the cultural fact does not usually identify in it the presence of extra- or precultural conditioning factors. Quite the contrary, it assigns it full autonomy: the work is what you see, it is not hiding anything behind it, it is not the expression or fruit of any social or economic process or circumstance, and anyway, reality is only reflected in it as mere subject. To give a clear example, in this way of conceiving things an expression like 'bourgeois art' lacks any meaning or is at best limited to indicating origin via a 'social toponym'. In its more lucid forms, this type of thinking only manages to detect a certain relationship between the work and an ambiguous moment that designates 'its time'. This naivety ceases to be such when it appears in the sphere of theoretical speculation and explicitly revindicates entelechic 'autonomies'. In this case we are faced with a plain and simple expression of what has always been branded as idealism whose conditioning extra-theoretical factors are indeed striking.

In the face of such an idealistic outlook, another symmetrically opposed one emerges: the reduction of all cultural works to the mere symbolic expression of their "material conditions of existence". Here, it is that variant of mechanicism that has wreaked havoc among the exponents of popular Marxism, those who interpreted the expression "ultimate determination by the economy" as "sole determination". It was this less naïve and more noxious form of dogmatism that, to add insult to injury, was shaped into actual government programs like the deplorable cultural policies of the Stalinist bureaux.

Why have I taken this route into the subject of left-wing graphics? I have begun by setting out this dilemma simply because in the compilation of pieces in "left-wing political graphics" there is a barely disguised presence of a suspicion and an expectation –the expectation that something special is manifested in that repertoire, something typical of everything 'left' and therefore different from everything 'right'. Whoever embarks on the job of collecting graphic material to compile a *thesaurus* united by its politico-ideological origins is dreaming –whether they admit it or not– of finding a common thread.

From this point of view this compilation adds invaluable utility to its strictly documental value. It dashes all hope of detecting anything specific in it and demolishes the hypothesis of "graphics as an expression of political ideology" because, as the material shows, the political left has made use of as much graphic language as it has deemed fit at any given time, whatever its origin. If, when looking at these images, we perform the exercise of forgetting the meaning of the letters and words, we will find here post-marks, shirt monograms, signet rings, jam-jar labels, commemorative medals, sport club badges... And a whole array of rhetorics: from the coldness of signage to Wagnerian heroism, from naïf freshness to Art Nouveau affectation, from rationalistic bareness to the typographic punchiness of constructivism.

In view of this, should we give in to the naïve conception of "autonomy"? Not at all! In the æsthetic unconscious dwell all kinds of fantasies about the personal and collective conditions. Every work is a symptom, albeit not necessarily one that can be interpreted: there are Freudian slips whose messages lie forever buried in the night of the unconscious. So does attributing to culture the quality of a symptom of something else not justify our rushing to psychosocial determinism for shelter and rejecting any possibility of autonomy? Not at all! Every formal fantasy, though born in a real founding condition, also makes material an aspiration to transcend its own bonds and gags. In other words, the opposite of determination is also true: the æsthetic drive is by definition liberating.

This hesitancy of the intelligence before the fluctuations in its object has two objective sources: the natural polysemy of the cultural fact and the insurmountable incoherence of the human spirit, its contradictory nature.

Deprived of the light of reason, the symbolic wanders down dark passageways. So, what happens to individuals also happens to organizations. And to political organizations. Let's look at this.

Not all politico-ideological platforms have a clearly defined æsthetic manifesto. And the absence of an æsthetic program gives the green light to graphic options of any origin.

Not every clearly defined æsthetic manifesto is necessarily a biunivocal expression of the relevant ideological platform. Theories of the "correspondence" between ideology and culture are still in their infancy and are packed with absurdities. Both dimensions of the symbolic have different times of evolution and areas of currency that are not easily compatible; what prevails is the out-of-phase and therefore the arbitrary.

Not every instance of the out-of-phase or antagonism between ideology and æsthetic pattern points to an error of æsthetic choice: it may well be that, on the contrary, the æsthetic code, naïvely adopted, reveals the true ideological sign of the subject, hidden by a rational practice that rationalizes and represses the effective system of values.

Not all left-wing political groups are actually left-wing in every area of their thinking and action. (And there are those that aren't in any area.)

And lastly, no organization is homogeneous; they all accommodate variants or ideological nuances that, in the case of graphics, are difficult to decode. To hold that the form of an identifying sign *necessarily* expresses the ideology of the organization it identifies is therefore to lack rigour. It probably only expresses the taste of whoever drew it and the uncritical indulgence of the comrades who okayed it. Political, ideological, cultural and æsthetic developments are never synchronous and in a cross-section what therefore prevails is eclecticism and heterodoxy.

Does this then mean that the right thing for us to do is to fling ourselves into the arms of relativism? Not at all! It is all about keeping in mind opposite and equally valid truths until further notice, without taking leave of our senses. Thinking is a high-risk sport.

Norberto Chaves
Havana, 10 March 2006

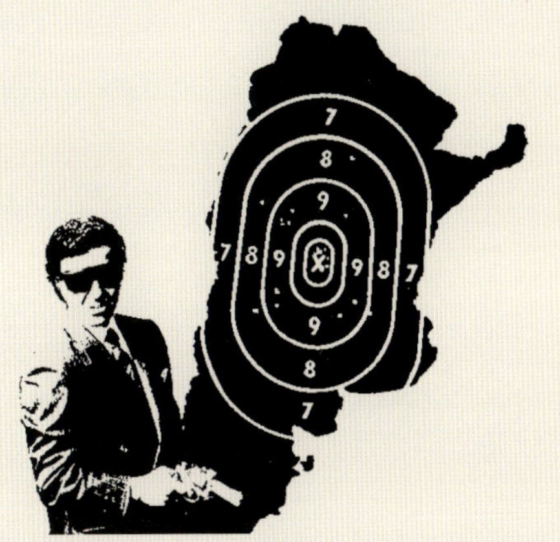

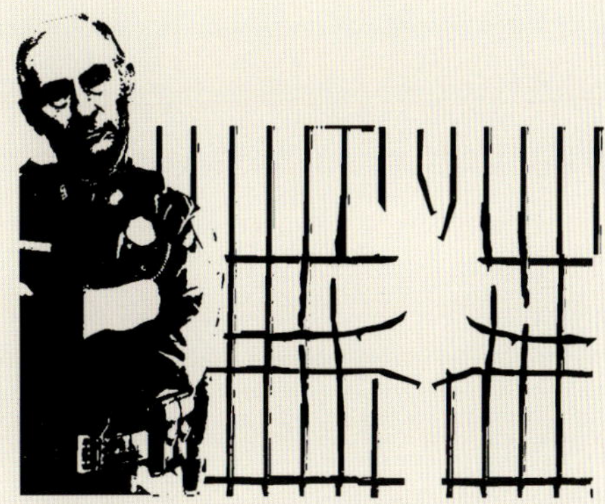

CRÉDITOS

Por el mismo carácter del material relevado, los ilustradores, diseñadores, tipógrafos y artistas no resultan de fácil identificación. Cada vez que nos fue posible acreditar una autoría, lo hemos hecho.
Queda nuestro reconocimiento para los ilustradores, diseñadores, tipógrafos y artistas desconocidos y anónimos.
Agradecemos la ayuda del lector a fin de perfeccionar esta lista en futuras reimpresiones.

p. 8 cuarto inferior derecho: Facio Hebequer
p. 16 Pompeyo Audivert
p. 21 cuarto superior izquierdo: Facio Hebequer

p. 23 Pompeyo Audivert
p. 26 Pompeyo Audivert
p. 31 Ricardo Carpani
p. 32 Frans Masereel
p. 62 Facio Hebequer
p. 66 Abraham Vigo
p. 80 y 81 La letra "A" circundada, René Darras et al.
p. 87 Ernesto de la Cárcova (¿?)
p. 91 cuarto superior izquierdo: Clément Moreau, cuarto inferior derecho: Abraham Vigo (¿?)
p. 100 Pedro Olmos
p. 101 Tristán (seudónimo de José Antonio Ginzo)
p. 104 Andrade
p. 105 Moor
p. 123 Biro
p. 127 Tempesti
p. 140 Ricardo Carpani
p. 141 Norberto Onofrio (frag.)
p. 143 dibujante francés de la época del Mayo 68.

p. 148 Alfredo Saavedra
p. 152 Roberto Jacoby
p. 164 Ricardo Carpani
p. 191 Alfredo Alonso
p. 192 Clusellas
p. 193 Sergio Camporeale
p. 204 Plantu
p. 205 a la izquierda: Rampal, a la derecha: Bellenger
p. 213 Juan Carlos Romero y Carlos Montanari
p. 226 Marcelo Brodsky
p. 230 Grupo Etc.
p. 245 arriba: Grupo de Arte Callejero (GAC)
p. 246 GAC
p. 248 abajo izquierda: Javier del Olmo, abajo derecha: GAC
p. 253 GAC
p. 254 GAC
p. 257 Javier del Olmo

AGRADECIMIENTOS

Andrea Cuarterolo, Norberto Chaves, Lucas D'Amore, Laura Ehrlich, Mariana Felcman, Gandhi, Carolina Golder, Jorge Gómez, Tali Jeifetz, Magdalena Jitrik, Damián López, MEB, Rafael Flores Montenegro, Adolfo Nigro, Javier del Olmo, Adriana Petra, Juan Carlos Romero, Horacio Tarcus, Federico Zukerfeld.

Centro de Documentación e Investigación de la Cultura de Izquierdas en la Argentina
Desde su fundación en 1997, se ha especializado en la documentación, archivo y biblioteca cultura de izquierdas de la Argentina y Latinoamérica y se ha constituido en el principal acervo del país dedicado a la preservación, conservación, catalogación y difusión de las producciones políticas, artísticas y culturales de las izquierdas argentinas desde sus orígenes en la segunda mitad del siglo XIX hasta la actualidad. Cuenta con colecciones completas de las más importantes publicaciones producidas en el país por organizaciones políticas, culturales, gremiales, estudiantiles, de derechos humanos, etc., y es el principal centro de referencia en el campo de estudios sobre las izquierdas en la Argentina. Para visitas (Fray Luis Beltrán 125, Ciudad Autónoma de Buenos Aires), consultas (www.cedinci.org) y donaciones de material (revistas, libros, afiches, folletos, diarios, etc.) comunicarse al (54 11) 4631-8893 o por email a informes@cedinci.org

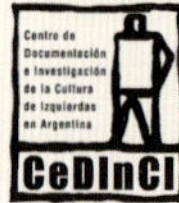

En orden de aparición, publicaciones periódicas de izquierda reproducidas en esta obra.

Mundo Nuevo. Revista de combate (Buenos Aires, 1932-1933).
La Protesta. Suplemento mensual/semanal/quincenal (Buenos Aires, primera época, edición mensual, 1908-1909; segunda época, edición semanal, 1922-1926; tercera época, edición quincenal, 1927-1930) [*La Protesta Humana* (Buenos Aires, 1897-publicación abierta); luego *La Protesta*; a partir del 1/4/1904 se publica como diario].
Sembrando Ideas. Revista quincenal de divulgación sociológica (Buenos Aires, Bautista Fueyo editor, 1923-1930).
Lavoriamo. Periodico di propaganda comunista-anarchica (Buenos Aires, Gruppo Lavoriamo, c. 1892-1893).
La questione sociale. Organo comunista-anarchico (Buenos Aires, 1885).
L'amico del popolo. Rivista mensile repubblicana (Buenos Aires, 1902-¿?).
Umanitá nova (Buenos Aires, Umanitá nova, 1930).
L'allarme. Foglio anarchico di propaganda e d'agitazione (Buenos Aires, 1928-1929).
L'Agitatore (Bahía Blanca, Gruppo l' Azione, c.1905-1907).
La favilla (Bahía Blanca, Gruppo l' Azione, c. 1903-¿?).
La fiaccola. Periodico anarchico (Buenos Aires, Gruppo Risurrezione, 1912-¿?).

Organización Obrera (Buenos Aires, FORA, primera época, 1934-c.1943; nueva numeración, 195?-c.1962; nueva época, 1982-publicación abierta; 2002-c.2003).
Bandera Negra (Buenos Aires, Asociación Antimilitarista Argentina, 1930-1932).
Libre Palabra (Buenos Aires, 1920-c.1967) [periódico en yiddish].
Símbolo. Revista abierta a todas las tendencias modernas del espíritu (Rosario, 1934).
Spartacus Obrero-Campesino. Comunista-Libertario (Buenos Aires, 1934-1938).
Nervio. Ciencias, artes, letras (Buenos Aires, 1931-1936) [a partir del N° 13 cambia el subtítulo por *Crítica, artes, letras*].
El Peludo. Semanario satírico anticlerical ilustrado (Buenos Aires, c. 1922-1929).
Mundo Nuevo. Revista de combate (Buenos Aires, 1932-1933).
El Burro. Seminario satírico anticlerical ilustrado (Buenos Aires, c. 1918-1930).
Cuasimodo. Revista decenal (segunda época, Buenos Aires, 1921).
Agitación A. Publicación anarquista (Buenos Aires, 1989- ¿?).
Vanguardia Femenina. Suplemento de *La Vanguardia* (Buenos Aires, 1946-¿?).
Claridad. Revista de arte, crítica y letras, ciencias sociales y políticas (Buenos Aires, 1926-1941) [el N° 10 aparece como N° 132, pues suma los cien números de los folletos de *Los Pensadores*, los veintidós de la revista *Los Pensadores*, más los primeros nueve números de *Claridad*].
Tribuna Socialista. Primer semanario socialista de Sudamérica (Buenos Aires, 1919-1921?).

Revista Socialista Internacional (Buenos Aires, 1908-1909).
Izquierda. Crítica y acción socialista (Buenos Aires, 1934-1935).
La Internacional. Revista socialista (Buenos Aires, 1904-1905).
Crítica Social. Revista quincenal del socialismo (Buenos Aires, 1925-1927) [continúa en 1932 con el subtítulo *Revista mensual del socialismo independiente*].
La Vanguardia. Periódico socialista-científico, defensor de la clase trabajadora (Buenos Aires, 1894-1947) [luego aparece como edición clandestina quincenal y cambia el nombre por *Libre Expresión* (1947), *En Lucha* (1949-1950) y *Nuevas Bases* (1950-1955). En 1953, es órgano de un grupo disidente de la conducción partidaria y a partir de ese año se edita en el exilio como suplemento de *El Sol,* publicación oficial del PS uruguayo (Montevideo, 1953-1955). La segunda era se publica en Buenos Aires (1955-1959); luego *La Vanguardia*, órgano del PS, 1960-1961; luego *La Vanguardia*, órgano del PSA, 1961?-1963?; luego *La Vanguardia*, edición del PSD, tercera época, 1963- 2002; luego *La Vanguardia*, edición del PS reunificado, tercera época, 2002, publicación abierta].
1936. Revista de orientación marxista (Buenos Aires, 1936).
Almanaque Socialista de La Vanguardia (Buenos Aires, 1899-1909).
Soviet (Buenos Aires, Comité Central del PC, 1933- 1935).
Compañerito. Periódico mensual para niños (Buenos Aires, 1923-1924).
El Popular (Buenos Aires, 1963-1964).

Documentos del Progreso (Buenos Aires, 1919-1921).
Clase (Buenos Aires, 1933).
Mujeres Argentinas. Vocero comunista para todas las mujeres (Buenos Aires, 1946- 1948).
Propósitos (Buenos Aires, 1951-1959) [luego *Las Ciento y Una*, 1959; luego *Conducta*, 1959-1960; luego *Principios*, 1961-1962; luego *Presente*, 1962-1963; luego *Propósitos*, última época, 1963-1976].
Rumbo (Buenos Aires, 1935).
Suplemento *La Internacional* (Buenos Aires, 1921).
Cuadernos de Cultura (Comisión de Cultura del PCA; primera época, 1950-1967; segunda época, 1967-1976; tercera época, 1985-1986; cuarta época: 2005-publicación abierta).
Frente Único. Órgano del Frente Único Popular Argentino y la Federación Antiguerrera de Mujeres Argentinas (Buenos Aires, 1935-1936).
Dialéctica (Buenos Aires, 1936-1937).
Nueva Era (Buenos Aires; primera época, 1949-1976; segunda época, 1983-1987).
El Soldado Rojo.
La Barricada (1919-¿?).
El Marino Rojo (Buenos Aires, Órgano de la Agrupación Comunista Marítima, 1927-¿?).
Bandera Roja. Diario de la mañana (Buenos Aires, 1919-¿?).
El Militante (Buenos Aires, primera época, 1945-1949?; segunda época, 1956).
Voz Proletaria (Buenos Aires, 1947-publicación abierta).
Frente Obrero (Buenos Aires, 1941-1943) [antes *Inicial*; en el N° 28

cambia el subtítulo por *Órgano quincenal del Partido Obrero de la Revolución Socialista. Adherido a la IV Internacional*].
Lucha Obrera. Órgano de la Liga Obrera Revolucionaria (Buenos Aires, 1941) [continúa a *La Nueva Internacional*].
El Proletario (Buenos Aires, 1958).
Inicial (Buenos Aires, 1938-1939) [luego *Inicial. Órgano de la LOS*, periódico fusión con *Nueva Etapa*, 1940-1941].
Piquete (Buenos Aires, 1937).
Octubre (Buenos Aires, 1945-1947).
La Nueva Internacional (Córdoba, 1939-1941) [desde el N° 5 cambia el título por *La Nueva Internacional. Órgano del Grupo Obrero Revolucionario-IV Internacional* (Partido Mundial de la Revolución Socialista) y el lugar de edición será Buenos Aires. Continúa como *Lucha Obrera*].
Nuevo Curso (Buenos Aires, 1938).
Tribuna Leninista (Buenos Aires, 1933-1934).
Avanzada Socialista. Semanario del Partido Socialista Argentino (Secretaría Coral) (Buenos Aires, 1972-1976) [desde el N° 25 cambia el subtítulo por *Órgano del Partido Socialista Argentino*; a partir del N° 42, por *Órgano del Partido Socialista de los Trabajadores*].
Izquierda. Órgano de afiliados para afiliados del Partido Socialista Obrero (Buenos Aires, 1938).
Nueva Etapa. Órgano de la Liga Comunista (Oposición de la Izquierda Internacional) (Rosario, 1933-1934).
Izquierda (Buenos Aires, 1955).
Política (Buenos Aires, 1958).
Cuadernos del Socialismo Nacional Latinoamericano Revolucionario

(Buenos Aires, 1972).
Izquierda Nacional (Buenos Aires, primera época, 1962-1966; segunda época, 1966-1976; tercera época, 1996-99).
Política Obrera (Buenos Aires, primera época, 1964-1976; segunda época, 1978-1982).
Revolución. Órgano de esclarecimiento político (Buenos Aires, 1955-1960) [continúa a *Liberación* desde el N° 2].
Cultura China (Buenos Aires, Asociación Argentina de Cultura China, primera época, 1954-55; segunda época, 1960).
CGT. Periódico semanal de la Confederación General del Trabajo (Buenos Aires, CGT Independencia, 1934-1946).
CGT. Periódico semanal de la Confederación General del Trabajo (Buenos Aires, CGT Catamarca, 1934-1937) [retoma la misma numeración del periódico de la CGT unificada desde la ruptura de diciembre de 1935 hasta que en 1937 forma la USA].
Unión Sindical. Periódico quincenal de la USA [sucede a USA] (Buenos Aires, 1938-194?).
USA. Periódico semanal de la Unión Sindical Argentina (Buenos Aires, 1937-1938) [luego quincenal. Sucede al de CGT Catamarca].
CGT. Órgano oficial de la Confederación General del Trabajo (Buenos Aires, 1968-1970) [CGT de los Argentinos, a partir del N° 8 se elimina el subtítulo y se agrega semanario].
La Rosa Blindada (Buenos Aires, 1964-1966).
Posición (Córdoba, 1972-1974?).
El Escarabajo de Oro (Buenos Aires, 1961-1974) [el N° 7 aparece

como N° 13, pues se incorporan los seis números publicados de *El grillo de papel*].

Intersindical. Periódico del Movimiento Nacional Intersindical (Buenos Aires, 1972- ¿?).

Socialismo de vanguardia, (Buenos Aires, 1963-1965).

Che (Buenos Aires, primera época, 1960-1961; segunda época, 1962).

Nueva Izquierda. Actuar para conocer, conocer para actuar (Buenos Aires, 1960?-1962).

Combate Socialista. Órgano del GOR, sección simpatizante de la IV Internacional en Argentina (Buenos Aires, 1976-1978).

La Verdad Obrera (Buenos Aires, 1962).

Combate (Buenos Aires, 1973-¿?).

Los Obreros (Córdoba, 1972).

Acción Comunista (Buenos Aires, 1970-1972).

Con Todo. Órgano del peronismo revolucionario (Buenos Aires, 1968-1969).

Rebeldía (Buenos Aires, 1957).

El Descamisado (Buenos Aires, 1973-1974).

El Montonero (Buenos Aires, 1975).

La Causa Peronista (Buenos Aires, 1974).

El Peronista (lucha por la liberación) (Buenos Aires, 1974).

YA! Es tiempo de pueblo (Buenos Aires, 1973-1974).

Militancia peronista para la liberación (Buenos Aires, 1973-1974) [desde el N° 24 acompañada de *Cuadernos de Base*].

Evita Montonera. Revista oficial de Montoneros (Buenos Aires, 1975-1979) [en 1977, indica *Año de la resistencia popular;* en 1978, *Órgano oficial del Partido Montonero. Año de la organización del Movimiento Peronista Montonero*; en 1979, *Año de la contraofensiva popular*].

Liberación por la Patria Socialista (Buenos Aires, luego Córdoba, 1973-1974).

Norte Revolucionario. Órgano Oficial del FRIP (Norte Argentino, primera época, 1962-1965) [a partir del N° 18, *Órgano quincenal del Partido Unificado FRIP-PO*].

Puro Pueblo (Córdoba, 1974).

Compañero. Publicación mensual de la Organización Revolucionaria Compañero (Buenos Aires, primera época, 1963-1966; segunda época, 1968-1970).

Estrella Roja. Órgano del Ejército Revolucionario del Pueblo (segunda época, 1970-1977).

Nuevo Hombre (Buenos Aires, primera época, 1971-1974; segunda época, 1975-1976).

Crisis. Ideas, letras, artes en la... (Buenos Aires, primera época, 1973-1976; segunda época, 1986-1987; tercera época, 1987-1990).

No Transar. Órgano del PSAV (Buenos Aires, 1963-1978?) [desde el N° 42 aparece como *Órgano de Vanguardia Comunista;* luego como *Órgano del Partido Comunista (marxista-leninista) de la Argentina (ex-Vanguardia Comunista)*].

Pueblo En Armas. Fracción Roja-PRT (Buenos Aires, 1973).

Repression en Argentine, (Bruselas, c. 1977-¿?).

Presencia Argentina (Madrid, 1979-¿?).

Semanario Socialista (Buenos Aires, 1992-1997).

Dignidad. Periódico del MIJD (Buenos Aires, 1994-publicación abierta).

¿Qué pasa? (Buenos Aires, 1981-1989).

Madres de Plaza de Mayo (Buenos Aires, 1980- ¿?; 1984-1999).

Solidaridad Socialista (Buenos Aires, 1982-1999) [antes *Solidaridad*].

Alternativa Socialista (Buenos Aires, 1997-publicación abierta).

La Verdad Obrera y de la Juventud Explotada y Oprimida. Quincenario del Partido de Trabajadores por el Socialismo (Buenos Aires, 1996-publicación abierta).

El Pikete. Publicación del MTD "Teresa Rodríguez"-Solano (Buenos Aires, s/f).

Detrás del Pikete. MTD de Allen, Brown, Cipolletti, Guernica, Echeverría, José C. Paz, Lanús, Lugano, Quilmes y Solano (en el MTD Anibal Verón). (Buenos Aires, 2002- ¿?).

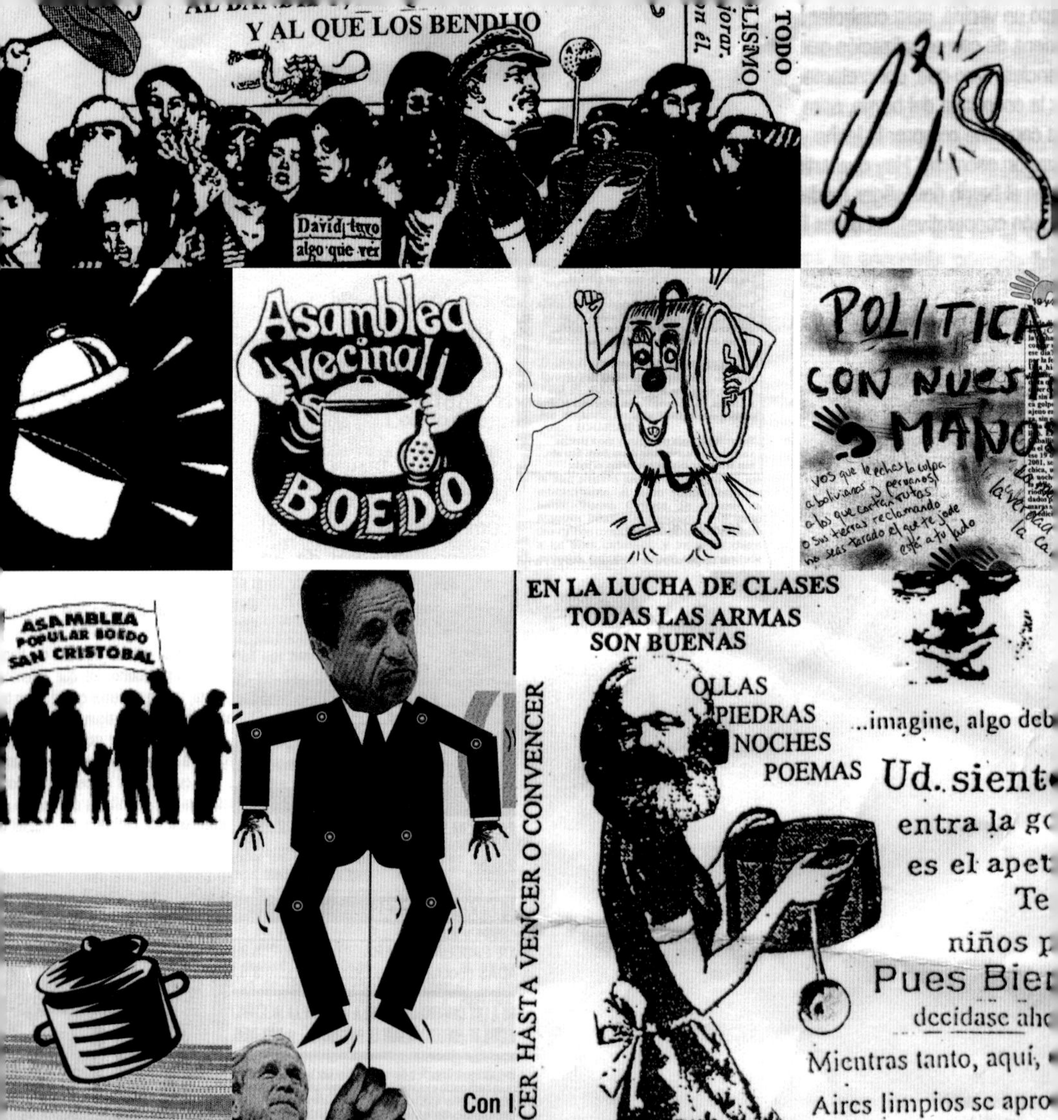
Y AL QUE LOS BENDIJO
TODO
LISMO
David tuvo
algo que ver
Asamblea vecinal
BOEDO
POLITICA
CON NUES
MANO
ASAMBLEA
POPULAR BOEDO
SAN CRISTOBAL
EN LA LUCHA DE CLASES
TODAS LAS ARMAS
SON BUENAS
OLLAS
PIEDRAS
NOCHES
POEMAS
HASTA VENCER O CONVENCER
Con l
...imagine, algo deb
Ud. sient
entra la g
es el apet
Te
niños p
Pues Bie
decidase aho
Mientras tanto, aqui,
Aires limpios se apro

UNAS PALABRAS SOBRE LA COLECCIÓN REGISTRO GRÁFICO

Estimado lector,

en 2001 publicamos *Cartele*, un libro que registraba fotográficamente insólitas señales de la gráfica urbana. Las fotos que originalmente acercaron a la editorial los autores del libro se vieron prontamente enriquecidas por el espontáneo aporte de familiares, amigos y un círculo de influencia que se extendió con la publicación de un site y el envío de millares de colaboraciones de fotógrafos aficionados del mundo entero, creando un corpus que permitió la publicación de un segundo volumen bajo el título *Proyecto Cartele*.

Tras varias reediciones de esos dos títulos, decidimos crear **Registro Gráfico**, con el objetivo de establecer un registro documental de los imaginarios locales de interés universal y de la manera en que éstos se cristalizan en las distintas gráficas populares con el fin de ponerlas en valor y otorgarles un sentido de perdurabilidad.

A través de un ejercicio de observación de nuestro entorno (¡lo pequeño es hermoso!), nos propusimos una mirada a la vez lúdica y analítica donde antes poníamos un ojo distraído, y muchas veces, alienado.

Esa mirada, de apropiación de lo que ya era nuestro, es la mirada que esta colección propone a sus lectores. Primero prestamos nuestros ojos al diseño precolombino (*Mitogramas*), luego a las paredes de la ciudad (*Hasta la Victoria, Stencil!*), y a la paleta del transporte urbano (*El libro de los colectivos*). Recientemente, presentamos *Perón mediante. Gráfica peronista del período clásico.* En ese contexto, presentamos *Gráfica política de izquierdas.*

Trabajamos pensando en un lector fiel, que entienda, comparta y apoye nuestra forma de ver el mundo. Lo soñamos coleccionando nuestros libros, convencido de que, además de agradables, son documentos valiosos de atesorar en un contexto cultural que tiende más bien al olvido. Para él, estamos abocados a la preparación de los siguientes títulos: *Buenos Aires Street Graphics, Arte rupestre, Historia postal, Tango graphics, Antiguo como la publicidad, El "Che"* y *Sin palabras. Gestiario argentino.*

¡Esté atento, atento lector!
Guido Indij
Editor

Más información sobre los distintos libros se encuentra disponible en el site de la editorial
www.lamarcaeditora.com

¡QUE
SE VAYAN
TODOS!